리딩으로
리드하라

세상을 지배하는 0.1퍼센트의 인문고전 독서법

리딩으로
리드하라

이지성 지음

차이
정원

תְּחִלַּת חָכְמָה, יִרְאַת יְהוָה;

וְדַעַת קְדֹשִׁים בִּינָה.

מִשְׁלֵי 10:9—

● 여호와를 경외하는 것이 지혜의 근본이요 거룩하신 자를 아는 것이 명철이니라.

_ 「잠언」 9장 10절

人生斯世 非學問 無以爲人

_李珥 •

• 세상에 태어나 학문을 하지 않으면 사람답게 될 수 없다.

_이이

| 차 례 |

인문고전 독서의 힘
나라, 가문, 개인의 삶을 바꾸는 리딩

리더의 교육, 팔로어의 교육
지식을 넘어 지혜를 만드는 힘

리딩으로 경쟁하고 승리하라
자본주의 시스템에서 승자가 되는 법

인생경영, 인문고전으로 승부하라
문학·철학·역사에서 배우는 인생경영

5장   인문고전 세계를 여행하는
초보자를 위한 안내서

 6장   세상을 지배하는 0.1퍼센트 천재들의
인문고전 독서법

R E A D I N G . L E A D

들어가며

그들에게 무슨 일이 있었던 걸까?

• • •

나는 술 대신 철학고전에 취하겠다!

알베르트 아인슈타인(1879~1955, 독일 태생의 이론물리학자)

| 1 |

지금으로부터 약 140년 전의 일이다. 독일에서 한 아이가 태어났다. 아이는 부모의 근심거리였다. 우리 나이로 세 살이 되도록 말을 하지 못했기 때문이다. 초등학교에 들어간 아이는 모든 면에서 너무 느렸다. 지적 장애가 아닌가 의심스러울 지경이었다. 중학생이 된 아이는 나쁜 기억력과 산만함 그리고 불성실한 수업 태도로 유명했다. 교사들이 이런 독설을 퍼부을 정도였다.

"너는 너무나 형편없는 놈이기 때문에 커서 아무것도 제대로 해내지 못할 거다."

"네가 교실에 있다는 자체만으로 아이들은 나에 대한 존경심을 잃는다.”

아이의 인생은 꽤 오랫동안 교사들의 예언대로 진행되었다. 아이는 고등학교에서 퇴학을 당했고, 대학 입학시험에 낙방했고, 다시 고등학교에 들어갔고, 대학교 졸업 후 별 볼 일 없는 학점과 그저 그런 졸업논문으로 인해 조교 자리조차 따내지 못했고, 지도교수와 반목하다가 박사학위 논문을 중도에 때려치웠고, 생계를 위해 초라하기 그지없는 여러 일자리를 전전했다.[1]

백 번을 다시 생각해봐도 특별한 구석이라고는 찾아볼 수 없는 아이에게도 남다른 면이 있었다. 아이는 인문고전을 열렬히 사랑했다. 어쩌면 그것은 부모의 영향이었는지도 모른다. 아버지는 집에서 문학고전을 즐겨 낭독했고, 어머니는 고전음악 마니아였다.

막스 탈무트는 의대생이었다. 그는 아이 부모의 초대로 일주일에 한 번씩 집에 들러서 아이와 함께 밥을 먹었다. 천성이 따뜻하고 쾌활한 그는 아이와 금세 친해졌고, 자연스럽게 아이의 멘토가 되었다.

막스 탈무트는 ‘인문고전 독서’의 힘에 대해서 잘 알고 있었던 것 같다. 그리고 독서로 아이의 두뇌를 바꿔주기로 작정했던 것 같다. 왜냐하면 그가 아이에게 읽힌 첫 번째 책은 유클리드의 『기하학 원론』이었고 두 번째 책은 이마누엘 칸트의 『순수이성비판』이었기 때문이다. 열세 살에 유클리드, 열네 살에 칸트를 만나고 어떤 변화를 경험한 아이는 인문고전을 읽음으로써 자신의 인생을 완전히 바꾸기로 결심하고 열일곱 살에 이런 맹세를 하기에 이르렀다.

"나는 술 대신 철학고전에 취하겠다!"[2]

이후 아이의 삶은 인문고전 독서로 채워졌다. 이미 십 대에 대부분의 서양철학 고전을 독파한 아이는 대학에 들어가서는 전공보다 철학 강의를 즐겨 들었고, 친구 아버지가 알선해준 직장에 들어가서는 상사로부터 아리스토텔레스 논리학에 근거한 사고思考 훈련을 받는 데 몰두했고, 퇴근한 뒤에는 자신이 만든 인문고전 독서모임인 '올림피아 아카데미' 회원들과 독서토론을 하는 데 열을 올렸다.

그 모임은 플라톤의 '대화편', 존 스튜어트 밀의『논리학 체계』, 데이비드 흄의『인간 본성론』, 칼 피어슨의『과학의 문법』, 앙리 푸앵카레의『과학과 가설』같은 책들을 읽고 토론했는데, 창립 회원 중 한 명인 모리스 솔로빈에 따르면, 중요한 부분에 이르면 한 페이지나 반 페이지 또는 한 문단을 가지고도 며칠씩 치열하게 토론을 벌였다고 한다.[3]

그 아이는 알베르트 아인슈타인이다.

유니버시티 칼리지 런던의 과학철학 및 과학사 교수이자『알베르트 아인슈타인: 특수 상대성 이론』이라는 책으로 유명한 아서 I. 밀러는『아인슈타인, 피카소』에서 아인슈타인의 '의식적 사고'를 설명하며 이렇게 덧붙였다.

아인슈타인이 로렌츠의 전자기 이론의 한계를 뛰어넘어 상대성 이론을 발명하게 된 배경에는 1) 독일의 과학자 발터 카우프만의 고속전자의 질량에 관한 자

료 2) 1895년 사고실험의 자료 3) 스위스 폴리테크닉 연구소에서의 배움 4) 인

문고전 독서가 있었다.

| 2 |

우리 나이로 열네 살에 한 유명 미술가의 작업장에 조수로 들어간

사람이 있었다. 그는 수습생들 중에서 단연 돋보였다. 스승조차 그

를 보며 은연중 많은 것을 배울 정도였다. 덕분에 그는 6년 만에 수

석장인이 될 수 있었다. 보통 13년 이상은 조수로 일해야 오를 수

있는 자리였다.

하지만 성공도 잠시, 1481년 서른이 된 그는 실패한 예술가였다.

그해 10월 피렌체 정부는 교황 식스투스 4세로부터 시스티나 성당

을 장식해줄 최고의 예술가들을 추천해달라는 의뢰를 받았다. 도메

니코 기를란다요, 피에로 디 코시모, 루카 시뇨렐리, 페루지노 등이

피렌체 귀족들의 떠들썩한 배웅을 받으며 로마로 향할 때 그는 비

참한 기분으로 피렌체 거리를 걷고 있었다.[4] 피렌체의 유망한 젊은

예술가들 중 그 혼자만 로마행 마차를 타지 못한 것이다. 사실 그

는 프로로 나선 지 3년이 되도록 피렌체 예술의 주 소비자인 지배

층의 인정을 받지 못하고 있었다. 통치자인 로렌초 데 메디치는 드

러내놓고 그를 무시했다. 당시 피렌체는 르네상스를 대표하는 문화

와 예술의 도시로 자리매김하고 있었다. 그런 도시의 지배계층에게

삼류에 준하는 취급을 받는다는 것은, 예술가로서 사형선고를 받은

것이나 마찬가지였다.

우울증과 무기력증에 시달리던 그는 실낱같은 희망을 품고서 이듬해에 밀라노로 이주했다. 하지만 거기서도 두각을 드러내지 못했다. 비록 피렌체에서보다는 나은 대접을 받았지만, 자신의 내면에 숨어 있던 천재성을 이끌어내기 위한 어떤 특별한 독서를 시작하기 전까지, 그는 밀라노에 널리고 널린 중간급 장인의 한 사람에 불과했다.[5]

서른여섯 살이던 1487년, 그는 라틴어를 독학하기 시작했다. 이탈리아어로 번역되지 않은 문학·철학·역사 고전을 읽기 위해서였다. 아니, 그것들로 자신의 두뇌를 완벽하게 바꾸기 위해서였다. 위대한 천재들의 사고를 제대로 따라가지 못해 늘 고생하긴 했지만[6] 그때마다 그는 초인적인 의지를 발휘해서 책을 읽어나가곤 했다. 당시 그의 좌우명 중 하나는 "어떤 장애물이든 고된 노력으로 극복할 수 있다"[7]였다. 그는 특히 고대 그리스 철학에 심취했는데, 플라톤이 아카데메이아 정문 위에 "기하학을 모르는 사람은 들어오지 말라"고 써놓은 것을 본받아, 자신의 사고 및 연구 결과를 기록한 노트에 "수학자가 아닌 사람은 내 작품을 읽지 말라"고 적어놓았을 정도였다.

인생을 건 인문고전 독서를 시작하면서부터 그의 천재성이 비로소 빛을 발하기 시작했다. 이후 그는 회화·조각·공기역학·광학·해부학·식물학·건축학·지리학·물리학 등 다양한 분야에서 천재적인 업적을 남기게 되었다.

그의 이름은 레오나르도 다 빈치다.

레오나르도 다 빈치는 분명 타고난 천재였다. 하지만 인문고전 독서를 하기 전까지 그의 천재성은 드문드문 드러났을 뿐이다. 그러나 인문고전 독서에 몰입하자 그의 천재성은 마치 우리를 뛰쳐나온 사자처럼, 역사를 향해 질주하기 시작했다. 이제 그의 이름은 '천재'를 상징하는 대명사가 되었다.

다음은 레오나르도 다 빈치 전기 작가이자 연구가들이 그의 인문고전 독서에 대해 남긴 말들이다.

- 레오나르도 다 빈치는 지혜를 전수받는 일을 업신여겼지만 고전 지식에는 매혹되었다. 그는 과거의 대가들에게서 배우는 것을 대단히 싫어했지만 (…) 분명한 의도를 가지고 아주 세심하게 고전 서적을 읽었다.

  _ 마이클 화이트

- 레오나르도 다 빈치는 평생 동안 자신을 '글줄을 믿지 않는 사람'이자 '경험의 사도'라고 칭했다. (…) 학자와 학문의 전통을 비판적으로 보았던 그였지만 소중한 면까지 버리지는 않았다. 예를 들면 그는 고전 작품을 더 깊이 이해하기 위해서 라틴어를 독학했다.

  _ 마이클 J. 겔브

- 1500년 전까지 레오나르도는 아리스토텔레스를 논하고 알베르트 폰 작센을 비판하고 잠시 중세 말의 개념들, 이를테면 뷔리당과 오렘의 개념들을 답습하고 마를리아니를 접하다가 결국 1508년경 다시 아리스토텔레스와 그리스 사상가들에게 돌아온다.

  _ 알렉산드로 베초시

- 레오나르도 다 빈치는 관심 있는 주제에 관해 구할 수 있는 모든 고전을 구하고 중세의 고전 문헌을 공부하는 습관이 있었다.

  _ 에드워드 맥커디

| 3 |

1806년 5월 20일, 영국 런던에서 한 아이가 태어났다. 아이는 평범하기 이를 데 없었다. 이해력·기억력 등 지적 능력의 척도라 할 수 있는 모든 부분에서 특별함이라곤 찾아볼 수 없었다.[8] 아이는 평범했지만 아버지는 특별했다. 그는 평범한 두뇌를 천재의 두뇌로 변화시키는 법을 알고 있었다. 그것은 두뇌를 장기간에 걸쳐 인문고전, 즉 문학·역사·철학 고전에 노출시키는 것이었다.

아이의 인문고전 독서는 여덟 살 때부터 시작됐다. 플라톤, 아리스토텔레스, 유클리드, 키케로, 데이비드 흄, 헤로도토스, 투키디데스, 플루타르코스, 카이사르, 에드워드 기번, 호메로스, 베르길리우스, 호라티우스, 리비우스, 오비디우스, 테렌티우스, 소포클레스, 에

우리피데스, 아리스토파네스, 데모스테네스……. 아이는 열세 살이
되기 전에 이런 수많은 천재들의 작품을 접할 수 있었다.

아이는 번역서를 읽지 않았다. 그리스 및 라틴 원전을 읽었다. 물
론 굉장히 버거운 일이었다. 아니 불가능에 가까웠다. 책의 내용을
전부 이해할 수 있었던 것도 아니었다. 일례로 플라톤의 『테아이테
토스』 같은 경우 너무 어려운 나머지 내용을 전혀 이해할 수 없었
고, 차라리 읽지 않는 게 나았다고 자서전에 썼을 정도였다. 하지만
아이는 아버지의 헌신적인 지도로 인문고전 독서를 큰 무리 없이
이어나갔다.

인문고전 독서는 두뇌에 특별한 기쁨을 가져다준다. 물론 처음에
는 고되다. 이루 말할 수 없이 힘들고 어렵다. 단어 하나, 문장 하나
를 이해하지 못해 진도가 일주일 또는 한 달씩 늦어지는 경우가 다
반사다. 하지만 어느 지점을 넘기면 고통은 기쁨으로 변한다. 인류
의 역사를 만들어온 천재들이 쓴 문장 뒤에 숨은 이치를 깨닫는 순
간 두뇌는 지적 쾌감의 정점을 경험하고, 그 맛에 중독된다. 그리고
서서히 변화하기 시작한다. 뻔한 꿈밖에 꿀 줄 모르고 평범한 생각
밖에 할 줄 모르던 두뇌가 인문고전 저자들처럼 혁명적으로 꿈꾸고
천재적으로 사고하는 두뇌로 바뀌기 시작한다.

엄청난 양의 인문고전에 일상적으로 노출된 아이의 두뇌는 자연
스럽게 그 저자들의 두뇌처럼 바뀌어갔다. 내용을 이해하고 못하
고는 크게 중요하지 않았다. 천재들이 생각하는 방식과 접촉한다는

자체가 중요했다.

물과 식물의 관계를 생각해보자. 식물에 물을 주고 나중에 보면 물은 흔적조차 발견하기 어렵다. 하지만 이상하게도 식물은 자란다. 인문고전 독서 또한 마찬가지다. 특히 철학고전 같은 경우 몇 번을 되풀이해 읽고, 해설서란 해설서는 다 찾아 읽고, 심지어 필사까지 해도 그 내용을 이해하기가 쉽지 않다. 아니 아예 이해 불가능인 경우가 많다. 일반인만 그런 게 아니다. 세계적인 명성을 지닌 철학 연구가들조차 '어렵다'고 고백하는 실정이다. 그런데 이상하게도 철학고전을 한 권씩 뗄 때마다 사고의 수준이 달라짐을 느끼게 된다. 이는 철학고전을 제대로 읽은 사람이라면 누구나 경험하는 현상이다.

아이는 평생 인문고전을 읽었다. 아니 인문고전에 푹 빠져 살았다. 그리고 아인슈타인처럼 인문고전 독서모임을 만들었고, 여가의 대부분을 독서토론 준비에 쏟아부었고, 하나의 주제를 놓고 만족할 만한 결론을 얻을 때까지 석 달 넘게 토론할 정도로 자신의 모든 에너지를 독서토론에 집중했다. 그 결과 평범하기 이를 데 없었던 아이의 두뇌는 마침내 인문고전 저자들과 똑같은 천재의 두뇌로 완벽하게 변신했다.

그의 이름은 존 스튜어트 밀, 지금까지도 철학·경제학·사회과학 분야에 막강한 영향력을 끼치고 있는 『논리학 체계』(1843), 『경제학 원리』(1848), 『자유론』(1859)의 저자이다.

존 스튜어트 밀은 『자서전』에서 이렇게 고백했다.

- 나는 지적인 영역에서 평균 이하였지, 이상은 결코 아니었다. 평범한 지적 능력, 평범한 신체 능력을 가진 사람이라면 누구나 내가 받았던 고전 독서교육을 성공적으로 해낼 수 있다.
- 우리 아버지는 세상의 어떤 아버지도 기울이지 못할 정도의 노력과 주의와 인내를 나에게 쏟았다.
- 나는 아버지로부터 받은 고전 독서교육 덕분에 내 또래들보다 25년 이상 일찍 출발할 수 있었다.
- 나는 고전 독서와 토론으로 인해 한 명의 독창적이고 독립적인 사상가로 출발할 수 있었다.

| 4 |

세상에는 두 종류의 책이 있다. 고전古典과 비고전非古典. 고전은 짧게는 100~200년 이상, 길게는 1000~2000년 이상 살아남은 책을 말한다. 쉽게 말해서 천재들의 저작이다.

생각해보자. 만일 앞으로 10년 동안 노벨상 수상자들에게 매일 두 시간 이상 개인지도를 받는다면, 나는 어떻게 될까? 아마도 현재 우리나라의 대표적인 지성인으로 추앙받고 있는 사람들보다 뛰어난 존재가 될 것이다. 아니 세계 최고의 두뇌 중 하나가 될 것이다.

노벨상 수상자들은 분명 이 시대의 천재들이다. 그러나 불멸의 인문고전을 남긴 진정한 천재들과 비교하면 그들은 기껏해야 머리가 조금 좋은 사람들에 불과하다. 그렇다면 이번에는 이렇게 생각해보자. 만일 앞으로 10년 동안 매일 두 시간 이상 위대한 인문고전을 남긴 진짜 천재들에게 개인지도를 받는다면, 나는 어떻게 될까?

인문고전은 인류의 역사를 새로 쓴 진정한 천재들이 자신의 모든 정수를 담아놓은 책이다. 아인슈타인, 레오나르도 다 빈치, 존 스튜어트 밀의 사례에서 볼 수 있듯이 그 정수를 완벽하게 소화하면 누구나 다음 세 가지 중 하나를 경험할 수 있다.

1. 바보 또는 바보에 준하는 두뇌가 서서히 천재의 두뇌로 바뀌기 시작한다.
2. 그동안 억눌려 있던 천재성이 빛을 발하기 시작한다.
3. 평범한 생각밖에 할 줄 모르던 두뇌가 천재적인 사고를 하기 시작한다.

1장

인문고전 독서의 힘

나라, 가문, 개인의 삶을 바꾸는 리딩

21세기 지구의 지배계급이라고 할 수 있는 선진국들은 인문고전 독서에 열심이다. 그런데
21세기 지구의 대표적인 피지배계급이라고 할 수 있는 후진국들은 인문고전 독서와는 거리
가 멀다. 아니 국민의 대다수가 문맹이다. 도대체 왜 이런 일이 벌어지는 걸까? 단언하기는
힘들지만 어쩌면 그것은 인류 역사의 어느 시대, 어느 국가를 막론하고 동일하게 나타났던
지배계급의 '의도'는 아닐까?

READING . LEAD

21세기 대한민국 국민에게
금지된 것

• • •

지식교육을 버리라니, 이는 우리의 운명을 백인들에게 맡기고
그들의 사슬에 묶여 마냥 끌려만 다니는 자살행위와 다름없다.

윌리엄 듀보이스(1868~1963, 미국의 흑인 인권운동가)

인류 역사를 보면 항상 두 개의 계급이 존재했다. 지배하는 계급과
지배받는 계급. 전자는 후자에게 많은 것들을 금지했는데, 대표적인
것이 인문고전 독서였다.

조선의 지배계급은 인문고전 독서가 업※이었다. 피지배계급의
접근은 사실상 허락되지 않았다. 중국의 지배계급은 수시로 바뀌었
다. 그러나 인문고전 독서를 지나칠 정도로 중시했다는 공통점이
있다. 반면 피지배계급은 그 세계로부터 늘 아주 멀리 떨어져 있었
다. 일본의 쇼군 계급은 중국 고전을 마치 비밀문서처럼 전수했다.
다른 계급은 고전이 존재하는지조차 모르는 경우가 일반적이었다.
유럽의 왕가와 명문 귀족 집안에서 실시한 교육은 인문고전 독서였

다. 평민 이하 계급은 고전에 접근할 수 있는 길이 원천적으로 차단되어 있었다. 미국의 백인 지배계급은 흑인 노예 계급에게 인문고전 독서는 물론이고 문자교육 자체를 금지했다. 이는 농노에게 글을 가르치면 죽지 않을 만큼 매질하고 감옥에 가둔 유럽 및 러시아의 지배계급에게 배운 것이다.

21세기 지구의 지배계급이라고 할 수 있는 선진국들은 인문고전 독서에 열심이다. 그런데 21세기 지구의 대표적인 피지배계급이라고 할 수 있는 후진국들은 인문고전 독서와는 거리가 멀다. 아니 국민의 대다수가 문맹이다. 도대체 왜 이런 일이 벌어지는 걸까? 단언하기는 힘들지만 어쩌면 그것은 인류 역사의 어느 시대, 어느 국가를 막론하고 동일하게 나타났던 지배계급의 '의도'가 아닐까? 이 '의도'는 21세기에 걸맞게 자연스럽고 세련된 형태로, 아니 잘 보이지 않는 형태로 나타나고 있는 것은 아닐까? 만일 보이지 않는 '의도'라는 것이 존재한다고 가정한다면 이런 질문도 가능할 것이다.

"21세기 대한민국 국민에게 금지된 것은 무엇일까?"

초선진국이자 초강대국인 미국과 선진국의 문턱에 진입했다는 소식이 들리자마자 그 문턱으로부터 빠르게 멀어지고 있는 우리나라를 비교해보자.

미국은 누구나 원하기만 하면 인문고전을 쉽게 접할 수 있다. '그레이트북스 재단'¹은 일반 시민을 대상으로 인문고전 독서 프로그램 및 독서토론 모임을 운영하고 있다. 어린이에서 성인에 이르기까지 인문고전에 관심 있는 사람이라면 누구나 자신의 눈높이에 맞게 번역된 인문고전을 제공받을 수 있고, 자신의 수준에 맞는 독서토론 모임에 참여할 수 있다. 저소득층, 빈민, 심지어는 노숙자도 의지만 있다면 인문고전 독서 프로그램의 혜택을 받을 수 있다. 일류 대학 수준의 강사진이 포진하고 있는 무료 인문고전 강좌인 '클레멘트 코스'가 있기 때문이다. 미국 전역에 인문고전 독서 및 토론을 안내하고 지원하는 공공기관 및 단체가 넘쳐난다고 해도 과언이 아니다.

우리나라는 어떤가? 미국에 비교한다면 '없다'라는 말밖에 나오지 않는 실정이다. 참으로 이상한 일이다. 한때 우리나라 사람들은 세계 어느 나라 못지않게 인문고전을 사랑했었는데 말이다. 팔도강산에 차고 넘치던 동양고전은 이제 청학동에서나 볼 수 있을 뿐이다.

미국 명문 사립 중고교의 인문고전 독서 열기는 놀라울 정도다. 1) 플라톤의 『국가』를 읽고 소화한다. 2) 도서관에서 플라톤의 『국가』를 주제로 집필된 모든 책을 찾아 읽는다. 3)플라톤의 『국가』를 주제로 에세이를 쓰고 토론한다. 이런 식으로 인문고전을 한 권씩 철저하게 떼는 일이 미국의 명문 중고교에서 일상적으로 벌어지고 있다.

우리나라 중고교는 어떠한가? 굳이 설명하지 않겠다. 과거 우리나라 십 대들은 오늘날의 미국 십 대들은 저리 가라 할 정도로 인문고전을 열심히 읽고 공부했다. 그런데 어느 날 갑자기 그 풍토가 연기처럼 사라져버렸다. 마치 누군가가 의도적으로 우리나라 십 대들의 책장에서 인문고전을 싹 치워버리기라도 한 것처럼 말이다. 내가 우리나라 학생들이 인문고전만 읽어야 한다는 의도로 이 말을 하고 있지 않음을 알아주기 바란다. 나는 미국과 달리 교육과정에서 인문고전 독서를 완전히 빼버린, 이해할 수 없는 교육 현실을 지적하고 있다.

미국 대학들의 인문고전 독서는 우리의 상상을 초월한다. 대표적인 사례들을 보자. 세인트존스 대학은 4년 내내 인문고전 100권을 읽고 토론하고 에세이를 쓰는 게 교육과정의 전부다. 조지와이드 대학은 미국 건국의 아버지 토머스 제퍼슨의 멘토 조지 와이드의 이름을 따서 지어졌다. 이 대학의 주 교육과정은 토머스 제퍼슨이 조지 와이드에게 4년간 받았던 교육, 즉 멘토와 함께 인문고전을 읽고 토론하는 것이다. 예일 대학은 '디렉티드 스터디 프로그램'을 운영하고 있다. 존 로크나 마키아벨리의 저술 같은 인문고전을 중심으로 일주일에 한 번은 교수가 강의를 하고 두 번은 학생들끼리 세미나를 하는 프로그램으로, 이를 마치면 필수 교양 여섯 과목을 수강한 것으로 인정한다.[2] 뉴욕 대학, 위스콘신 대학, 노트르담 대학, 보스턴 대학, 시카고 대학, 리드 대학, 콜로라도 대학, 켄터키 대학, 머서 대학, 메인 대학, 미주리 대학, 사우스캐롤라이나 대학, 버몬트 대학, 와이오밍 대학 등 약 160개 대학에서 '인문고전 100권 독서 프로그램'이나 '인문고전 독서 중심의 전공과정'을 제공하고 있다.[3]

미국 대학의 인문고전 독서 사랑의 진원지는 교수들이다. 대표적으로 28세에 예일 대학 법학과 교수, 30세에 시카고 대학 총장으로 부임한 천재 교육학자 제이미 인클란은 토마스 아퀴나스의 형이상학적 세계관과 인간관을 대학교육의 뼈대로 삼아야 한다고 주장하면서 인문고전 중심의 교육이론과 교육과정을 구축하고 이를 현장에 적용했다. 컬럼비아 대학과 시카고 대학 교수였던 모티머 애들러는 인문고전으로 배우는 고급영어 교육과정, 대학생을 위한 '그레이트 북' 프로그램, 공립학교 학생을 위한 인문고전 독서교육과정을 개발했다. 맥스 테그마크 매사추세츠 공과대학MIT 교수는 자신을 가리켜 이 시대 최고의 플라톤주의자라고 말한다. 스티븐 와인버그 텍사스 대학 명예교수 또한 마찬가지다. 경희대 명예교수이자 문학평론가인 도정일은 『대담』에서 이렇게 말한다.

"몇 년 전 미국 샌디에이고 대학을 방문했던 한 한국인 교수가 깜짝 놀란 일이 있습니다. 인지과학을 가르치는 교수가 대학원생들을 모아놓고 하이데거를 읽고 있더라는 거죠. 요즘 미국 경제학계를 보면 심리학의 통찰을 빌려 인간의 경제행위를 설명하려는 경향이 대두하고 있습니다. 경영학에서는 '서사이론'을 도입하고 있습니다."[4]

우리나라 대학들은 어떤가? 학부 교양교육의 많은 부분을 인문고전 독서에 할애하는 미국 대학들과 같은 행보를 보이는 대학도 없고, 대학생 또는 대학원생을 모아놓고 인문고전 강독에 열을 올리는 교수도 없고, 스스로 인문고전을 구해서 치열하게 읽는 학생도 없다. 오히려 서울대를 비롯한 우리나라 10대 대학 도서관의 대출 순위 상위권을 보면 무협·판타지 소설이나 일본 연애소설이 싹쓸이하다시피 하는 실정이다. 사정이 이렇다 보니 대학에서 인문학 자체가 고사 위기라는 소식이 신문에 단골로 보도되고 있다.

우리나라 대학은 한때 세계 어느 나라 대학 못지않게 인문고전 독서에 열심이었다. 교수가 수업시간에 인문고전을 원서로 강독하고, 선배가 후배에게 철학고전을 권하고, 대학 4년 동안 고전 100권을 독파하겠다며 각오를 다지는 모습을 대학가에서 그리 어렵지 않게 찾아볼 수 있었다.

기형도는 시 「대학 시절」에서 "눈을 감고 지나갔다, 돌층계 위에서/나는 플라톤을 읽었다, 그때마다 총성이 울렸다"[5]라고 읊었다.

황광우는 『철학 콘서트』에서 당시의 풍경을 다음과 같이 그려 냈다.

"내가 플라톤을 처음 만난 것은 대학 신입생 때였다. 대학 입학식을 마치고 돌아온 나에게 한 선배는 대학 4년 동안 책 두 권만 읽으라는 것이었다. 한 권은 공자의 『논어』요, 다른 한 권이 플라톤의 『국가』였다. 역발산기개세力拔山氣蓋世, 힘은 산을 뽑을 만하고 기개는 세상을 덮을 만큼 웅대하던 이십 대의 젊은 나이, 1만 권의 책을 다 읽어도 채워지지 않을 왕성한 탐구욕을 지녔던 그 나이의 젊은 이에게 4년 동안 책 두 권만 읽으라니 (…) 물론 선배는 나에게 만만치 않은 조건을 주문했다. 국문이 아닌 영문으로 읽으라는 것이었

　　　　　　　　리딩으로 리드하라

다. (…) 이후 대학 1년 내내 나는 영문판 『국가』를 가지고 다니면서 읽었다. 빈 강의실에서도 읽고 음악 감상실에서도 읽고 식당에서도 읽었다. 뭐가 뭔지 모르면서 읽었다."

그런데 알다시피 어느 날 갑자기 우리나라 대학가에서 인문고전 독서가 흔적도 없이 사라져버렸다. 인문고전을 원서로 읽으라는 숙제를 내주던 교수도, 신입생에게 플라톤과 공자를 권하던 선배도, 뭐가 뭔지 모르면서도 죽어라 인문고전을 읽던 학생도 다 사라져버렸다. 대신 그 자리에 베스트셀러를 읽으라는 숙제를 내주는 교수, 신입생에게 재테크 서적을 권하는 선배, 무협·판타지 소설을 애독하는 학생들이 들어섰다. 물론 베스트셀러, 재테크 서적, 무협·판타지 소설이 나쁘다는 의미로 하는 말이 아니다. 이 세 가지는 나름대로 가치를 지닌다. 나는 인문고전 독서가 사라진 대학교육의 현실을 강조하기 위해 이 말을 하고 있다.

『부자 교육 가난한 교육』이라는 책이 있다. 황용길 미국 루이지애나 주립대학교 교육학과 부교수가 썼는데, 미국 부자계급의 교육이 빈자계급의 교육과 얼마나 어떻게 다른지와 우리나라가 사실상 미국 빈자계급의 교육을 따라 하고 있다는 내용 등을 담고 있다. 이 책을 보면 "고급 지식교육은 똑똑하고 능력 있는 아이들에게나 적당하다. 은행가(부자)의 자식과 광부(빈자)의 자식이 필요로 하는 교육은 종류가 다르다"[6]라는 말이 나온다. 우리나라 교육에 큰 영향을 미친 교육평가론의 창시자 손다이크와 그의 추종자 매디슨 그랜트 등이 한 말인데, 그들은 진화론과 우생학을 신봉한 철저한 인종차별주의자였다. 끔찍한 사실은 이들이 미국의 빈자계급에 실시할 목적으로 만들어 실제로 오늘날 미국 공립학교에서 시행 중인 교육과정이 그대로 우리나라에 들어왔고, 현재 각 학교에서 시행되고 있다는 것이다.[7]

미국 빈자계급을 위한 인문고전 독서과정인 클레멘트 코스의 창립자 얼 쇼리스는 『희망의 인문학』에서 미국 엘리트주의자들의 숨은 의도를 고발하며 그것을 분쇄할 수 있는 유일한 방법은 인문고전을 읽는 것이라고 말하고 있다.

"빈민들이 훌륭한 교육을 받지 못하도록 하는 강령들을 보면 미국의 엘리트주의는 그리스인의 노예관과 유사하다는 느낌을 지울 수 없다. (…) 가난의 대물림에 시달리는 사람들일지라도 부자들과 비교해서 인문학을 공부할 능력이 떨어질 것이라고 생각해야 할 아무런 이유가 없다. 엘리트주의자들의 그러한 선험적 주장은 사실 단 한 번도 제대로 검증받지 않은 채 사회적으로 수용되었던 것이다. 엘리트주의자들의 충고 때문에 빈민들은 인문학을 공부할 기회를 차단당했고 그 결과 정치적 삶에 이를 수 있는 하나의 효과적인 길을 봉쇄당한 것이다. (…) 우파들 또한 자신들의 이익을 지켜내는 데에 있어서는 탁월하다. (…) 그들의 관점에서 정확히 이해하고 있듯이, 빈민들이 인문학을 공부한다는 것은 그 자체가 매우 '급진'적인 행동인 것이다. 인문학 학습이 빈민들에게 정치적 삶을 가르치며, 진정한 힘이 존재하고 있는 공적 세계로 그들을 확실하게 이끌어주기 때문이다. (…) 타고난 능력에선 부자 아이들과 동등하거나 때론 더 뛰어날 수도 있는 가난한 아이들이지만 현대 사회의 게임에서 그들은 패배하기 시작하고 있다. 미국의 빈곤 문제에 대한 해결책으로 인문학을 공부해야 한다. 대다수의 사람들 그중에서도 특히 빈민들에게는 인문학을 공부하는 것 그 자체가 부를 재분배하는 의미가 있다."[8]

우리나라는 세계 7위의 출판대국이다.[9] 언론은 수시로 설문조사나 통계자료를 들먹이면서 우리나라 국민이 정말 책을 안 읽는다고 하지만 그렇지만은 않은 것 같다. 만일 우리나라 사람들이 그렇게 책을 읽지 않는다면 세계 7위의 출판 산업 규모란 존재하지 못할 것이기 때문이다. 그렇다면 우리나라의 인문고전 독서량은 세계 몇 위일까? 이 책을 읽는 독자는 그래도 대한민국에서 평균 이상 책을 읽는 사람일 것이다. 그런 당신에게 묻고 싶다. 미국의 명문 사립 중고교 학생들처럼 인문고전을 읽고, 도서관에 가서 그 인문고전에 관한 주석서를 전부 읽고, 독후감을 쓰고, 토론을 해본 적이 얼마나 되느냐고. 이 질문에 대한 독자 개개인의 답이 우리나라 지식 경쟁력의 현주소이자 우리나라가 맞이하게 될 미래라고 생각한다.

두뇌의 수준은 그가 읽는 책의 수준과 같다고 할 수 있다. 역사는 증명하고 있다. 두뇌가 우수하지 못한 인간은 두뇌가 우수한 인간의 지배를 받는다는 사실을 말이다. 인류 역사의 어느 시대 어느 국가를 막론하고 지배계급은 그 사실을 매우 잘 이해하고 있었다. 그래서 그들은 피지배계급에 대한 문자교육 자체를 금지했다. 그 악습은 현대 민주주의의 상징이라고 할 수 있는 미국에서 이상한 형태로 되살아났다. 문자교육 자체에 있어서는 평등을 추구했지만 그 내용에 있어서는 불평등을 추구했던 것이다. 그 결과 오늘날 미국의 부자계급은 사립학교에 다니고 빈자계급은 공립학교에 다닌다.

물론 미국의 모든 엘리트가 이런 식의 교육을 지지한 것은 아니다. 당시 미국 지식인 사회에서 격렬한 반대가 일었고, 지금도 많은 양심적인 지식인들이 강도 높게 비판하고 있다. 또 얼 쇼리스의 사례에서 볼 수 있듯이 많은 엘리트가 빈자계급에 대한 책임감을 강하게 느끼고 또 실제로 부자계급과 빈자계급의 지식 격차를 줄이기 위해 노력하고 있다. 한편으로 미국은 사립 중고교 및 대학의 문을 세계 각국에 활짝 열어놓고 있다. 미국의 지배계급이 전부 손다이크나 매디슨 그랜트 같은 생각을 가지고 있지는 않다는 증거라고 할 수 있다.

그러나 분명한 사실은 우리나라에 들어온 미국의 교육과정이 리더의 두뇌를 가진 사람을 양성하기 위한 목적으로 만들어진 인문고전 중심의 사립학교 교육과정이 아닌, 공장의 부품 같은 두뇌를 가진 사람을 양성하기 위해 만들어진 공립학교 교육과정이라는 것이다. 그리고 그 교육과정이 완전히 정착하고 나자 우리나라에서 인문고전 독서교육 전통이 완전히 사라졌다는 것이다.

'유색인종 발전을 위한 국가협회'를 세운 흑인 지식인 듀보이스는 미국 인종주의 교육학자들의 교육이론에 반대하여 외롭게 투쟁했다. 황용길 교수가 정리한 듀보이스의 지식교육론 가운데 일부를 옮겨보겠다.

"어느 인종을 막론하고 미래의 지도자는 지식 중심으로 교육되고 배출된다. 그럼에도 불구하고 지식교육을 버리라니, 이는 우리의 운명을 백인들에게 맡기고 그들의 사슬에 묶여 마냥 끌려만 다니는 자살행위와 다름없다."[10]

듀보이스의 절규를 접하고 가슴에 묵직한 돌덩이 한 개가 얹히는 듯한 느낌을 받았다. 듀보이스의 절규가 곧 21세기 대한민국이 처한 현실은 아닌가 하는 생각이 들었기 때문이다.

초강대국에겐
뭔가 특별한 비결이 있다

• • •

스파르타 사람들은 자신들이 다른 그리스인들보다 뛰어난 것은
지혜로 인한 것이 아니라 싸움과 용기로 얻은 것이라고 남에게 인식시키려 하였습니다.

플라톤, 「프로타고라스」 중에서

동양의 정치·문화·예술 등이 고대 중국에 뿌리를 두고 있다면 서
양의 그것은 고대 그리스에 뿌리를 두고 있다. 고대 중국과 고대 그
리스의 공통점은 2000년 이상 살아남은, 아니 지금 이 순간에도 세
계 각국의 석학들에게 거대한 영향을 미치고 있는 문학·역사·철학
고전을 배출한 국가라는 것이다. 또한 당시에 세계 최강국이었다는
점이다.

어떤 사람은 이렇게 말할지도 모르겠다. "스파르타는 육체만 단
련하지 않았나? 그럼에도 고대 그리스의 폴리스 중 가장 강한 국력
을 자랑했다." 이런 반론은 고대 그리스 시대에 관심을 가져본 사람
이라면 누구나 던질 수 있다. 그런데 플라톤의 『프로타고라스』에 따

르면 스파르타는 체육보다 철학을 더 사랑했다. 탈레스, 솔론 같은 고대 그리스의 7현인이 부러워하고 칭송했을 정도로 최고의 철학 및 변론 교육을 실시했다.[11] 그렇다면 스파르타는 왜 강한 육체만을 추구한 국가로 알려졌던 걸까? 플라톤은 『프로타고라스』에서 이렇게 설명한다.

"이 지방 사람들은 자신들이 다른 그리스인들보다 뛰어난 것은 지혜로 인한 것이 아니라 싸움과 용기로 얻은 것이라고 남에게 인식시키려 하였습니다. 그들이 뛰어난 이유가 상세히 밝혀지면 모든 사람이 지혜를 갖추려 애쓸 것이라고 생각했습니다. 지금도 이 비밀은 잘 지켜져 여러 나라에 흩어져 있는 스파르타 예찬가들은 거의가 그들의 계교에 넘어갔습니다. 권투를 하거나 가죽끈을 손에 감고 운동에 열을 올리거나 짧은 외투를 몸에 걸치거나 하여 그들의 흉내를 내었습니다. 왜냐하면 그로 인해 스파르타인들이 모든 그리스인들 앞에서 우월한 지위를 차지하고 있다고 생각했기 때문입니다."[12]

고대 그리스의 뒤를 이어 고전을 깊이 사랑한 국가는 로마였다. 물론 여느 시대 여느 국가와 마찬가지로 로마에서도 고전을 접할 수 있는 사람들은 한정되어 있었다. 그들은 귀족 중에서도 최상위 계층에 속한 사람들이었다. 반면 일반 시민들은 전문가들로부터 실용적인 지식을 전달받는 수준에 그쳤다. 앞에서도 말했지만 이런 교육 시스템은 미국에서 사립학교, 공립학교의 형태로 되살아났다.

로마의 지배층은 서재를 인문고전으로 가득 채우고 그리스 고전 형식의 책을 집필하는 것을 취미나 직업으로 삼을 정도로 고전을 뜨겁게 사랑했다. 카이사르와 동시대 사람이었던 마르쿠스 테렌티우스 바로 같은 사람의 개인서재에는 무려 490권에 달하는 인문고전이 꽂혀 있었을 정도다.[13]

유럽인은 10세기까지만 해도 아랍인으로부터 미개인 취급을 받았다. 일례로 당시 아랍에서는 환자를 치료할 때 의학적으로 접근했지만 유럽에서는 향료를 끓이고 주문을 외웠다. 정치·사회·문화·예술 등 다른 모든 면에서도 마찬가지였다. 아랍은 화려하고 세련되고 진보했던 반면 유럽은 그 반대였다. 아랍이 유럽을 몇 단계 앞서나갈 수 있었던 이유는 열렬한 인문고전 독서 덕분이었다. 아랍은 711년에 이베리아 반도를 정복하고 그리스 로마 고전을 만났다. 그리스 로마 고전의 발상지이면서도 고전을 잊고 살았던 유럽과 달리 아랍은 그 세계에 푹 빠져들었다. 아랍에서는 왕들이 나서서 인문고전을 애독했고, 국가적으로 인문고전 번역 사업을 실시했다. 덕분에 바그다드, 카이로, 톨레도, 코르도바 같은 도시에는 학자들이 몰려들었고 이들은 대학과 도서관에서 그리스 로마 고전의 거의 전부를 아랍어로 번역하고 주석서까지 발간했다.[14] 파티미드 도서관의 경우 그리스 로마 고전과 관련 서적을 무려 110만 권 넘게 소장하고 있었을 정도였다.

유럽은 1085년에 아랍이 300년 넘게 지배하고 있던, 당시 이슬람 문화의 중심지 톨레도를 수복했다. 그리고 1102년에는 발렌시아를 탈환했다.[15] 이 과정에서 유럽은 그동안 잊고 있었던 그리스 로마 고전의 세계와 접촉했고 그것은 미개했던 유럽을 영원히 바꾸어놓았다. 『아리스토텔레스의 아이들』을 집필한 리처드 루빈스타인의 표현에 따르면, 격리된 시골의 한 지역에 불과했던 유럽은 세계 문명의 중심지로 탈바꿈하게 되었다.

중세 유럽의 도시국가들 중 가장 강력하고 부유했던 곳은 르네상스의 도시 피렌체다. 그곳의 정치인·지식인·금융인들은 인문고전 광신도였다.

피렌체를 통치한 메디치 가문은 자녀에게 인문고전 독서교육을 실시했다. 르네상스 시대에 가장 지혜롭고 강력한 통치를 자랑했던 로렌초 데 메디치의 경우 걸음마를 시작할 때부터 어머니가 그리스 로마 고전을 읽어주었다. 덕분에 로렌초는 여섯 살 때부터 베르길리우스 같은 작가들의 글을 줄줄 읊을 수 있었다. 또 그에게는 가정교사가 네 명이나 있었는데 그중 한 명은 플라톤 철학만을 전문적으로 가르쳤다.[16] 메디치 가문은, 유럽 거부들의 개인서재나 유럽 각지의 수도원에 감춰진 인문고전 원전을 확보하고 번역하고 연구하는 일을 피렌체 학계의 전통으로 만들어 최초의 진정한 인문주의자라고 불리는 르네상스 시대의 천재 페트라르카의 제자들에게 어마어마한 자금을 지원했고, 피렌체의 학교 교육과정에 인문고전 독서를 조금이라도 더 많이 집어넣기 위해 노력했다. 메디치 가문의 행보는 피렌체의 정치인과 금융인들에게 직접적인 영향을 미쳤다. 금융인들은 세계 각지로 사람을 보내 인문고전 원전을 닥치는 대로 사들였고, 정치인들은 학자들이 인문고전 원전을 번역하는 일에 정부 차원의 지원을 아끼지 않았다.[17] 그 결과 피렌체는 고대 아테네에 버금가는 명성을 지닌 위대한 도시가 될 수 있었다.

근대에 들어서 가장 강력한 힘을 자랑한 국가는 영국과 프랑스다. 이 두 국가는 토머스 홉스, 존 로크, 몽테뉴, 셰익스피어, 밀턴, 데카르트, 존 버니언, 조너선 스위프트, 몽테스키외, 데이비드 흄, 볼테르, 장 자크 루소, 에드워드 기번, 벤담, 발자크, 찰스 디킨스, 스탕달, 뒤마처럼 그 이름 자체가 역사·철학·문학 고전이라고 할 수 있는 사람들을 배출했을 정도로 인문고전을 중시하고 사랑하는 전통을 지니고 있다.

영국의 인문고전 독서교육은 너무나 유명해서 굳이 설명할 필요가 없을 정도다. 단적으로 미국의 명문 사립 중고교와 대학의 인문고전 독서교육 전통이 전부 영국에서 비롯되었다. 영국의 상류층은 2차 세계대전 이전까지만 하더라도 다음과 같은 교육을 받고 엘리트가 되었다.

1. 가정교사에게 기초적인 인문고전 독서교육을 받는다.
2. 명문 사립학교에 진학해 체계적인 인문고전 독서교육을 받는다.
3. 옥스퍼드나 케임브리지에 들어가서 그리스어 및 라틴어로 진행되는 인문

고전 수업을 듣고, 그리스어 및 라틴어로 에세이를 쓰고 토론한다.

영국 상류층의 인문고전 독서교육은 2차 세계대전 이전만큼은 아니지만 현재진행형이다. 영국에는 정계·재계·관계를 막론하고 위대한 고전을 원전으로 읽고 연구하는 모임들이 있는데, 그 모임의 일원이 되지 못하면 출셋길이 막힌다. 따라서 영국 엘리트들의 인문고전 독서는 사회에 나와서 더욱 심화된다. 브리티시컬럼비아 대학에서 고전문학을 강의한 가토 슈이치의 말을 들으면 영국의 인문고전 독서는 상류층만의 전유물은 아닌 것 같다. 그는 『교양, 모든 것의 시작』에서 이렇게 털어놓았다.

"내가 런던에 있을 때 작은 투자회사의 사장 집을 방문한 적이 있다. 거기서 놀란 것은 그 사장의 서재에 빽빽이 꽂혀 있는 책들이 대부분 그리스어와 라틴어, 스페인어 원전들이었다는 사실이다."[18]

프랑스의 인문고전 독서교육 전통도 영국 못지않다. 프랑스의 중고교는 '철학 학교'라 불릴 정도로 철학교육을 중시하는데, 우리나라나 일본에 비하면 대학원 이상의 수준이라고 해도 과언이 아니다. 프랑스의 대학은 파리 제1대학 같은 일반 대학과 엘리트 중의 엘리트만 들어가는 그랑제콜로 나뉘는데, 그랑제콜에 입학하려면 그리스어와 라틴어를 자유자재로 읽고 쓸 줄 알아야 한다. 대부분의 수업이 인문고전 강독이기 때문이다. 그랑제콜 가운데 가장 유명한 곳은 1794년에 설립된 에콜 노르말 쉬페리외르(고등사범학교)

다. 이 학교 학생들은 졸업하면 지방의 리세(고등학교)로 발령받아 철학을 가르친다. 에콜 노르말 졸업생 중 유명한 인물로는 베르그송, 사르트르, 시몬 베유, 시몬 드 보부아르, 미셸 푸코 등이 있다.

프랑스는 인문고전 중심의 교육과정을 운영하던, 중세 유럽 대학들의 모델이자 현대 대학의 원형인 파리 대학의 발생지이고, 아이비리그 졸업생 이상의 지적 능력을 갖춘 사람들이 1790년대부터 고등학생들의 인문고전 교육을 책임진 나라다. 또한 대학 입학시험에 출제된 철학 문제가 전 국민의 화제가 되고, 평범한 시민들이 카페에서 심심풀이로, 우리나라나 일본의 입장에서 보면 대학교수 수준의 철학토론을 벌이는 국가다. 근대에 최강대국이었고, 오늘날에도 강대국이며, 오만하다 싶을 정도로 미국을 우습게 보는 프랑스의 힘은 교육 면에서만 본다면 인문고전 독서에서 비롯되었다고 생각하는 게 옳을 것이다.

현대의 최강대국인 미국의 인문고전 독서에 대해서는 앞에서 설명했기에 생략하겠다. 대신 세계적인 영화배우이자 가수인 윌 스미스가 『리더스 다이제스트』 기자와 만나서 한 인터뷰 내용 가운데 일부를 소개하고 싶다.

- **대학에 가려고 생각한 적은 없나요?**

  저는 가장 소중한 것을 학교에서 배우지 않았습니다. 전통적인 교육의 주된 목적은 사실과 숫자를 배우고 시험에 합격하는 것이죠. 어떤 것을 이해하고 그것을 생활에 응용하려는 것이 아닙니다. 아내와 저는 아이들을 집에서 가르치고 있습니다. 보스턴 차 사건이 발생한 날짜 따위를 배우는 것은 그리 중요하지 않다고 생각하기 때문입니다.

● **하지만 학교는 기본적으로 알아야 할 지식을 가르치지 않나요?**

물론입니다. 읽기, 쓰기, 셈하기 같은 것들이죠. 이런 것들은 당연히 배워야 합니다.

● **집에서 가르친다고 하셨는데, 직접 교육하신다는 의미인가요?**

아뇨. 저는 교사를 고용해서 우리가 중요하다고 생각하는 것을 가르치고 있습니다. 예를 들면 플라톤의 『국가』 같은 고전이죠. 이런 책은 아이들이 반드시 읽어야 한다고 생각해요. 초등학교에서 왜 철학고전을 가르치지 않는 건지 이해할 수 없어요.

● **초등학생이 플라톤을 읽을 필요가 있을까요?**

네. 초등학교 때부터 플라톤의 『국가』와 아리스토텔레스의 『정치학』 같은 철학고전을 읽지 않으면 훌륭한 미국 시민이 될 수 없다고 생각합니다. 인문고전은 우리 선조들이 소중하게 읽었던 것입니다. 알다시피 우리 선조들은 인문고전에서 배운 것을 토대로 세상에서 가장 훌륭한 정부체제를 만들어냈습니다.[19]

이 기사에 따르면 윌 스미스는 아이들에게 최고 수준의 인문고전 독서교육을 시키고 있다. 고등학교밖에 졸업하지 못한 그가 어떻게 유럽 왕가와 명문 귀족가의 전유물이던 가정교사를 통한 인문고전 독서교육을 실시할 수 있었을까? 어쩌면 그가 성공을 거두고 미국 최상류층에 편입한 뒤 그들만의 '다른 교육'을 목격했고 그것이 옳다고 생각했기 때문은 아니었을까. 아니 어쩌면 그는 어머니의 조언을 따랐을지도 모른다. 그의 어머니는 카네기멜론 대학을 졸업한 수재로, 필라델피아 교육위원회에서 일하면서 교육제도에 대한 탁월한 식견을 쌓은 교육 전문가이기 때문이다.

국력 신장을 위한
일본의 독서 프로젝트

· · ·

제1고교 학생들은 3년 동안 매주 열 시간 이상 외국어 수업을 들었다.
라틴어가 필수 공통과목이었고 영어, 독일어, 프랑스어 중 두 과목이 선택이었다.
서양고전 원전을 국어처럼 술술 읽는 능력을 기르기 위해서였다.

아시아에서 인문고전 저자를 가장 많이 배출하고 인문고전 독서 전
통을 가장 확고하게 세운 국가는 어디일까? 지난 2000여 년 동안은
중국이 그 자리를 차지했고, 그다음은 우리나라였다. 이는 묘하게도
중국이 지난 2000년 동안 동아시아 최강대국이었고 그다음이 우리
나라였다는 사실과 겹친다.

인문고전 독서를 업으로 삼았던 사대부들이 지배층이었던 중국
및 한국과 달리, 비록 유학을 공부하긴 했지만 기본적으로 검술을
연마하는 것이 업이었던 무사들이 지배층이었던 일본은 대대로 중
국과 한국에 머리를 조아려가면서 문물을 수입해 갔다. 중국과 한
국의 시각으로 볼 때 일본은 참으로 미개하기 이를 데 없는, 희망이

라고는 전혀 보이지 않는 우울한 국가였다. 그런 일본이 메이지 유신을 통해 아시아 최강대국으로 변신하고 세계 2위의 경제대국으로 성장하는 기반을 마련했는데, 그 배경에는 국가적인 인문고전 독서가 있었다.

"중국과 조선을 합병해야 한다. 이웃 나라라고 사정을 봐주면 안 된다", "조선의 멸망을 축하한다" 따위의 망발을 서슴지 않고 해댄 탓에, 한국 지식인들로부터는 "우리 민족을 짓밟고 파탄으로 몰아넣은 원수"라는 비판을 받고, 대만 지식인들로부터는 "가장 증오해야 할 민족의 적"이라는 말을 들은 1만 엔권 지폐의 주인공 후쿠자와 유키치는 일본 국민들로부터 메이지 유신의 아버지, 일본 근대화의 선구자, 게이오 대학을 창립한 위대한 교육가로 칭송받고 있다.

후쿠자와 유키치는 하급무사의 아들로 태어났다. 그는 열네 살이 되도록 전형적인 시골 촌놈의 삶을 살았다. 그러다가 스물다섯 살에는 에도(동경)에 게이오 대학의 기원이 되는 학당을 열 정도로 진보한 지식인으로 변신했다. 약 10년 사이에 바보에서 천재로 변화했다고 볼 수 있는데, 비결은 다름 아닌 지독한 인문고전 독서였다.

후쿠자와 유키치는 열네 살 무렵 처음으로 인문고전을 접했는데, 인문고전의 세계에 폭풍처럼 빠져든 나머지 이내 스승조차 뛰어넘게 되었다. 그는 십 대 시절에 『몽구』 『맹자』 『논어』 『시경』 『서경』 『세설신어』 『좌전』 『전국책』 『노자』 『장자』 『사기』 『한서』 『후한서』 『진서』 『오대사』 『원명사략』 같은 동양 고전을 두루 공부했는데, 너무 방대하고 어려운 나머지 대부분 3~4권째에서 포기하고 마는, 총 삼십 권으로 구성된 『좌전』 같은 경우 열한 번이나 반복해서 읽었고 중요한 부분은 암기까지 했다고 한다.[20] 그는 이렇게 철저한 인문고전 독서로 두뇌를 근본적으로 변화시킨 후 네덜란드어로 번역된 서양 학문인 난학蘭學을 공부하고 이어 영학英學을 공부한 뒤 메이지 유신의 사상적 토대를 닦았다.

『번역과 일본의 근대』에 따르면 후쿠자와 유키치의 정신적 제자들이 세운 메이지 정부는 태정관, 원로원, 좌원, 대장성, 문부성, 육군성, 사법성 같은 권력체가 주도적으로 나서서 동서양 인문고전을 번역했다. 덕분에 일본은 19세기에 동양고전은 물론이고[21] 서양고전의 대부분을 번역하여[22] 국민에게 대량 공급할 수 있었다. 당시 일본 정부가 얼마나 많은 번역서를 생산했던지, 번역서 읽는 법을 다룬 『역서독법』 같은 책이 출판돼 인기를 끌었을 정도다. 이 책의 저자 야노 후미오는 서문에 "이즈음 역서 출판이 성황을 이루어 그 권수가 몇만에 이르니[23] 한우충동汗牛充棟이 무색할 지경이다. 실로 바람직한 일이라 하지 않을 수 없다"라고 썼다. 당시가 메이지 16년, 즉 1883년이었음을 생각해보면 실로 두 눈이 휘둥그레질 정도의 양이다.[24]

메이지 시대 국가 주도의 인문고전 독서 열풍은 20세기까지 계속되었다. 『죽으라면 죽으리라』에 등장하는 1930년대 일본 고등학교를 보자. 제1고교 학생들은 3년 동안 매주 열 시간 이상 외국어 수업을 들었다. 라틴어가 필수 공통과목이었고 영어, 독일어, 프랑스어 중 두 과목이 선택이었다. 외국어 수업이 많았던 이유는 서양 고전 원전을 국어처럼 술술 읽는 능력을 기르기 위해서였다. 제2고교에서는 모든 신입생이 칸트의 『순수이성비판』을 읽고, 모든 재학생이 최소 하루 한 권 이상의 인문고전을 읽고 독서일기를 쓰는 전통이 있었다. 여러 자료에 따르면 당시 일본의 명문 고교와 대학교 학생들은 독서일기를 쓰는 습관이 기본적으로 배어 있었는데, 고교와 대학 시절 동안 4000권 이상의 책을 읽고 독후감을 쓴 사례가 평범한 경우에 속할 정도로 치열하게 독서했다고 한다.[25] 덕분에 일본의 정계·관계·재계는 이미 학창 시절에 그리스, 로마, 유럽, 중국, 인도, 일본의 인문고전을 읽은 인재들을 무한정 공급받을 수 있었고, 국력을 혁명적으로 신장할 수 있었다.

일본의 인문고전 독서교육 전통은 2차 세계대전에서 패배한 뒤 연합군 총사령부가 설치되고 미국 공립학교 교육과정이 들어오면서 조금씩 사라졌다. 현재는, 철학을 공부하기 위해 『주간문춘週刊文春』 기자직을 헌신짝처럼 내던지고 도쿄대 철학과에 입학한 뒤 그리스어로 플라톤을, 라틴어로 토마스 아퀴나스를, 프랑스어로 베르그송을, 독일어로 비트겐슈타인을 읽은 전력이 있는 일본 지성계의 거장 다치바나 다카시[26] 같은 사람이 일본 최고 대학인 도쿄대 학생들이 인문고전을 읽지 않아 바보가 되었다며 『도쿄대생은 바보가 되었는가』라는 제목의 책을 출판할 정도로 상황이 심각하다.[27] 아마 일본도 우리나라처럼 미국 공립학교 교육과정이 완전히 자리 잡으면서 인문고전 독서교육 전통이 완전히 사라진 게 아닌가 싶다. 물론 연합군 총사령부가 일본의 전쟁광들이 만든 군국주의 교육과정을 종식시키고, 민주적인 교육과정을 성공리에 정착시켰다는 점은 높이 평가해야 할 것이다.

일본의 인문고전 독서에 대해 장황하게 언급한 것은 안타까움 때문이다. 우리나라는 세계에서 일본을 가장 싫어하고 또 가장 우습게 보는 나라다. 대한제국을 강탈하기 위해 명성황후를 살해하는 만행을 저지르고, 세계사에서 유례를 찾아보기 어려울 정도로 악독하기 이를 데 없는 식민정책을 펴고, 과거의 죄악에 대해 진정으로 사죄하기는커녕 아직도 독도가 자신들의 영토라고 우기고 있기 때문이다. 그렇다면 우리는 왜 아직도 일본의 진정한 사죄를 받지 못하고 있을까, 그리고 왜 말도 안 되는 독도 분쟁에 휘말리고 있을까? 여러 가지 이유가 있을 것이다. 그러나 가장 현실적인 이유를 대라면, 아직 우리에게 일본을 누를 힘이 없기 때문이다.

우리는 약 1600년 동안 일본에 인문고전을 전달하고 가르쳤다.[28] 그 전통은 1868년에 깨졌다. 메이지 유신 이후 우리는 일본에게 인문고전을 전달받고 가르침을 받는 나라가 되었다. 현재 우리나라에 존재하는 많은 인문고전 번역서가 일본어 번역판을 다시 번역한 것이다.[29] 국민, 자유, 평등, 권리, 민권, 인권, 토론, 사회, 정부, 정의, 철학, 원리, 의무, 책임, 민주주의, 인민, 공화국, 경제, 은행, 동산, 부동산 같은 용어들의 공통점은 일본이 서양 인문고전을 번역하면서 만들어낸 단어라는 것이다. 일본이 만든 이 용어들은 그대로 한국과 중국에 수출됐고 지금은 아예 자국어처럼 받아들여지고 있다.

우리나라의 서양 인문고전 원전 번역의 역사를 일본과 비교해보면 한심해서 말이 나오지 않을 지경이다. 대표적으로 일본은 영국의 가장 위대한 정치 저술가라는 평가를 받는 에드먼드 버크의 『프랑스 혁명에 관한 성찰』을 1881년에, 몽테스키외의 『로마인의 흥망성쇠 원인론』은 1883년에, 플라톤 전집 원전은 1900년대 초반에, 아리스토텔레스의 『형이상학』 원전은 1940년대에 번역 출간했다. 반면 우리나라에서는 『프랑스 혁명에 관한 성찰』이 2008년에, 『로마인의 흥망성쇠 원인론』은 2007년에, 『형이상학』 원전은 2007년에 번역 출판되었다. 플라톤 전집 원전 번역은 아직도 완결되지 않은 상태다.

미래에 세계의 고전이 될 가능성이 있는 우리나라의 고전 및 근현대 문학작품을 외국에 알리는 일도 일본에 비교하면 심히 부끄러운 수준이다. 일본은 이미 1990년대 초반에 2만여 종 이상의 자국 문학작품을 외국어로 번역했지만 우리나라는 2006년까지 고작 1500여 종 정도를 번역했기 때문이다.[30]

정리를 하자. 일본은 이미 메이지 시대에 국가가 나서서 엄청난 분량의 인문고전을 국민에게 공급했다. 우리나라도 비슷한 시기에 외무아문外務衙門에 번역국을 설치했다. 그러나 민족문학사연구소가 조사한 바에 따르면 1894년부터 1910년까지 고작 스무 권 남짓한 책을 번역했다.[31] 그 결과 우리는 일본에 문물을 전해주던 문화 선진국에서 전달받는 문화 후진국으로 전락했다. 안타깝게도 그 절망스러운 역사는 현재진행형이다.

우울한 역사를 되풀이하지 않으려면, 과거 우리 조상이 그랬던 것처럼 일본의 존경을 받는 나라를 만들려면, 우리 국민 개개인의 두뇌 수준이 일본 국민 개개인보다 월등하게 뛰어나야 한다.

중국 황실이 두려워했을 정도로 조선 역사상 가장 강대한 국가를 건설했던 세종대왕은 백성 개개인의 두뇌 수준을 혁명적으로 변화시킬 수 있는 방법을 인문고전 독서에서 찾았다. 1434년 7월, 세종대왕은 30만 권 분량의 종이를 준비하라는 영을 내렸다. 『자치통감』을 대량으로 인쇄해 전국에 배포하기 위해서였다. 세종대왕은 노인들도 쉽게 읽을 수 있도록 큰 활자를 주조하여 책을 찍도록 했고, 주석 작업에 친히 참여하기까지 했다.

세종대왕 당시는 왕정 시대였으니 나라의 주인은 당연히 왕이었다. 반면 지금은 민주주의 시대이고 나라의 주인은 국민이다. 그러니 나라를 바꾸고 싶다면 무엇보다 스스로에게 인문고전 독서의 영을 내려라. 그리고 치열하게 독서하라. 그러면 오래지 않아 당신 자신은 물론이고 대한민국이라는 나라 자체가 완벽하게 바뀔 것이다.

법조인 130명 vs.
전과자 96명

• • •

영적으로 『성경』을 삶의 지표로 삼고,
지적으로 인문고전 독서에 힘쓰는 전통을 후손에 물려준 에드워즈와 달리 슐츠는
『성경』에 무관심하고 인문고전 독서에 문외한인 전통을 물려주었다.

인문고전 독서는 국가와 가문의 운명뿐 아니라 개인의 운명까지 결정짓는다. 비록 신학적인 논란[32]이 있긴 하지만 조너선 에드워즈는 벤저민 프랭클린보다 미국에 더 위대한 영향을 끼친 존재라는 평가를 받는 사람이다. 프린스턴 대학 학장을 지낸 새뮤얼 데이비스는 조너선 에드워즈를 가리켜 "미국이 배출한 가장 위대한 사상가"라며 칭송한 바 있고, 벤저민 워필드는 "미국의 지식인 중 실제로 위대하다고 불릴 수 있을 만한 유일한 인물"이라고 평한 바 있다.

조너선 에드워즈는 하버드 대학을 졸업한 아버지로부터 인문고전 독서교육을 받았다. 그는 이미 유년 시절에 그리스어와 라틴어를 자유롭게 구사할 수 있었다. 덕분에 고작 열두 살에 예일 대학

에 입학했고, 4년 뒤에 수석으로 졸업했다. 스물한 살에는 예일 대학 교수가 되었고, 나중에는 프린스턴 대학의 전신인 뉴저지 대학의 총장이 되었다. 조너선 에드워즈에 관한 전기를 처음으로 집필한 새뮤얼 홉킨스의 말을 들어보자.

"대학교 2학년이던 열세 살 때, 그는 인간 이해에 관한 로크의 글을 읽고 큰 기쁨과 유익을 얻었다. 그는 비상한 천재성으로, 다른 말로 하면 타고난 능력으로, 그 사상을 정확하게 이해하고 깊이 꿰뚫더니 지금은 그것을 연습하고 완전히 깨닫기 시작했다. 종종 그리고 숨을 거두기 얼마 전까지만 해도 그는 그 책을 손에 들고는 몇몇 친구들에게 말하기를, 대학 시절에 읽었던 그 책을 통해 말할 수 없는 위로와 기쁨을 얻었으며, 그 책에 몰두하여 연구하면서 얻은 만족과 기쁨은 새로 발견한 금은보화를 손에 가득 들고 있는 욕심 많은 구두쇠의 기쁨보다 훨씬 크다고 말하곤 했다."[33]

미국 뉴욕시 교육위원회에서 조너선 에드워즈의 가문을 5대에 걸쳐 조사한 적이 있다. 한 사람의 영적·지적 수준이 후손에게 어떤 영향을 미치느냐를 조사한 것인데 그 비교 대상으로 마커스 슐츠를 선정했다. 그는 조너선 에드워즈와 같은 시대 사람이었고, 같은 지역에 살았으며, 같은 경제력을 가졌고, 같은 수의 가족이 있었다. 다만 영적으로 『성경』을 삶의 지표로 삼고,[34] 지적으로 인문고전 독서에 힘쓰는 전통을 후손에 물려준 에드워즈와 달리 슐츠는 『성경』에 무관심하고 인문고전 독서에도 문외한인 전통을 물려주었다.

뉴욕시 교육위원회는 두 가문의 후손을 5대에 걸쳐서 면밀하게 추적했다. 조너선 에드워즈의 후손은 896명이었다. 여기서 1명의 부통령, 4명의 상원의원, 12명의 대학총장, 65명의 대학교수, 60명의 의사, 100명의 목사, 75명의 군인, 85명의 저술가, 130명의 판·검사 및 변호사, 80명의 공무원이 나왔다. 마커스 슐츠의 후손은 1062명이었다. 이 가운데 전과자가 96명, 알코올중독자가 58명, 창녀가 65명, 빈민이 286명, 평생 막노동으로 연명한 사람이 460명 나왔다. 미국 정부는 마커스 슐츠의 후손들을 위해 무려 1억 5000만 달러의 국고보조금을 지출했다.

　얼 쇼리스는 『희망의 인문학』에서 라파엘 피자로와 그의 형 이야기를 들려준다. 두 사람은 같은 부모 밑에서 자랐고 같은 학교에 다녔다. 미국 주류사회로부터 소외된 푸에르토리코계였던 두 사람은 어릴 적부터 마약, 폭력, 총기 등에 일상적으로 노출되어 살았다. 라파엘 피자로의 형은 거리의 푸에르토리코계 십 대 아이들 대부분이 간 길로 갔다. 그는 사람의 목숨을 빼앗았고 감옥에 갔다. 반면 라파엘은 대학에 진학했다. 얼 쇼리스는 형제간에 그런 차이가 생겨난 유일한 원인으로 인문고전 독서를 들었다. 동생은 어린 시절부터 단테나 소포클레스 등을 즐겨 읽었지만 형은 전혀 읽지 않았다.

　조너선 에드워즈 가문과 마커스 슐츠 가문, 라파엘 피자로와 그의 형의 사례가 세상의 모든 가문과 모든 개인에게 동일하게 적용될 수는 없을 것이다. 또 알다시피 세상에는 인문고전 독서와는 거리가 먼 삶을 살면서도 행복하고 풍요로운 삶을 영위하는 사람들도 많다. 하지만 그렇다고 위의 사례를 가볍게 대할 수는 없다. 이 두 사례는 실제로 일어난 일이고, 우리 가문이나 후손에게서 얼마든지 재현될 수 있기 때문이다.

　결론을 내리자. 인문고전 독서는 나라와 가문과 개인에게 지대한 영향을 미친다. 아니, 나라와 가문과 개인의 운명을 결정짓는다. 무언가 세상이 잘못되었다고 느껴지거든 낙담하거나 한탄할 시간에 인문고전을 펴길 권한다. 천 년이 넘은 지혜의 산삼을 두뇌에게 실컷 먹이기를 권한다. 그러면 언젠가 반드시 당신 자신이 혁명적으로 변하고, 당신 가문에 인문고전 독서의 전통이 생기게 될 것이다. 그리고 당신의 가문에서 배출된 인재들이 우리나라와 세계와 인류의 역사를 바꾸는 위대한 일을 하게 될 것이다.

2장

리더의 교육,
팔로어의 교육

지식을 넘어 지혜를 만드는 힘

이제는 진실을 깨달아야 한다. 당신이 학교에서 그렇게 오랫동안 배우고도 두뇌와 삶에 어떤
변화도 없었던 근본적인 이유를 알아야 한다. 당신의 자녀가 학교를 다니면 다닐수록 머리가
비상해지고 삶의 지혜가 쌓이는 게 아니라 두 눈의 총기를 잃고 지혜와는 거리가 먼 삶을 살
게 되는 본질적인 이유를 알아야 한다. 학교를 부정하거나 다니지 말라는 의미가 아니다. 교
사들이나 교육부에 돌을 던지라는 의미도 아니다.

READING . LEAD

하버드 교수도 열광한
카를 비테식 '다른 교육'

...

이제는 진실을 깨달아야 한다.
당신이 학교에서 그렇게 오랫동안 배우고도
두뇌와 삶에 어떤 변화도 없었던 근본적인 이유를 알아야 한다.

지금으로부터 약 200년 전의 일이다. 독일의 한 시골 마을에서 목회를 하던 카를 비테는 장차 태어날 아이를 성공적으로 교육하고자 플라톤, 에라스뮈스, 존 로크, 루소, 페스탈로치 같은 천재들이 집필한 교육 서적과 고대 그리스의 아테네와 로마의 교육에 관한 문헌들을 연구했는데, 하나같이 19세기 당시 독일의 교육과 '다른 교육'을 이야기하고 있다는 사실을 발견했다.[1] 카를 비테는 그 책들이 옳다는 사실을 직감적으로 깨달았고, 자녀를 그 '다른 교육'에 따라 키우기로 결심했다.

그런데 문제가 생겼다. 첫째는 태어난 지 며칠 만에 장티푸스로 죽었고 둘째는 지능이 현저히 낮았다. 비테는 "하나님, 이게 도대체 무슨 일입니까? 제가 무슨 죄를 지었기에 이런 벌을 내리십니까?"라고 울부짖는 아내를 위로하면서 아들에게 '다른 교육'을 실시했다.[2]

카를 비테에게는 확신이 있었다. 비록 아들이 지능이 떨어지긴 했지만 '다른 교육'을 받으면 얼마든지 천재가 될 수 있다는 확신. 그는 태어난 지 15일 된 아들에게 위대한 시인들의 시를 읽어주었다. 두 살 때부터는 베르길리우스의 『아이네이스』 같은 고전을 읽어주었고, 여덟 살 때부터는 혼자 그리스 로마 고전을 원전으로 읽게 했다.[3]

카를 비테 주니어의 두뇌는 위대한 천재들이 집필한 인문고전을 지속적으로 접하면서 기적처럼 변했다. 그는 고작 아홉 살에 라이프치히 대학 입학자격을 취득했고, 열세 살에 기센 대학에서 철학박사 학위를, 열여섯 살에는 하이델베르크 대학에서 법학박사 학위를 받았다. 그리고 곧바로 베를린 대학 법학과 교수로 임용됐다. 이후 여든세 살로 세상을 떠날 때까지 카를 비테 주니어는 당대를 대표하는 천재로 칭송받았다.

카를 비테는 지능이 떨어지는 아들을 천재로 키워낸 비결을 책으로 썼다. 세상 모든 부모들이 자녀를 천재로 키우기를 열망했기 때문이다. 그런데 그 책은 어느 날 갑자기 세상에서 사라져버렸다. 왜 그런 일이 벌어졌는지는 아무도 모른다. 세상에서 완전히 자취를 감춘 듯했던 비테의 저서는 20세기에 하버드 대학교 도서관 서고에서 우연히 발견되었다. 그리고 그 책을 접한 사람들을 열광의

도가니에 빠뜨렸다.

하버드 대학 교수였던 레오 위너는 카를 비테의 책을 읽고 크게 감명을 받은 나머지 기자회견을 열어서 앞으로 태어날 아이들을 천재로 만들겠다고 호언장담했다. 그렇게 말할 수 있는 근거가 무엇이냐는 기자들의 질문에 그는 카를 비테식 교육을 언급했다. 그의 아들 노버트 위너는 열두 살에 태프트 칼리지에 입학해서 2년 만에 졸업했다. 열네 살에는 하버드 대학원에 입학했고, 열여덟 살에 철학박사 학위를 취득했다. 이후 하버드 대학과 매사추세츠 공과대학 교수가 되었고, 인공두뇌학이라는 새로운 학문을 창시했다. 레오 위너의 딸 콘스턴스는 열네 살에 남학교였던 하버드 대학의 부속 래드클리프 칼리지에 입학했고, 다른 딸 버사도 열두 살에 같은 대학에 입학했다.

하버드 대학을 졸업하고 심리학자로 이름을 날리던 보리스 사이디스도 아들 윌리엄 제임스 사이디스를 카를 비테식으로 교육했는데, 가장 중점을 둔 것이 인문고전 독서였다. 그가 『속물과 천재』에서 한 고백을 들어보자.

"내 아들은 올해 겨우 열두 살이지만 (…) 『일리아스』나 『오디세이아』를 그리스어 원문으로 암기하고 있다. 소포클레스, 에우리피데스, 아리스토파네스 같은 그리스 고전 원전도 다른 아이들이 『로빈슨 크루소』를 읽듯이 쉽고 재미있게 읽는다."

윌리엄 제임스 사이디스는 열한 살에 하버드 대학에 입학했고,

열두 살에는 하버드 대학 수학 클럽에서 4차원 세계에 관한 논문을 발표해 100여 명의 교수들을 지적 충격에 빠뜨렸다.

태프트 칼리지의 교수 벌Berle도 자녀에게 카를 비테식 인문고전 독서교육을 실시했다. 그의 아들 애돌프 벌은 열세 살에 하버드 대학에 입학해서 3년 만에 졸업했고 곧장 하버드 대학교 법과대학원에 들어가서 공부를 계속했다. 딸 리나는 열다섯 살에 하버드 대학교 부속 래드클리프 칼리지에 입학했다. 다른 아들 루돌프와 딸 미리엄 역시 각각 열두 살, 열네 살에 대학생이 되었다.[4]

우리나라의 교육은 외견상으로는 학교 교육과 학원 교육으로 나뉘어 있다. 그러나 실제적으로는 학교 교육 하나다. 학원 교육의 목표가 학교 성적 올리기이기 때문이다.

학교 교육은 프러시아(프로이센)에서 시작되었다는 게 정설이다. 당시 후진국이었던 프러시아는 유럽 열강의 반열에 오르고 싶었다. 그러려면 물불 가리지 않고 전쟁터로 달려가는 군인들과 공장에서 쉴 새 없이 물건을 만들어내는 육체노동자들이 필요했다. 그 두 가지는 강대국이 되기 위한 필수조건인 군사력과 경제력의 핵심이었기 때문이다. 직업 군인과 공장 노동자를 양산할 방법을 고민하던 프러시아 지배계층의 눈에 어느 날 국민 대다수를 차지하는 농민계층의 자녀가 들어왔다. 그들은 농민의 자녀들에게 직업 군인과 공장 노동자가 되는 교육을 시키면 문제가 간단히 해결된다는 사실을 깨달았다. 그래서 그들은 학교를 세웠다. 후일 프러시아는 독일제국에 합병되었다. 독일제국은 프러시아의 교육제도를 한층 더 발전시켜서 아예 군대식 학교를 세웠고 1·2차 세계대전을 일으켰다.

영국은 1860년에 의무교육, 즉 공립학교 교육을 법적으로 제도화했다. 영국의 공립학교 교육도 프러시아와 별반 다르지 않았다. 산업혁명으로 인해 숙련된 공장 노동자가 무한정 필요했고 이를 위해서는 농민의 자녀들을 교육하는 방법밖에 없었기 때문이다.

일제는 프러시아, 즉 독일에서 시작된, 국민을 바보로 만드는 학교제도를 그대로 수입해 당시 식민통치하에 있던 우리나라에 이식했다. 일제를 패망시킨 미국은 영국의 공립학교 교육제도를 기반으로 한 자국의 공립학교 교육제도를 우리나라에 도입했다. 쉽게 말해 당신이 받은 학교 교육과 지금 우리나라 십 대들이 받고 있는 학교 교육은 직업 군인과 공장 노동자 양산이 목적이었던 교육 시스템에 뿌리를 두고 있다. 혹시라도 이 말을 인정하기 어렵다면 다음 사실을 한번 생각해보라.

- 군대의 상관은 부하들에게 일방적으로 명령을 내리고 부하들은 그 명령을 기계처럼 수행한다.

- 공장의 장은 휘하 노동자들에게 일방적으로 작업 지시를 내리고 노동자들은 그 지시를 기계처럼 수행한다.

- 우리나라 교사는 학생들에게 일방적으로 지식을 전달하고 학생들은 그 지식을 기계처럼 암기한다.

서당 개도 삼 년이면 풍월을 읊는다는 말이 있다. 그런데 우리나라 학생들은 초중고 합쳐서 무려 12년이나 교육을 받고도 지적이고 창의력 넘치는 인재가 되기는커녕 좀 심하게 말하면 바보가 되어 사회에 나온다. 대학에 입학해서 다시 4년을 더 배우고 대학원까지 졸업해도 마찬가지다. 당당히 사회를 이끌어나가는 지식인이 되기는커녕 제 앞길 하나도 헤쳐나가지 못하는 무능력한 존재로 전락하기 일쑤다. 도대체 왜 그런 일이 벌어지는 걸까? 왜 우리나라 학생들은 배우면 배울수록 무능력한 사람이 되는 걸까? 이유는 간단하다. 우리나라의 공교육이 시키는 일밖에 할 줄 모르는 바보를 육성하는 것을 목적으로 하는 교육 시스템에 뿌리를 두고 있기 때문이다.

이제는 진실을 깨달아야 한다. 당신이 학교에서 그렇게 오랫동안 배우고도 두뇌와 삶에 어떤 변화도 없었던 근본적인 이유를 알아야 한다. 당신의 자녀가 학교를 다니면 다닐수록 머리가 비상해지고 삶의 지혜가 쌓이는 게 아니라 두 눈의 총기를 잃고 지혜와는 거리가 먼 삶을 살게 되는 본질적인 이유를 알아야 한다. 학교를 부정하거나 다니지 말라는 의미가 아니다. 교사들이나 교육부에 돌을 던지라는 의미도 아니다. 학교에 다녀야 한다. 그것도 될 수 있으면 최고의 학교에 다녀야 한다. 여기에 대해서는 이론異論의 여지가 없다. 또 교사와 교육부도 나쁜 공교육 시스템의 피해자라고 보는 게 맞을 것이다. 그들은 학생들에게 최고는 아니더라도 최선의 교육을 제공하고 있다고 믿고 있기 때문이다.

만일 인문고전을 집필한 위대한 천재들이 우리나라의 학교제도를 보면 뭐라고 말할까? 십중팔구 학생의 두뇌를 죽이는, 창조성을 말살하는, 노예를 만드는, 국가의 미래를 어둡게 만드는, 하루빨리 개혁해야 할, 민족의 운명을 걸고 반드시 새롭게 고쳐야 할 그 무엇이라고 말할 것이다. 동양철학과 서양철학의 시조라고 할 수 있는 공자와 소크라테스의 경우에서 볼 수 있듯이 인문고전 저자들이 이상적으로 생각하고 실시한 교육은 교사가 학생들에게 일방적으로 지식을 전달하는 교육이 아니라 스승과 제자가 깊은 대화를 통해 지혜와 진리를 터득하고 발견해가는 교육이다.

새로운 두뇌를 갖고 싶다면, 새로운 인생을 살고 싶다면 지금부터라도 하루 또는 일주일에 몇 시간씩 카를 비테식 '다른 교육'을 실천하기 바란다. 위대한 고전을 집필한 인류의 스승들과 지속적으로 만나 깊은 정신적 대화를 나누기 바란다. 그렇게 그동안 받았던 프러시아식 교육을 두뇌에서 털어내고 지혜와 진리를 추구하는 진정한 배움의 세계로 들어가기 바란다.

장한나는 왜
하버드 철학과를 선택했을까?

...

세계적인 명성을 얻고 있는 석학들 중에는
역사나 철학을 외면하고 자신의 연구 분야에만 매달리는 사람들은 별로 없다.

김대식, 「공부혁명」 중에서

『천재들의 뇌』에 따르면 일본의 바이올린 연주자이자 음악교육가
였던 스즈키 신이치는 일종의 음악교육 실험을 했다. 그는 교육에
참가한 부모들에게 다음과 같이 주문했다.

1. 아이가 한 살이 되면 클래식 음악을 들려줄 것.

2. 두 살 때부터는 음악 감상의 강도를 본격적으로 높일 것.

3. 음악 감상의 효과를 높이기 위해 교육에 참가한 다른 아이들 또는 부모와
    함께 들을 것.

4. 부모는 클래식 악기를 배울 것.

아이들이 자라면서 음악교육은 보다 전문적으로 진행되었고 아이들은 다들 훌륭한 연주자로 성장했다. 5퍼센트는 전문 연주가의 길을 가도 될 정도의 재능과 실력을 갖추게 되었다. 하지만 천재 음악가는 한 명도 나오지 않았다.[5]

소련은 각 나라의 대표적인 수학 영재들을 모아서 수학 올림피아드를 조직했다. 그리고 무려 12년 동안 세상에 존재하는 온갖 특별한 교육을 시켰다. 천재 수학자를 배출하기 위해서였다. 하지만 소련 정부의 파격적인 후원에도 불구하고 천재 수학자는 나오지 않았다.

스즈키 신이치의 음악교육과 소련의 수학 올림피아드 교육에 빠진 게 하나 있다. 인문고전 독서교육이다. 만일 두 교육 실험이 카를 비테식 '다른 교육'의 정신과 방법 하에 진행되었다면 어떻게 되었을까? 나는 분명히 천재가 나왔을 거라고 생각한다.

이렇게 말할 수 있는 근거는 1) 카를 비테가 자신이 창안한 '다른 교육'을 받으면 누구라도 천재가 될 수 있다고 확언했고, 2) 실제로 카를 비테식 교육을 받은 인물 중에서 천재가 나왔고, 3) 바흐·헨델·베토벤·바그너 같은 천재 음악가와 데카르트·파스칼·뉴턴·라이프니츠·오일러 같은 천재 수학자들이 하나같이 인문고전 독서가였기 때문이다.

카이저슬라우테른 대학 인간생물학과 인간유전학 교수인 하인리히 창클은 카트야 베츠와 함께 쓴 『신동』에서 독일에만 아이큐 130 이상의 영재가 160~320만 명 정도 있는 것으로 추산되지만 그중 천재의 전 단계인 신동으로 발전하는 아이는 극소수라고 밝혔다. 아마 우리나라도 별반 다르지 않을 것이다.

나는 약 7년간 초등학교 교사로 근무하면서 숱한 영재들을 만났다. 약 5년 동안 근무했던 첫 발령지의 경우 언론이 '명문'이라는 칭호를 붙여줄 정도로 대단한 학교였는데 영어 원서를 술술 읽고 고등학교 수학 문제를 암산으로 풀어버리는 아이들이 별다른 주목을 받지 못할 정도로 뛰어난 아이들이 많았다. 음악·미술 분야에서도 전국 대회에서 연달아 수상하는 등 특별한 영재성을 보이는 아이들이 꽤 있었다. 하지만 그 아이들 중 초등학교 시절 이상의 눈부신 번뜩임을 보여주는 사람은 없다. 좀 냉정하게 말하면 성장할수록 평범해졌다. 참고로 내가 처음 만났던 학생들은 지금(2016년) 서른 즈음이다.

처음에 나는 아무 생각 없이, 아니 솔직하게 말하면 생계를 해결할 목적으로 초등학교 교사생활을 시작했다. 하지만 독서를 통해 마음의 큰 변화를 경험한 후에는 교직을 생활의 수단으로 보는 관점을 탈피하게 되었다. 그러다 보니 '어떻게 하면 진정한 교육을 할 수 있을까?' 같은, 당시의 나로서는 감당하기 어려운 고민까지 하게 되었고, 그 결과 다섯 권의 교육 서적을 집필하게 되었다.

교사로서 새로운 마음으로 임하게 된 초기 3년 동안, 왜 그랬는지는 모르겠지만, 천재를 만드는 교육에 관심이 무척 높았다. 나는 천재를 다룬 많은 책과 논문 등을 읽었고, 천재로 발전할 소질이 다분

한 영재연구소 아이들과 부모들을 심층 인터뷰하기도 했다. 그렇게 얻은 결론은 1) 우리나라에 영재는 넘치도록 많다, 2) 대부분의 영재는 중고등학교 때 어린 시절의 빛을 잃는다, 3) 영재에서 천재로 넘어가는 아이는 '전혀 없다'는 표현이 어울릴 정도다, 라는 것이었다.

이 결론을 이해할 수 없었다. 영재로 판명되면 보통 영재연구소 등에서 특별한 교육을 받는다. 그 교육은 궁극적으로 천재를 길러내는 것이 목적이다. 그런데 왜 아이들은 특별한 교육을 받으면 받을수록 두뇌의 빛을 잃게 되는 것일까? 물론 지식 측면에서는 월등한 진보를 보이는 경우가 일반적이다. 하지만 아인슈타인이 밝혔듯이 아무리 많은 지식을 축적한다 한들 백과사전은 될 수 있을지언정 천재는 될 수 없다. 천재는 지혜의 영역에 존재하기 때문이다.

백과사전은 몇만 원이면 살 수 있다. 좀 잔인하게 말하면 영재교육을 받는 그 숱한 아이들은 고작 몇만 원짜리 가치밖에 없는 백과사전이 되기 위해 그토록 열심히 공부하고 있다고 할 수 있다. 영재연구소 등에서 실시하는 교육을 폄하하려는 의도로 하는 말이 아니다. 교육 자체만 놓고 본다면 영재연구소 등에서 실시하는 영재교육은 참으로 대단하다고 할 수 있다. 하지만 비행기가 아무리 많은 장비를 단다고 한들 우주왕복선이 될 수 없듯이, 영재교육을 아무리 열심히 받는다고 한들 천재가 될 수 있는 것은 아니다. 둘은 서로 차원이 다르기 때문이다. 영재교육에 대한 내 의견은 이런 관점에서 들어주기 바란다.

영재교육의 한계는 천재의 본질에서 벗어났다는 데 있다. 음악 영재교육의 예를 들어보자. 대부분의 음악 영재교육은 악기 연습에 치중한다. 내 제자 중 한 명은 유명 음악잡지에 인터뷰가 실릴 정도로 뛰어난 음악적 재능을 자랑했는데 그 아이가 받았던 교육은 매일 열 시간씩 바이올린을 연주하는 것이었다. 만일 그 아이가 인문 고전 독서를 병행했다면 어떻게 되었을까? 바흐나 헨델 같은 천재 음악가들이 그랬듯이 두뇌를 지속적으로 위대한 고전에 노출시켜서 거대한 변화를 경험하고 그 놀라운 깨달음을 연주에 불어넣었다면 말이다.

장한나는 이 시대를 대표하는 클래식 음악가다. 그는 하버드 대학교에 입학한 뒤 전공으로 음악이 아닌 철학을 선택했다. 그가 이런 결단을 내린 이유는 지휘자 주세페 시노폴리의 권유 때문이었다. 그는 장한나에게 진정으로 위대한 음악가가 되려면 반드시 인문고전을 공부해야 한다며 하버드 대학교 철학과를 추천했다. 요요마가 하버드 대학교 인문학 학부과정을 졸업한 것도 마찬가지 이유였을 것이다.

미술 영재교육도 바꾸어야 한다. 다 빈치, 피카소, 로댕, 세잔, 샤갈, 마티스 등 미술의 천재들 가운데 인문고전을 사랑하지 않은 사람은 찾아보기 어렵기 때문이다.

수학·과학 영재교육은 실망스러운 수준이었다. 기존 원리를 터득하고 보다 복잡한 계산, 조금 더 심도 있는 실험을 하는 수준에 머물러 있었기 때문이다. 물론 무능력한 학교 교육에 비추어 볼 때 눈물 나게 고마운 일이다. 하지만 안타깝게도 그런 교육으로는 천재를 만들어낼 수 없다. 수학과 과학의 천재들은 원리 자체를 만들거나 발견한 사람들이다. 즉 수학·과학 영재교육이 천재를 배출하려면 기존 원리를 터득하는 교육이 아니라 새로운 원리를 창조하거나 발견하는 교육으로 방향을 틀어야 한다. 데카르트, 파스칼, 뉴턴, 라이프니츠, 오일러, 가우스, 아인슈타인, 하이젠베르크 같은 수학·과학 천재들의 공통점은 1) 새로운 원리를 발견하거나 창조한 천재들이 쓴 고전에 심취했다, 2) 새로운 원리를 발견하거나 창조했다, 3) 새로운 고전을 집필했다는 것이다. 미네소타 대학교 의과대학 교수이자 한국과학기술원KAIST 외부협력 교수인 김대식의 『공부혁명』에 따르면 현대의 천재들 역시 같은 길을 걸었다.

"세계적인 명성을 얻고 있는 석학들 중에는 역사나 철학을 외면하고 자신의 연구 분야에만 매달리는 사람들은 별로 없다. 독특한 창의력과 명석한 두뇌의 소유자 머리 겔만은 캘리포니아 공과대학(칼텍)에서 쿼크의 존재를 발견하고 1969년에 노벨물리학상을 받은 위대한 물리학자다. 그런데 그는 과학자로서의 인지도만큼이나 현대문학에 조예가 깊다. 특히 제임스 조이스 문학에 일가견이 있다는 것은 널리 알려져 있는 사실이다. 에어빈 슈뢰딩거도 양자역학의 창시자로서 뛰어난 업적을 남긴 과학자였으나 그리스와 인도 철학 분야에서 탁월한 실력을 보였다."

삼류 학교인 시카고 대학이
노벨상 왕국이 된 사연

. . .

1929년부터 2000년까지만 봐도 시카고 대학이 배출한 노벨상 수상자는
무려 예순여덟 명에 달한다. 1929년은 인문고전 독서교육의 광신도라고 할 수 있는
로버트 허친스가 시카고 대학교 제5대 총장에 취임한 해다.

.

『자산어보』를 남긴 조선의 천재 지식인 손암 정약전은 황상^{黃裳}의 글을 접하고 동생 다산 정약용에게 "나는 월출산 아래서 이와 같은 문장이 나타나리라고는 생각조차 못했다네"로 시작하는 편지를 보냈다. 추사 김정희도 황상의 글에 반했다. 그는 제주도 귀양지에서 황상의 시를 접했는데, 유배에서 풀려나자마자 황상의 집에 찾아갔을 정도였다. 그런데 황상은 나이 열다섯이 되도록 한문은커녕 한글도 읽고 쓸 줄 모르는 문맹이었다. 정약용은 유배지에서 그런 황상을 제자로 삼아 인문고전을 가르쳤다. 몇 년 뒤, 황상은 조선의 천재들을 매혹하는 지식인으로 성장했다.

연암 박지원은 담헌 홍대용, 형암 이덕무, 초정 박제가, 영재 유득

공 같은 조선 후기의 천재 지식인들과 깊이 교류하면서 그들과 함께 '북학北學'이라는 새로운 학문을 창조한 사람이다. 그런데 그 또한 황상처럼 열다섯 살이 되도록 문맹이었다. 그런 박지원에게 처숙 이 군문이 인문고전 읽는 법을 가르쳐주었다. 박지원은 이후 3년 동안 두문불출 인문고전만 읽었다. 마침내 방문을 열고 나왔을 때, 그는 더 이상 과거의 박지원이 아니었다. 그는 천재가 되어 있었다.

치원 황상과 연암 박지원은 비록 문맹이긴 했지만 본래 바보는 아니었을 수도 있다. 두 사람의 지능이 낮았다는 기록은 전하지 않기 때문이다.[6] 그렇다면 인문고전 독서는 지능이 현저히 떨어지는 사람의 두뇌도 변화시킬 수 있을까? 여기에 대해서는 확답을 하기 어렵다. 그러나 다음 세 사람의 사례를 보면 희망이 있다.

아이작 뉴턴은 초등학교 시절 계속해서 전교 꼴찌를 하다가 학업 부진아 반에 들어간 경력이 있다. 교장 선생님은 그런 뉴턴을 안타깝게 여겨 인문고전을 소개해주었다. 이후 뉴턴의 삶은 인문고전 독서로 채워진다. 그 결과 한때 저능아 취급을 받았던 뉴턴은 휘황찬란하다는 표현이 어울릴 법한 천재적인 두뇌의 소유자로 변했고, 만유인력의 법칙을 발견하면서 과학의 역사를 새로 썼다.

윈스턴 처칠은 열세 살에 해로우Harrow 스쿨에 전교 꼴찌로 입학해 4년 6개월의 재학기간 내내 기의 전교 꼴찌를 도맡아 했다. 그는 어머니의 권유로 스물세 살에 인문고전 독서를 처음 시작했는데 하루 평균 네다섯 시간씩 책을 읽었다.[7] 처칠의 인문고전 독서는 그의 두뇌를 변화시키는 데 결정적인 역할을 했다. 그는 2차 대전을 승리로 이끈 주역이 되었고, 노벨문학상을 수상했다.

토머스 에디슨은 초등학교에 입학한 지 3개월 만에 퇴학당한 전력이 있다. 학교 수업을 따라갈 만한 지적 능력이 없다는 이유 때문이었다. 아버지는 본래 머리가 나쁜 아이이기 때문에 어쩔 수 없다며 포기했지만 교사 출신 어머니는 희망을 품고 특별한 교육과정을 만들어서 에디슨을 직접 가르쳤다. 에디슨은 어머니의 지도로 아홉 살에 리처드 그린 파커의 『자연과 실험의 철학』을 독파했다. 시어스의 『세계사』, 에드워드 기번의 『로마제국 쇠망사』, 흄의 『영국사』 같은 역사고전과 셰익스피어, 찰스 디킨스의 소설 같은 문학고전이 그 뒤를 이었다. 이십 대에는 도서관을 통째로 읽어버리겠다며 도서관에서 살다시피 했다. 그는 세계 최고 기록인 1093개의 특허를 따내면서 발명왕이 되었고, 지금까지도 세계 최고의 기업으로 인정받고 있는 제너럴 일렉트릭GE을 창업했다.

나는 앞에서 "인문고전 독서가 지능이 현저히 떨어지는 사람의 두뇌도 변화시킬 수 있을까? 여기에 대해서는 확답을 하기 어렵다"라고 했다. 그러나 솔직한 심정은 아니다. 나는 확신하고 있다. 인문고전 독서교육을 '제대로' 받으면 누구라도 천재가 될 수 있다. 물론 여기서 말하는 '제대로'에는 '일반인의 상상을 초월하는' 수준의 독서를 한다는 의미가 담겨 있다. 일례로 에디슨의 어머니를 생각해보라. 학교 공부도 제대로 따라가지 못하는 아이에게 명문 대학

교수들도 평생을 두고 연구하는 고전을 체계적으로 읽혔다. 에디슨의 어머니가 얼마나 힘들었을까? 아마도 하루하루가 전쟁이었을 것이다. 하지만 그는 그 전쟁을 훌륭하게 치렀고 마침내 아이의 두뇌를 변화시켰다.

이 책에서 말하는 '변화' 역시 마찬가지다. 인문고전을 읽고서 변화하기를 바란다면 에디슨의 어머니가 치른 것 못지않은 전쟁을 치러야 한다. 다름 아닌 자기 자신과 말이다. 과거의 자신을 죽이는 처절한 자기투쟁이 뒤따르지 않는 인문고전 독서는 지식의 축적 그 이상도 이하도 아니다. 누구이 말하지만 지식은 인간을 변화시키지 못한다. 삶의 근본적인 변화는 사물의 본질을 꿰뚫는 지혜가 있을 때 생겨난다. 내가 이야기하는 인문고전 독서를 통한 '변화'란 바로 '지혜'를 갖는 것이다.

어떤 사람은 이렇게 생각할지도 모르겠다. 뉴턴, 처칠, 에디슨 같은 위인과 일반인을 어떻게 동류로 묶을 수 있겠느냐고. 그런 생각을 이해하지 못하는 바는 아니다. 하지만 받아들이고 싶지 않다. 그런 생각을 가진 사람들이 부모인 가정, 그런 생각을 가진 사람들이 가르치는 학교, 그런 생각을 가진 사람들이 일하는 조직, 그런 생각을 가진 사람들이 이끌어가는 정부를 한 번 상상해보라. 그런 가정, 학교, 조직, 정부에 희망이 있을까? 때문에 나는 그런 나약한 사고방식을 거부한다.

우리에게 필요한 것은 믿음이다. 인문고전 독서교육을 '제대로'

하다 보면 언젠가는 우리나라에도 뉴턴, 처칠, 에디슨 같은, 아니 그들을 뛰어넘는 위대한 천재들이 나타날 수 있다는 강력한 믿음. 뜨거운 믿음이 없는 인문고전 독서는 단순한 여가 이상의 효과를 보기 어렵다. 태양을 향해 던지는 창이 가장 높이 올라가듯이 인문고전 독서 또한 최고 수준의 변화를 목표로 할 때 가장 큰 효과를 발휘한다.

세인트존스 대학교, 시카고 대학교, 웨스트사이드 사립 예비학교, 클레멘트 코스의 인문고전 독서교육 사례는 평범한 학생, 둔재, 지적 장애아, 학교 교육을 제대로 못 받은 사람, 비정규직 노동자, 결손가정 출신의 사회 부적응자, 노숙자, 전과자 같은 사람들을 대상으로 했다는 점에서 큰 의미가 있다.

워싱턴 D.C. 대학정보원 설립자이자 미국 최고의 대학교육 평가 전문가인 로런 포프의 『내 인생을 바꾸는 대학』에 따르면 미국에서 가장 지성적인 대학은 하버드, 스탠퍼드, 예일이 아니다. 말버러, 뉴, 리드, 세인트존스다. 네 대학 중에서도 최고는 단연 세인트존스다. 그런데 세인트존스 대학 신입생 중 고등학교 성적이 상위 10퍼센트 안에 든 학생은 고작 전체의 20~30퍼센트다. 고등학교 때 상위 10퍼센트 안에 든 학생이 전체의 95퍼센트를 차지하는 아이비리그 학생들에 비교하면 참으로 평범한 학생들이 들어가는 곳인 것이다. 하지만 4년 뒤에는 이야기가 달라진다. 100권의 인문고전을 읽고 토론한 세인트존스 대학의 졸업생들은 아이비리그 졸업생들보다 훨씬 높은 비율로 로즈 장학생^{Rhodes Scholar}8으로 선발되고, 저명한 과학자와 학자의 길로 들어선다.

시카고 대학도 마찬가지다. 미국 백악관 차관보를 지낸 강영우 박사는 저서 『우리가 오르지 못할 산은 없다』에서 시카고 대학에 대해 말한 바 있다.

"시카고 대학을 노벨상 왕국이라 한다. (…) 시카고 대학이 노벨상 왕국이 된 데는 항존주의 교육철학의 시조인 로버트 허친스 총장의 공적이 컸다. 1890년에 창설된 후 별 볼 일 없는 대학으로 1929년까지 유지되어오던 시카고 대학은 로버트 허친스 박사가 총장이 되면서 교양교육의 일환으로 고전 100권을 각 분야에서 읽도록 했다. (…) 그러한 교양교육의 성과로 시카고대 동문 교수 중에서 엄청나게 많은 노벨상 수상자가 나오게 된 것이다."

시카고 대학은 미국의 대부호였던 존 데이비슨 록펠러가 설립한 대학이다. 이 대학은 설립 연도인 1890년부터 1929년까지 둔재들만 가던 소문난 삼류 학교였다고 한다. 그런데 1929년을 기점으로 놀랍게 변화하기 시작했다. 노벨상 수상자들이 하나둘 나타나기 시작하더니, '싹쓸이'라는 표현이 어울릴 정도로 노벨상 수상자가 폭증한 것이다. 1929년부터 2000년까지만 봐도 시카고 대학이 배출한 노벨상 수상자는 무려 예순여덟 명에 달한다.

1929년은 인문고전 독서교육의 광신도라고 할 수 있는 로버트 허친스가 시카고 대학교 제5대 총장에 취임한 해다. 또한 세계의 위대한 고전 100권을 달달 외울 정도로 읽지 않은 학생은 졸업시키지 않는다는, 대학 4년 교육과정의 대부분을 인문고전 독서에 할애한 '시카고 플랜'이 시작된 해다. 만일 '시카고 플랜'을 시행하지 않았다면 시카고 대학은 과연 지금과 같은 노벨상 왕국이 될 수 있었을까? 여기에 대한 답은 스스로 생각해보기 바란다.

세계에서 가장 뛰어난 인물 10인에 선정된 바 있는 앤서니 라빈스의 『네 안에 잠든 거인을 깨워라』에 등장하는 마바 콜린스의 사례를 보자. 그는 빈민가에서 교사생활을 시작했다. 그가 처음으로 담임을 맡았던 반의 아이들은 초등학교 2학년이었는데 대부분 난독증, 학습장애, 행동장애를 앓고 있었다. 당연히 아이들은 수업을 따라가기는커녕 공부에 관심 자체가 없었다. 만일 그가 평범한 교사였다면 아이들을 포기했을 것이다. 어쩌면 다른 학교로 전근을 신청했거나, 심하면 사표를 썼을지도 모르겠다. 하지만 다행스럽게도 마바 콜린스는 카를 비테식 '다른 교육'의 힘을 아는 교사였다. 그는 아이들이 문제가 아니라 공립학교 교육과정이 문제라는 진단을 내렸다. 설령 지적 장애를 가진 아이들이라고 해도 카를 비테식 '다른 교육'의 혜택을 받으면 반드시 놀라운 변화가 있으리라 믿은 그는 공립학교 교육과정을 버리고 인문고전 독서교육을 실시했다.

많은 사람들이 마바 콜린스의 '다른 교육'을 이해하지 못했다. 동료 교사들은 그가 초등학생에게, 그것도 지적 장애를 가진 아이들에게 어른도 이해하기 힘든 책을 읽힌다며 황당해했다. 어떤 사람들은 그가 쓸데없는 교육적 시도로 아이들의 인생을 망치고 있다며 공개적으로 비난하기까지도 했다. 결과는 마바 콜린스의 승리였다. 그에게 배운 아이들은 인문고전을 제대로 이해했을 뿐만 아니라 거기에 담긴 정수를 마치 스펀지가 물을 빨아들이듯 흡수했다. 그리고 변화를 일으켰다.

마바 콜린스는 자신이 실시한 인문고전 독서교육이 어느 아이에게서나 동일한 효과를 발휘한다는 사실을 경험하고 공립학교 교육과정과 전혀 다른 교육과정으로 운영되는 웨스트사이드 사립 예비학교를 세웠다. 미국의 TV 시사 프로그램 〈60분〉에서 자세히 소개된 바 있는 그의 인문고전 독서교육은 그 성과가 약 30년에 걸쳐서 지속적으로 일어났다는 점에서 의미가 깊다.

빈민들을 위한 인문고전 독서교육 프로그램인 클레멘트 코스의 창시자 얼 쇼리스는 시카고 대학 출신으로 '시카고 플랜'의 혜택을 받은 사람이다. 그는 『희망의 인문학』에서 로버트 허친스 총장의 인문고전 독서교육을 미국에서 받을 수 있는 최고의 교육이라고 극찬한 바 있다. 그렇다면 그가 창시한 클레멘트 코스를 수료한 사람들 (대부분 비정규직 노동자, 결손가정 출신의 사회 부적응자, 학교 교육을 제대로 못 받은 사람, 노숙자, 전과자 등이었다)은 어떻게 되었을까? 거의 모든 수강생이 정규대학에 진학했거나 취업에 성공했다. 정규대학 입학자 가운데에는 전액 장학금을 받은 사람은 물론이고 학생회장에 당선된 사람도 있었다.

치원 황상, 연암 박지원, 뉴턴, 처칠, 에디슨, 세인트존스 대학, 시카고 대학, 마바 콜린스, 클레멘트 코스의 사례가 주는 교훈은 다음과 같다.

1. 인문고전 독서교육은 문맹을 천재로 만든다.

2. 인문고전 독서교육은 지능이 낮은 아이를 천재로 변화시킨다.

3. 인문고전 독서교육은 평범한 학생을 아이비리그 졸업생보다 뛰어난 인재로 만든다.

4. 인문고전 독서교육은 둔재를 노벨상 수상자로 만든다.

5. 인문고전 독서교육은 학습장애를 가진 아이들을 지적으로 성장시킨다.

6. 인문고전 독서교육은 어떠한 희망도 없어 보이는 사람에게 새로운 길을 열어준다.

철학고전 독서가 일으킨
'물음표' 혁명

• • •

놀랍게도 지난 몇 년 동안 수업 시간에
'왜?'라는 질문을 단 한 번도 던져본 적 없던 아이들이 '왜?'라고 묻기 시작했다.
아이들은 마치 지식의 끝을 보려고 하는 광적인 학자처럼 굴었다.

우리나라 학생들은 수업 시간에 질문하는 일이 없기로 유명하다. 왜 그럴까? 실제로 궁금한 게 없기 때문이다. 교과내용을 완벽하게 이해하고 있어서가 아니라 물음표를 떠올리는 능력을 잃어버려서다. 우리나라 학생들이 이렇게 된 것은 교육제도 탓이다. 공·사교육을 막론하고 유치원부터 대학원까지 그저 머릿속에 지식을 쑤셔 넣기만 하는.

유치원부터 대학까지 무려 20년 가까이 교육을 시키고도 지적으로 무능력한 인간을 만드는 우리나라 교육이 변화하려면 무엇보다 먼저 물음표 교육이 활성화되어야 한다. 세계 인구의 0.2퍼센트에 불과하지만, 전체 노벨상 수상자의 22퍼센트를 배출해낸 유대인

교육처럼 말이다. 인문고전 독서교육 중 철학고전 독서교육은 학생들 스스로 지식의 근본원리, 즉 지혜에 도달할 때까지 '왜?'라고 묻게 만든다. 왜 그렇게 되는지 궁금한 사람은 오늘부터 철학고전을 읽어보기 바란다. 그 이유를 저절로 깨닫게 될 것이다. 감히 주장하고 싶다. 만일 철학고전 독서교육이 제대로 정착하면 우리나라에서도 다양한 분야에서 노벨상 수상자를 배출할 것이고 천재들을 지속적으로 길러내게 될 것이라고.

초등학교 교사 시절, 나는 우리 반 아이들에게 플라톤, 장자, 손자 등을 읽혔다. 아이들은 아침 자습시간마다 철학고전을 한 페이지 이상 읽고, 그 의미를 나름대로 생각해보고, 필사했다. 한때 내가 맡았던 반의 이야기를 해보도록 하겠다. 그 반은 초등학교 1학년 때부터 4학년 때까지 한 건 이상의 굵직한 사고를 친 아이들이 모여 있었던 소위 문제아 반이었다. 책가방에 교과서나 노트는커녕 연필 한 자루도 없는 아이, 수업시간에 몰래 빠져나가 문방구 앞에 설치된 게임기에서 게임을 하는 아이 정도는 귀여운 편에 속했다. 담배를 피우는 아이, 술을 마시는 아이, 중학생 폭력서클에 가입한 아이, 세상이 싫다며 아파트 단지에 불을 지르려다가 붙잡힌 아이, 다른 학교 아이들의 돈을 갈취하다가 붙잡힌 아이, 못을 잔뜩 박은 각목 같은 불법무기를 만들어서 친구들에게 돈을 받고 제공(?)하는 아이들도 있었다. 게다가 심각한 수준의 학교 부적응 증세로 신경정신과를 주기적으로 다니는 아이도 몇 있었다. 덕분에 우리 반은 3월

진단평가에서 최악의 반 평균점수를 자랑하며 전교 꼴찌를 했다.

나는 이상하게도 문제아라고 불리는 아이들이 좋았다. 함께 있으면 마음이 편했다. 그래서 아이들과 열심히 놀았다. 1~2교시는 운동장에서 자유롭게 놀고, 3~4교시는 근처 공원에서 즐겁게 놀고, 학교로 돌아와 점심을 먹고, 5~6교시는 최신 만화영화를 본 날도 있었다. 게다가 숙제는 보통 '3잘', 즉 잘 놀고, 잘 먹고, 잘 자기였다. 그렇게 몇 주를 놀고 나니 아이들이 불안해하기 시작했다. 노는 것도 좋지만 공부도 가끔씩 해야 하지 않겠느냐는 의견(놀랍게도 문제아들도 같은 목소리를 냈다)이 임원진을 통해 전달될 정도였다. 나는 때가 되었다고 판단했다. 그래서 이제부터 나와 함께하는 공부는 너희들이 원해서 하는 것이라는 메시지를 분명히 전하고 소위 '수업'이라는 것을 시작했다.

우리 반은 2학기 때 전교 일등을 했다. 일 년 전과 비교해 대부분 평균 10~30점 정도 올랐고, 평균 40~50점 이상 오른 아이도 몇 있었다. 초등학교 4년 내내 수학 점수를 30점 이상 맞아본 적이 단 한 번도 없던 아이 두 명이 각각 80점, 90점을 맞는 일이 벌어졌는가 하면, 3월 진단평가에서 학습 부진 판정을 받았던 10여 명의 아이들이 전부 평균 80~90점 이상을 받는 일이 생겼다. 소위 공부기적이 일어난 것이다. 더욱 멋진 일도 일어났다. 담배와 술을 끊고, 폭력서클을 탈퇴하고, 신경정신과를 다니지 않게 되는 등의 변화가 함께 나타났다. 여기에 대해서는 『성공하는 아이에게는 미래형 커리큘럼이 있다』와 『피노키오 상담실 이야기』 등에서 자세히 이야기한 바 있다.

우리 반이 만들어냈던 공부기적의 가장 큰 원인 중 하나는 철학고전 독서였다. 물론 대학교수들도 어려워하는 철학고전을 초등학교 공부와도 담을 쌓은 아이들에게 가르치려니 고충이 이만저만 아니었다. 하지만 내가 철학고전을 읽으면서 두뇌의 변화를 경험했기 때문에 철학고전만큼은 반드시 읽히고 싶었다. 그래서 열과 성을 다했다. 그러자 고맙게도 서서히 변화가 나타나기 시작했다. 가장 큰 변화는 수업 시간에 일어났다. 놀랍게도 지난 몇 년 동안 수업 시간에 '왜?'라는 질문을 단 한 번도 던져본 적 없던 아이들이 '왜?' 라고 묻기 시작했다. 그것도 집요하게, 아니 탐욕스럽다는 표현이 어울릴 정도로. 아이들은 마치 지식의 끝을 보려고 하는 광적인 학자처럼 굴었다.

삼각형의 넓이를 구하는 공식을 가르쳤던 날이 눈에 선하게 떠오른다. 아마도 내가 철학고전을 읽히지 않았다면 수업은 간단히 끝났을 것이다. 삼각형의 넓이를 구하는 공식을 도출해내는 방법을 알려주고, 교과서에 나오는 문제를 몇 개 풀어주고, 칠판 앞으로 네 명정도 불러내서 문제를 풀게 하고, 수학 익힘책 문제를 푸는 숙제를 내주며 끝냈을 것이다. 나와 아이들 사이엔 어떤 질의응답도 없었을 것이다. 고작해야 내가 "자 이렇게 이렇게 푸는 거야, 알았지?"라고 질문하고, 아이들은 기계처럼 "네~!" 하고 대답했을 것이다. 하지만

_____ 리딩으로 리드하라

그날은 달랐다. 아이들은 삼각형이 무엇인지 알고 싶어 했다. 더 나아가 삼각형을 만든 사람은 누구인지, 그는 왜 하필 삼각형을 만들 생각을 했는지, 삼각형의 넓이를 왜 구해야 하는지, 삼각형의 넓이 구하는 공식이 5학년 교과서에 실린 이유는 무엇인지 등도 알고 싶어 했다. 심지어는 삼각형과 삼각형 넓이 구하는 공식이 인간의 실생활은 물론이고 인류의 역사에 어떤 영향을 미쳐왔는지 그리고 앞으로는 어떤 영향을 미치게 될 것인지를 궁금해하는 아이도 있었다. 부끄럽게도 난 답변할 능력이 없었다. 그래서 나의 부족함을 솔직히 시인하고, 아이들을 학교 도서관으로 데리고 갔다. 그러고는 도서관의 책들을 통해 질문에 대한 답을 스스로 찾게끔 했다.

늘 그런 식이었던 것은 아니지만, 지식의 근원을 파헤치고자 하는 '왜?'라는 질문으로 채워진 수업을 몇 번 겪고 나자 아이들에게는 자연스럽게 책을 읽는 습관이 생겼다. 그것도 단순한 독서가 아니라 자신의 궁금증을 해소하고자 하는 일념 아래 적게는 몇 권 많게는 십수 권의 책을 마치 지적 전투를 치르듯 빠르고 강렬하게 읽는 독서법을 구사했다. 그때 나는 깨달았다. 아이들은 참으로 어마어마한 잠재력을 가졌다는 사실을 말이다.

교과서는, 비유하자면 도서관 요약집이다. 도서관의 문학 서가를 요약해놓은 것이 국어 교과서이고, 과학 서가를 요약해놓은 것이 과학 교과서란 소리다. 그렇다면 도서관을 읽은 아이가 교과서를 이해하는 것은 식은 죽 먹기일 것이다. 나는 우리 반 아이들의 기적적인 성적 향상의 비결이 바로 여기에 있었다고 생각한다.

안타까운 것은 우리 반 아이들의 철학고전 독서가 단기간, 그러니까 나와 함께 있었던 시간에만 이루어졌다는 사실이다. 여기에 대해서는 깊이 이야기하고 싶지 않다. 우리 모두가 잘 알고 있는 우리 교육의 한계 때문이었다는 정도로만 말하고 싶다. 아무튼 우리 반 아이들은 학년이 바뀌면서 철학고전 독서와 서서히 멀어졌고, 중학생이 되어서는 누구도 철학고전을 읽지 않았다. 그리고 나와 함께한 동안 보여줬던 지혜의 빛도 잃어버리고 말았다.

나는 이따금 생각해본다. 만일 우리 반 아이들이 그 뒤로도 철학고전 독서를 꾸준히 제대로 했다면 지금쯤 세계 또는 한국 지성계에 신선한 충격을 던져줄 인물이 한 명쯤은 나오지 않았을까 하고 말이다.

논술을 위한
인문고전 독서는 하지 마라

· · ·

조선시대에 과거시험 공부의 정석을 깨뜨린 한 선비가 있었다.
그는 아들에게 족집게 선생님을 붙여주지도 않았고, 여러 책을 짜깁기한 교재를
공부하게 하지도 않았고, 기출 문제집을 외우게 하지도 않았다.

초등학교 때부터 학생들은 논술학원에 등록해 체계적으로 첨삭지도
를 받는다. 중고등학교 때는 논술과외를 겸하기도 한다. 일부는 수
백, 수천만 원에 달하는 족집게 논술과외를 받는다. 하지만 논술 점
수는 별로 좋지 않다. 이는 우리나라 학생들이 대부분 경험하는 일
이다. 조선시대에도 비슷했다. 사대부 집안의 자녀들은 어릴 때부터
과거시험 공부를 전문적으로 가르치는 선생님에게 체계적인 지도
를 받았다. 하지만 그런 식으로 공부해서 특별한 성적을 거둔 사례
는 없었다. 그래도 그 방법은 과거시험 공부의 정석으로 통했다. 마
치 오늘날에 논술학원과 과외가 대입 논술시험 공부의 정석으로 통
하듯이.

조선시대에 과거시험 공부의 정석을 깨뜨린 한 선비가 있었다. 그는 아들에게 족집게 선생님을 붙여주지도 않았고, 여러 책을 짜깁기한 교재를 공부하게 하지도 않았고, 기출 문제집을 외우게 하지도 않았다. 대신 인문고전 독서교육을 시켰다. 아들의 독서가 어느 정도 무르익자 그는 비로소 과문^{科文}을 짓게 했다. 오늘날로 말하면 논술 모의고사를 보게 한 것이다. 그 과문을 본 선비들은 글재주가 놀랍다며 다들 칭찬했다. 아들을 통해 인문고전 독서교육의 효과를 경험한 그는 다른 학생들을 대상으로 아들과 동일한 교육을 했다. 그러자 다른 학생들도 아들과 동일한 결과가 나왔다. 그 선비는 바로 다산 정약용이다.

오늘날에도 논술시험 공부의 정석을 깨뜨린 인물이 있다. 단국대학교 이해명 교수다. 그는 초등학생 아들에게 『논어』와 『맹자』를 직접 가르쳤다. 그리고 중고등학교 내내 아들에게 직접 선정한 인문고전을 읽게 했다. 구체적으로 다음과 같이 했다.

- **초등학교 5~6학년**
  『명심보감』 『논어』 『맹자』를 한문 원전을 모두 필사하면서 외우는 방식으로 읽혔다.

- **중학교**
  장자의 『장자』, 사마천의 『사기열전』, 호메로스의 『일리아스』와 『오디세이아』, 볼테르의 『영국인에 관한 서한』, 에드워드 기번의 『로마제국 쇠망사』, 애덤 스미스의 『국부론』 등을 원서로 읽혔다.

- **고등학교**

  플라톤의 『국가』, 아리스토텔레스의 『정치학』, 마키아벨리의 『군주론』, 루소의 『사회계약론』, 셰익스피어의 『희곡집』, 괴테의 『파우스트』, 마르크스의 『자본론』, 프로이트의 『꿈의 해석』 등을 원서로 읽혔다.[9]

결과는 놀랍다. 이해명 교수의 아들은 고등학교 재학 시절 5회 응시한 전국 논술 경시대회에서 최우수상을 3회 수상했고, 2회 입상했다. 심사위원들의 평은 마치 다산 정약용 선생의 아들 정학연의 과문을 접한 선비들의 평을 연상케 한다. "고등학교 2학년생의 글이라고 믿기 어려울 정도로 탁월한 완성도를 보여준다. 평자가 강평에서 쓰고자 했던 내용이 이미 답안에서 거의 완벽에 가깝게 논의되고 있어서, 평자가 더 이상 첨가할 사항이 없다."

이해명 교수는 저서 『이제는 아버지가 나서야 한다』에서 위의 사례보다 더욱 놀라운 진실을 들려준다. 자신에게는 지능지수가 같은 두 자녀가 있는데, 미국에서 박사학위를 따느라 바빠서 첫째는 평범하게 교육했고, 이후 한국으로 돌아와 단국대학교 사범대학 교수로 임용되면서 여유가 생기자 둘째에게 인문고전 독서교육을 포함한 특별한 교육을 시켰는데, 영어 실력과 학력 면에서 둘째가 첫째

보다 월등한 능력을 갖추게 되었다고 말이다.

인문고전 독서교육이 논술 천재를 만들어낸다는 것은 상식이다. 아이비리그에 합격한 학생이 알고 보니 셰익스피어를 원서로 달달 외울 정도였다느니, 서울대에 수석 합격한 학생이 『삼국지』를 열 번 넘게 읽었다느니 하는 따위의 이야기들은 이제 뉴스거리도 되지 못한다. 하지만 안타깝게도 우리나라에서 실시되고 있는 인문고전 독서교육 중에 제대로 된 것은 없다고 보아도 무방하다. 고통스러운 이야기지만 무의미하다고까지 말할 수 있다. 독서의 목적이 고작해야 명문 대학 입학이기 때문이다.

이 글을 읽는 독자들은 작은 것을 탐하다가 큰 것을 놓치는 우를 범하지 않기를 바란다. 인문고전 독서교육의 목적을 대학 입학에 두지 마라. 그것은 논술학원에서나 할 일이다. 독서의 목적을 인간이 도달할 수 있는 최고의 경지에 두기 바란다. 그것은 아이의 두뇌를 근본적으로 변화시키는 경지다. 평범한 아이를 세종, 이순신, 정약용, 박지원, 허준, 김구, 레오나르도 다 빈치, 처칠, 에디슨, 아인슈타인 같은 인물로 키워내는 경지다.

감히 말하고 싶다. 어떤 아이든 인문고전 독서교육을 제대로 받기만 하면 두뇌가 변화하는 경험을 할 수 있다고. 인간은 본래 천재로 태어난다는 것이 교육학의 정설이다. 그런데 당신의 아이는 왜 천재가 아닐까? 이유는 간단하다. 천재에게 교육받아본 적이 단 한 번도 없기 때문이다. 이제껏 당신의 아이는 평범하기 이를 데 없는 사람들로부터 교육을 받아왔다. 만일 앞으로도 똑같은 일이 계속된다면 어떻게 될 것 같은가? 당신의 아이도 그들처럼 된다. 이제부터는 당신의 아이가 천재를 만날 수 있게 하라. 인류의 역사를 새로쓴 위대한 천재들이 필생의 힘을 기울여 집필한 위대한 고전의 세계에 빠지게 하라.

이 책의 부록 1에서 제시하는 '이지성의 인문고전 독서교육 단계별 추천도서'(327쪽)에 따라 아이들에게 책을 읽히기를 권한다. 시간은 평일 한두 시간, 휴일 세 시간이 적당하다. 유치원부터 초등학교 2학년까지는 인문고전 독서를 전혀 시키지 않기를 권한다. 이때는 마음껏 뛰어노는 게 최상의 공부다. 즐겁게 놀면서 공부한 아이들의 두뇌가 책상에 앉아서 공부만 한 아이들의 두뇌보다 훨씬 잘 발달한다는 것은 이미 오래전에 증명됐다. 그래도 미련이 남는 부모는 문학·역사·철학 고전을 각각 열 권 이상 선정해서 아이 방 책꽂이에 꽂아두어라.

어릴 적 내 방에는 인문고전이 쌓여 있었다. 아버지가 대단한 책 수집가였는데 당신의 방에 책을 꽂아둘 공간이 없자 내 방에 두셨다. 그 책들은 10년 가까이 내 방에 있었다. 물론 나는 십 대 시절에 단 한 권의 고전도 읽지 않았다. 하지만 약 100여 권에 달하는 인문고전을 매일 마주하다 보니 고전이 친숙하게 느껴졌고, 언젠가는 그 책들을 읽어야 한다는 의무감을 갖게 되었다. 그런 친숙함과 의무감이 이십 대 시절의 인문고전 독서에 큰 힘이 되었음은 두말할 것도 없다.

초등학교 3~4학년 때는 인문고전 저자들의 이름을 수시로 들려주면서 그들이 얼마나 특별한 삶을 살았고 또 얼마나 위대한 책을 썼는지 등에 관해서 알려주어라. 쉽게 말해서 동기부여를 해주라는 의미다. 그러면 초등학교 5학년부터 시작될 인문고전 독서교육에 높은 기대감을 갖게 될 것이다.

어떤 부모들은 초중고생 눈높이에 맞게 쓰인 인문고전이나 인문고전을 재미있게 풀어 쓴 만화책 등을 읽히는 것은 어떠냐고 묻는다. 물론 그런 책을 읽히는 것은 좋다. 하지만 그것은 내가 말하는 독서는 아니다. 이지성의 인문고전 독서는 두뇌의 근본적인 변화를 목적으로 한다. 변화는 단 한 페이지를 넘기는 데 하루 혹은 일주일 이상의 노력을 요하는 어려운 책들을 읽음으로써 이루어진다. 즉 자신보다 몇십 배 또는 몇백 배 높은 사고 능력을 가진 천재와 씨름하는 과정에서 얻어진다. 그래서 인문고전 독서교육은 전통적으로 원전을 읽게 한다. 그리스어로 쓰인 고전은 그리스어를 배워서 읽게 하고 라틴어로 쓰인 고전은 라틴어를 배워서 읽게 한다. 하지만 그런 교육은 일반인에게는 거의 불가능하기 때문에 여기에 대해서는 논하지 않겠다.

인문고전 독서교육을 가장 잘 시킬 수 있는 방법은 의외로 간단하다. 부모나 교사가 최소한 1년 이상, 다섯 권 이상의 인문고전을 혼신의 힘을 다해서 '제대로' 읽으면 된다. 즉 인문고전을 조금이나

마 제대로 이해해보려고 매일 발버둥을 치고, 매일 30분 이상 노트에 성실히 필사하면서 두뇌가 변화되는 경험을 손톱만큼이라도 해보면 된다. 그러면 누구나 저절로 교육 노하우를 터득할 수 있다. 또한 그래야 아이를 천재로 키우겠다는 욕심에 사로잡힌 나머지 인문고전 독서의 본질을 놓친 채, 안 그래도 공부 스트레스로 힘겨워하는 아이들에게 기쁨이라고는 전혀 없는 기계적인 인문고전 독서를 강요하는 어리석음에 빠지지 않을 수 있다.

이쯤에서, 비록 부족하기 이를 데 없지만, 우리나라에서 인문고전 독서교육을 공식적으로 처음 주장하고, 아이들을 상대로 직접 실시해보고, 오랜 기간 연구해온 나의 구체적인 방법론을 이야기하자면 다음과 같다.[10]

1. 통독하게 하라.
2. 정독하게 하라.
3. 필사하게 하라.
4. 자신만의 의견을 갖게 하라.
5. 인문고전 연구가와 토론시켜라.

통독은 첫 페이지부터 마지막 페이지까지 내리 읽는 것을 뜻한다. 언뜻 생각하면 쉬울 것 같지만 그렇지 않다. 이는 교육자가 직접 인문고전 한 권을 통독해보면 실감할 수 있을 것이다. 동기부여와 칭찬 그리고 보상이 무엇보다 중요하다. 아이에게 왜 인문고전을 읽어야 하는지 자세하게 설명해주어라. 아이가 인문고전에 눈길만 주어도 진심으로 기뻐하고 칭찬해주어라. 아이가 인문고전을 한 권 통독할 때마다 선물을 하거나 파티를 열어주어라. 통독을 시킬 때 유의할 점은 이해하기 어려운 부분이 나오더라도 그냥 넘어가라는 것이다. 그러지 않으면 통독이 정독이 된다.

정독은 통독보다 열 배는 어렵다. 당연히 통독의 열 배 이상의 동기부여, 칭찬, 보상이 필요하다. 가장 좋은 방법은 교육자가 아이를 의식하지 않고 열정과 기쁨에 사로잡혀 매일 인문고전을 읽는 것이다. 그러면 아이는 저절로 따라온다. 정독을 시킬 때 유의할 점은 아무리 이해하기 어려운 부분이 나오더라도 끝까지 물고 늘어지게 하라는 것이다. 두뇌의 변화는 다름 아닌 이런 과정을 통해서 이루어지기 때문이다. 그리고 중요하다고 생각되는 부분, 이해하기 힘들었던 부분에 반드시 밑줄을 긋게 하라. 필사를 위해서다.

필사는 책을 베껴 쓰는 것을 말한다. 원칙적으로는 책 전체를 필사하는 게 가장 좋다. 하지만 정독을 하면서 밑줄을 그어둔 부분만 필사해도 괜찮다. 필사는 노트에 해도 좋고 컴퓨터로 해도 좋다. 나는 통독이나 정독보다 필사가 훨씬 쉽다고 하는 아이들을 많이 보았다. 그리고 통독이나 정독을 할 땐 답답하기만 했던 머릿속이 필사를 하고 나니까 시원하게 열리는 것 같아서 기분이 매우 좋았다는 소리도 많이 들었다. 사실 그런 경험은 나도 종종 했다. 그래서 나는 한때 필사가 인문고전 독서의 핵심이라고 생각하기까지 했다. 필사를 잘 시키는 방법도 역시 동기부여, 칭찬, 보상, 모범이다. 이 네 가지만 잘하면 인문고전 독서교육은 최고의 성과를 낼 수 있다.

자신의 의견을 갖는 것, 이는 모든 독서의 목적이다. 나는 통독-정독-필사를 제대로 한 아이들이 자연스럽게 자신의 의견을 갖게 되는 것을 많이 목격했다. 때문에 교육자가 굳이 나설 필요는 없다고 생각한다. 하지만 적절한 질문을 던져줄 필요는 있다. 이를테면 아이가 밑줄 그은 부분을 보고 "넌 이 사람이 왜 이런 말을 했다고 생각하니?"라든가 "이 부분에서 무엇을 느꼈기에 밑줄을 그은 거니?" 같은 질문을 하는 것이다. 책을 다 읽은 뒤에도 비슷한 질문을 던지면 좋다. 대부분의 아이들은 교육자의 질문에 제대로 답하지 못한다. 이는 대부분 자신의 의견이 없어서가 아니라 자신의 의견을 표현하는 데 서툴기 때문이다. 교육자는 아이가 자신의 의견을 모두 표출할 수 있도록 꼬리에 꼬리를 무는 질문을 던져줄 필요가 있다.

조금 이상하게 들릴 수도 있겠다. 나는 인문고전 연구가가 아닌 사람과 인문고전 독서토론을 하는 것을 권하지 않는다. 특히 초중고 학생들끼리만 하는 토론은 두 손 들어 말리고 싶다.[11] 이유는 간단하다. 인문고전 독서교육은 두뇌의 비약적 성장을 목표로 한다. 그런데 두뇌 수준이 비슷한 친구나 같은 반 아이들끼리 토론을 하게 되면 어떤 일이 벌어질까? 천재의 저작을 자기네들 수준에서 이해하고 분석하고 평가하는 일이 벌어진다. 기껏 힘들게 한 독서를 무위로 돌리는 어처구니없는 일이 발생할 수 있는 것이다. 때문에 나는 독서토론을 꼭 하고 싶다면 인문고전 연구가와 하라고 권하고 싶다. 초중고교 학생들의 토론도 전문가가 동석한 자리에서 하는 게 좋다. 그래야 차원이 다른 지적 자극을 받을 수 있기 때문이다. 인문고전 연구가들을 만나려면 그들이 주최하는 고전강독 모임 등에 나가면 된다. 이에 대한 정보는 인터넷에서 그리 어렵지 않게 얻을 수 있다.

마지막으로 당부하고 싶은 게 있다. 이지성이 제시한 독서교육의 틀에 얽매이지 말라는 것이다. 인문고전 독서교육의 본질은 '두뇌의 혁명적인 변화'다. 이 변화는 내가 제시한 독서교육의 틀을 열심히 잘 따른다고 해서 얻어지는 것이 아니다. 그것은 교육자의 열정과 사랑을 통해서 얻어진다. 교육자 자신이 얼마만큼 치열하게 책을 읽었는가, 교육자가 아이에게 인문고전 읽는 기쁨을 전달해주기 위해 얼마나 노력했는가, 교육자가 아이를 얼마만큼 사랑으로 대했는가에 달려 있다. 즉 최고의 인문고전 독서교육 노하우는 당신의 두뇌와 심장 속에 있다.

'행복한' 천재,
인문고전 독서에 답이 있다

· · ·

수업은 늘 가정불화로 끝났다. 나에게 실망한 아버지는 고함을 질러댔고,
어머니는 아버지에 맞서 나를 감싸기 바빴다. 나는 두 분 사이에서 울기만 했다.

노버트 위너(1894~1964, 미국의 수학자)

인간의 모든 것이 그렇듯 인문고전 독서교육에도 결함이 있다. 앞에
서 우리는 인문고전 독서교육을 통해 천재의 반열에 올라선 존 스
튜어트 밀, 노버트 위너, 윌리엄 제임스 사이디스에 대해 알아보았
다. 그런데 이 세 사람은 인문고전 독서교육의 피해자이기도 했다.

존 스튜어트 밀은 이십 대에 일종의 정신질환을 앓았다. 노버트
위너는 학교 및 사회 부적응증으로 고생했다. 윌리엄 제임스 사이
디스는 자폐증, 신경쇠약, 대인기피증을 앓았다. 나는 밀, 위너, 사
이디스가 받은 교육을 연구한 결과 다음 세 가지 실패 요인을 찾아
낼 수 있었다.

1. 과도한 교육을 받았다.

2. 강압적인 분위기에서 교육을 받았다.

3. 무신론에 입각한 교육을 받았다.

존 스튜어트 밀은 초등학생 나이에 박사과정을 밟는 사람보다 더 많은 공부를 해야 했다. 그 자신이 자서전에서, 또래들에 비해 공부량이 25년 정도 앞섰다고 고백했을 정도다. 한편으로 그는 아버지로부터 칭찬을 받아본 기억이 거의 없다고 고백했다. 공부하는 습관이 흐트러질 수 있다는 이유로 휴일을 허락받지 못했고, 산만하고 나태하며 부주의하다는 이유로 수시로 꾸중을 들었다. 또 그의 아버지는 유명한 무신론자였다. 물론 한 인간이 무신론을 선택하든 유신론을 선택하든 그것은 자유다. 그러나 어린 영혼에게 '신은 없다'는 유의 메시지는 너무나 가혹하고 절망적인 것이다. 신과 인간과 세계와 우주에 대해 긍정의 마음을 키우고 또 키워도 모자랄 어린 시절에 그와 반대되는 메시지를 부모로부터 끊임없이 주입받은 사람이 언젠가 정신질환을 겪게 될 것은 필연이지 않을까.

노버트 위너 역시 밀에 준하는 수준의 공부를 해야 했다. 한때 시력을 잃을 위험에 처하기도 했다니 그의 어린 시절 공부량이 어느 정도였는지 짐작해볼 수 있겠다. 한편으로 그는 강압적인 교육 분위기로 인해 큰 심적 고통을 겪어야 했다. 그가 남긴 자서전을 보면 당시의 교육을 회상한 부분이 있는데 이렇게 쓰여 있다. "수업은 늘 가정불화로 끝났다. 나에게 실망한 아버지는 고함을 질러댔고, 어머니는 아버지에 맞서 나를 감싸기 바빴다. 나는 두 분 사이에서 울기만 했다."[12]

아버지 보리스 사이디스가 쓴 『속물과 천재』에 따르면 윌리엄 제임스 사이디스는 가장 인격적인 교육을 받은 듯하다. 하지만 그의 실제 삶을 보면 아버지의 주장과는 많이 달랐던 듯하다. 일례로 그는 부모와 불화하다가 정신병원에 강제로 입원당한 일이 있었으며, 이십 대 이후로 부모와 거의 단절하고 살았다. 아마도 밀이나 위너 이상의 스트레스를 받았기 때문이 아닐까 싶다. 한편으로 그는 누군가가 『성경』을 읽기라도 할라치면 자리에서 벌떡 일어나서 "나는 그런 말을 전혀 믿지 않으니 조용히 해달라!"라고 소리칠 정도로 극단적인 무신론자였다.[13]

인문고전 독서교육이 실패하는 가장 큰 이유는 부모의 욕심이다. 존 스튜어트 밀, 노버트 위너, 윌리엄 제임스 사이디스의 부모는 다들 사회적으로 성공한 사람들이었다. 하지만 그들은 인문고전 독서교육의 초점을 자녀에게 둘 줄 몰랐다. 그들에게 중요한 것은 자녀가 아니라 자기 자신이었다. 당연히 그들의 교육은 부작용이 있을 수밖에 없었다.

카를 비테의 사례는 인문고전 독서교육의 결함이 교육 그 자체에 있는 게 아니라 욕심에 사로잡힌 교육자에게 있다는 사실을 분명하게 보여준다. 그의 아들 카를 비테 주니어는 인문고전 독서교육을 통해 존 스튜어트 밀, 노버트 위너, 윌리엄 제임스 사이디스 못지않은 천재가 되었지만 어떤 부작용도 겪지 않았다. 그는 인문고전 독서교육을 받으면서 깊은 행복감을 느꼈다. 또 그는 평생 가족 및 주변 사람들과 화목하게 지냈고, 어디를 가든지 환영받았고, 누구를 만나든 금세 친구가 되었다. 카를 비테 주니어가 받은 교육에는 다음과 같은 특징이 있다.

1. 실컷 놀면서 교육받았다.
2. 사랑과 격려가 바탕이 된 교육을 받았다.
3. 하나님을 경외하는 분위기에서 교육받았다.

카를 비테는 자녀에게 책을 읽으라고 하지 않았다. 대신 엄밀하게 선정한 인문고전이 가득 꽂힌 책장을 선물했다. 이로 인해 아이는 자연스럽게 책은 사랑의 선물이며 책을 읽는 행위는 멋진 선물 꾸러미를 푸는 것처럼 신나는 일이라는 생각을 갖게 되었다. 이렇게 독서의 흥미를 불러일으키자 아이는 저절로 책벌레가 되었다. 하지만 비테는 특별한 경우를 제외하고 아이가 하루에 두 시간 이상 독서하는 것을 허락하지 않았다. 그 이상 공부하면 놀 시간이 부족하다는 이유에서였다. 덕분에 카를 비테 주니어는 어린 시절 내내 친구들과 원 없이 놀면서 행복하게 보낼 수 있었다.

카를 비테는 아들을 언제나 사랑과 격려로 대했다. 그가 아들에게 했던 말은 늘 "카를, 넌 최고란다. 아빠는 네가 할 수 있다고 믿는단다. 그러니 힘을 내렴"이었다. 부모의 진심 어린 격려에 용기를 얻은 카를 비테 주니어는 아무리 어려운 인문고전을 만나도 불가사의한 힘을 발휘해서 독파하곤 했다. 한편으로 그는 아들이 인문고전을 뗄 때마다, 아들의 친구들을 초대해서 축하파티를 열었다. 카를 비테 주니어는 부모의 성품을 고스란히 이어받았는데, 이는 후일 그가 가족을 비롯한 주변 사람들과 화목하게 지내는 데 결정적인 역할을 한 것으로 보인다.

카를 비테는 무슨 일을 하든지 하나님의 영광을 위한다는 사명의식을 가지고 있었다. 그는 늘 『성경』을 읽었고, 수시로 하나님 앞에 무릎을 꿇었다. 부모의 그런 태도는 아이의 인격 형성에 직접적인 영향을 미쳤다. 카를 비테 주니어는 자신의 천재성이 자기의 영광이 아닌 하나님의 영광을 위해 주어졌다고 이해했다. 덕분에 그는 유럽 전역에 이름을 날리는 사람이 되고도 사람들 앞에서 자기를 높일 줄 몰랐고, 그런 태도는 사람들의 진심 어린 존경을 이끌어 냈다.

어떤 독자들은 독서법을 다루는 책에서 『성경』에 관한 메시지가 등장하는 것을 탐탁지 않게 생각할지도 모르겠다. 하지만 이해해주기 바란다. 내가 조사한 바에 따르면 인문고전 독서교육을 받고 천재의 반열에 오른 사람들 가운데 불행한 삶을 산 이들은 『성경』을 부정했다는 공통점이 있었다. 대표적인 사례가 앞에서 이야기한 월리엄 제임스 사이디스다. 그는 이미 언급한 불행 외에도 법원으로부터 징역형을 선고받고, 감옥에 수감되는 것을 피하기 위해 오랫동안 숨어 살고, 상속받은 재산을 잘못 투자해서 거의 다 날리고, 뉴욕 증권가에서 신분을 숨긴 채 잡역부로 일하고, 여자를 사귀지 못하는 성격장애로 고생하는 등의 불행을 겪었다. 물론 이보다 더한, 자살로 생을 마감한 시대의 천재들도 많다.

정리를 하자.

부모의 강압적인 인문고전 독서교육을 통해서도 천재가 만들어질 수 있음은 역사가 증명했다. 하지만 그런 천재들은 대개 정신질환자의 길로 가게 된다는 것 역시 역사가 증명했다. 감히 말하고 싶다. 불행한 천재를 만드는 인문고전 독서교육은 하지 않는 게 옳다고. 인문고전 독서교육은 하나님의 형상을 가진 고귀한 인간을 대상으로 하는 것이다. 인간이라면 유아든 초등학생이든 중고등학생이든 대학생이든 성인이든 누구나 행복해질 권리가 있고 존중받을 권리가 있다. 때문에 인간의 행복을 침해하는 인문고전 독서교육은 없어야 한다. 인문고전 독서교육의 진정한 목표는 자주적이고 행복하고 능동적인 인간을 만들어내는 것이기 때문이다.

다행스럽게도 역사는 또 다른 사실을 증명했다. 행복하고 자유롭고 즐거운 분위기에서 실시되는 인문고전 독서교육은 행복한 천재를 만들어낸다는 것을 말이다. 이 글을 읽는 모든 독자들이 아이를 행복하고 즐거운 인문고전 독서교육으로 이끌어가기를 바란다.

3장

리딩으로
경쟁하고 승리하라

자본주의 시스템에서 승자가 되는 법

서점에는 워런 버핏, 조지 소로스, 피터 린치, 짐 로저스 등등 자본주의 세계의 최고 승자들의 투자 비법을 담은 책들이 넘쳐난다. 하지만 그들의 책을 죽어라고 읽고 그들의 비법을 열심히 따라 한 사람 중에 놀라운 이익을 실현한 사람은 거의 찾아볼 수 없다. 이유는 간단하다. 치열한 인문고전 독서로 두뇌의 수준을 한 차원 높인 뒤에 터득한 투자의 비결을 담은 그들의 글을, 인문고전을 전혀 읽지 않은 두뇌의 수준에서 이해하고 투자에 적용하기 때문이다.

READING . LEAD

조지 소로스는
어떻게 월스트리트를 장악했을까?

• • •

철학적 사고를 통해 얻은 이론들을 현장에 적용한 결과
나는 주가가 오를 때나 내릴 때나 언제든지 돈을 벌 수 있었다.

조지 소로스(1930~, 미국의 금융인)

철학자가 되고 싶은 소년이 있었다. 소년은 열두 살이 되던 해부터 철학고전을 읽었다. 비록 내용을 제대로 이해한 책도 끝까지 읽은 책도 거의 없었지만 소년은 철학고전 독서를 통해 사고의 수준을 비약적으로 향상할 수 있었다.[1] 청년이 된 소년은 자본주의의 심장부라고 할 수 있는 영국 런던으로 거처를 옮겼다. 그리고 그곳에서 약 9년간 패배자로 살았다.

청년은 런던 빈민가를 전전하면서 접시닦이, 웨이터, 페인트공, 농장 노동자, 통조림 공장 공원, 마네킹 공장 공원, 수영장 안내원, 철도역 짐꾼 등으로 일했다. 하지만 그마저도 대부분 제대로 해내지 못했다. 접시닦이를 했을 때는 웨이터로부터 "좀 열심히 살아라.

그러면 언젠가는 내 조수라도 될 수 있을 거다"라는 말을 수시로 들었고, 마네킹 공장에서 일했을 때는 마네킹 가발을 제대로 못 붙인다는 이유로 구박받다가 해고당했고, 철도역 짐꾼으로 일했을 때는 무거운 짐을 부주의하게 나르다가 다리가 짐에 깔려 부러지는 사고를 당했다.

다리가 부러지는 사고를 당한 뒤 육체노동은 더 이상 안 되겠다는 판단을 내린 청년은 친구의 친구를 졸라서 그의 아버지가 운영하는 회사에 관리직으로 입사했다. 하지만 이내 다른 부서로 쫓겨났다. 지독할 정도로 일을 못했기 때문이다. 그런데 새로 옮겨 간 부서에서도 같은 이유로 금세 쫓겨났고, 그렇게 여러 부서를 돌다가 최종적으로 한 영업사원의 조수로 발령받았다. 그리고 얼마 뒤 대학생 여자친구로부터 "이제는 나에게 어울리는 남자를 만나고 싶어"라는 말과 함께 버림받았다.

자신에게 닥친 모든 불행은 돈이 없기 때문에 일어났다고 결론 내린 청년은 자본주의의 승자가 되기로 결심하고 금융계로 뛰어들었다. 하지만 그곳에서도 좋은 일은 하나도 일어나지 않았다. 청년은 상사들이 시키는 어떤 일도 제대로 해내지 못했고, 결국 심부름꾼으로 전락하고 말았다. 잠시 유명 투자가의 조수로 발탁되는 행운을 누리기도 했지만 말귀를 알아듣지 못한다는 이유로 이내 해고당하고 말았다. 엎친 데 덮친 격으로, 야심 차게 준비했던 증권분석사 자격증 시험에서도 떨어지고 말았다.

특기할 만한 사실은 그런 실패의 나날을 보내는 와중에도 청년이 온 힘을 다해 철학고전을 읽었다는 점이다. 그는 아리스토텔레스, 에라스뮈스, 마키아벨리, 홉스, 베르그송 같은 천재 철학자들의 저작을 마치 고시를 준비하듯 빈틈없이 공부했고, 자신을 소크라테스의 사도라 칭한 20세기의 가장 위대한 철학자 중 한 명인 카를 포퍼에게 편지를 보내 개인지도를 요청했을 정도로 철학 공부에 열의를 보였다. 그의 뜨거운 철학 공부는 9년간의 런던 생활을 마치고 미국으로 간 뒤에도 계속되었다. 그는 뉴욕의 한 금융회사에 입사했는데, 근무 중에도 시간만 나면 철학 서적을 읽었고 퇴근하면 아예 철학 서적에 묻혀 살았다. 주말이나 휴일에는 철학과 대학원생에게 개인지도를 받았고, 때때로 밤을 지새우면서 철학 논문을 썼다.

1992년 10월, 그는 세계 금융계의 황제가 되어 영국 땅을 밟았다. 비참한 패배자로 런던을 떠난 지 약 36년 만이었다. 그는 파운드화의 가치가 폭락하는 순간을 노려 영국 중앙은행에 도전했는데 일주일 만에 무려 10억 달러, 우리 돈으로 1조 원이 넘는 돈을 벌어들였다. 특이한 사실은 영국 정부는 그를 비난했지만 영국 국민들은 그를 환영했다는 점이다.[2] 저명한 경제학자들은 그의 행위가 궁극적으로 영국 경제를 안정시켰다고 평가했다.[3] 이 이야기의 주인공은 조지 소로스다.

조지 소로스는 자신의 투자 성공 비결을 '철학하는 것'이라고 밝혔다. 그는 저서 『금융의 연금술』 등에서 고백했다.

- 나는 철학자의 눈으로 금융시장을 보았고 그 결과 과열과 폭락에 관한 반사성 이론 등을 도출해낼 수 있었다.
- 철학적 사고로 얻은 이론을 금융시장에 적용하기 시작한 때부터 나는 거대한 이익을 얻을 수 있었다.
- 철학적 사고를 통해 얻은 이론들을 현장에 적용한 결과 나는 주가가 오를 때나 내릴 때나 언제든지 돈을 벌 수 있었다.
- (철학적 사고로 주식시장을 바라본) 그것이 바로 내가 남들보다 크게 앞서 나갈 수 있었던 이유라고 생각한다.

조지 소로스는 지금도 철학 공부를 열심히 하고, 철학 논문을 쓰고, 세계적인 철학자들을 자택에 초대해서 토론을 벌인다고 한다. 그래서일까? 그는 지금 이 순간에도 세계 금융 황제의 위치를 굳건히 지키고 있다.[4]

최초의 철학자는
최고의 투자가였다

• • •

여러분은 이제껏 속아왔어요. 부자들은 인문학을 배웁니다.

얼 쇼리스, 『희망의 인문학』 중에서

아리스토텔레스의 『정치학』을 보면 최초의 철학자라고 불리는 탈레스의 일화가 나온다. 그는 비난을 받았다. 돈도 못 버는 주제에 철학이나 한다고. 그래서 결심했다. 철학자가 마음만 먹으면 얼마든지 큰 부자가 될 수 있다는 것을 보여주기로. 이를 위해 그는 철학적 사고를 잠시 경제적 사고로 전환시켰다.

그는 기후의 변화를 면밀히 분석하여 이듬해 올리브 농사가 대풍작이 될 것을 예견했다. 이어 수중에 있는 돈을 보증금으로 내걸고 키오스와 밀레토스에 있는 올리브기름 짜는 기구를 전부 임차했다. 겨울이었기 때문에 아주 싸게 빌릴 수 있었다. 오래지 않아 올리브 수확철이 다가왔고, 그는 빌려둔 기구들을 높은 가격에 임대해 순식간에 큰돈을 벌었다. 놀랍게도 최초의 철학자는 최고의 경제인이었다.

우리는 철학이 경제에 하등 도움이 되지 않는다는 고정관념을 가지고 있다. 그러나 조지 소로스의 사례에서 볼 수 있듯이 전혀 그렇지 않다. 물론 철학 그 자체에만 매진하는 것은 경제와 별 상관이 없다. 하지만 철학으로 단련된 두뇌가 경제에 뛰어드는 순간 이야기는 달라진다. 철학자의 두뇌를 가진 사람은 순식간에 경제를 지배해버린다. 이유는 경제활동이 곧 두뇌활동이기 때문이다. 이는 세계 최고의 두뇌들이 모인 월스트리트만 보아도 잘 알 수 있다. 월스트리트의 꼭대기에는 철학고전에 정통한 사람들이 있다.

철학고전은 사람의 두뇌를 차원이 다르게 바꾸어버린다. 사고의 수준을 혁명적으로 변화시킨다. 철학고전 독서로 다져진 두뇌는 시장의 본질을 본다. 평범한 책만 읽은 사람은 죽었다 깨어나도 볼 수 없는 그 무엇을 본다. 결과는 인간의 수준을 초월한 이익의 실현이다.

서점에는 워런 버핏, 조지 소로스, 피터 린치, 짐 로저스 등등 자본주의 세계의 최고 승자들의 투자 비법을 담은 책들이 넘쳐난다. 하지만 그들의 책을 죽어라고 읽고 그들의 비법을 열심히 따라 한 사람 가운데 놀라운 이익을 실현한 사람은 거의 찾아볼 수 없다. 이유는 간단하다. 치열한 인문고전 독서로 두뇌의 수준을 한 차원 높인 뒤에 터득한 투자의 비결을 담은 그들의 글을, 인문고전을 전혀 읽지 않은 두뇌의 수준에서 이해하고 투자에 적용하기 때문이다. 비유하면 오토바이 운전면허도 없는 사람이 세계 최고의 오토바이 곡예사가 쓴 책을 읽고 그대로 따라 하는 것과 같다. 이런 사람이 어떤 결과를 얻겠는가? 최소한 중상, 최악의 경우 사망이다. 자본주의 세계의 최고 승자들이 가르쳐주는 비법을 따라 하는 것 역시 마찬가지다. 그들의 무시무시한 자본 생성 능력을 낳은 근원적인 요소를 내 것으로 만들지 못한 채 그들의 기법만 따라 하는 것은 패가망신의 지름길을 걷는 행위일 수 있다.

인문고전 독서법을 다루는 책에서 갑자기 자본주의니 부자니 투자니 하는 말이 나오는 것을 보고 반감을 가진 독자가 있을지 모르겠다. 그리고 인문고전은 사람답게 사는 법을 깨치기 위해서 읽는 것 아니냐는 반론을 펼칠 사람도 있을 것이다. 그 마음 이해한다. 하지만 나는 달콤한 말만 하고 싶지는 않다.

건강을 위해 쓰디쓴 약을 삼켜야 할 때가 있듯이 때로 우리는 현실을 직시해야 할 필요가 있다. 사실 나도 자본주의니 부자니 투자니 하는 말을 싫어한다. 그리고 인문고전 독서의 본래 목적은 당연히 인간답게 사는 법을 배우는 것이다. 그런데 어쩌겠는가. 세상에는 인문고전 독서에서 얻은 사고력과 통찰력을 '돈'과 관련된 쪽으로 활용하는 사람들도 있는 것을. 그리고 안타깝게도 그런 사람들이 세계 경제학계와 금융계의 꼭대기에 앉아 있는 것을.

인정하기 싫지만 우리는 '돈'이 전부인 자본주의 세계에서 살고 있다. 게다가 우리나라는 나쁜 의미에서 세계 최고 수준의 자본주의 시스템을 가지고 있다. 우리는 그 시스템의 희생자가 되어서는 안 된다. 나름대로 잘살던 사람을 한순간에 노숙자로 전락시키는 그 악한 시스템으로부터 자신과 가족을 지킬 수 있는 최소한의 힘 정도는 가져야 한다. 이것이 바로 내가 '자본주의 시스템의 승자가 되는 법'을 쓰게 된 배경이다. 그러니 설령 반감이 생기더라도 취할 것만 취하고 버릴 것은 버린다는 지혜로운 태도로 내 말을 들어주기 바란다.

경제적 약자를 위한 인문고전 독서 프로그램인 클레멘트 코스를 만든 얼 쇼리스는 『희망의 인문학』에서 이렇게 말했다.

"여러분은 이제껏 속아왔어요. 부자들은 인문학을 배웁니다. 인문학은 세상과 잘 지내기 위해서, 제대로 생각할 수 있기 위해서, 그리고 외부의 어떤 '무력적인 힘'이 여러분에게 영향을 끼칠 때 무조건 반응하기보다는 심사숙고해 잘 대처해나갈 수 있는 방법을 배우기 위해서 반드시 해야 할 공부입니다."

얼 쇼리스는 왜 이런 말을 했을까? 이유는 현대 자본주의 시스템을 만든 사람들이 인문고전 독서광이자 저자이기 때문이다. 쉽게 말해 현대 자본주의 시스템은 인문고전 독서로 다져진 사람들의 두뇌에서 나왔다. 이는 인문고전 독서에 정통하지 않고서는 현대 자본주의 시스템이 돌아가는 방향을 알 수 없고, 부를 쌓기 위해 하는 모든 노력이 수포로 돌아갈 가능성이 높다는 의미다. 우리는 여기에 대해서 뼈저리게 학습한 적이 있다. 다름 아닌 1997년 국제통화기금IMF 위기 때다. 그때 우리는 수십 년 동안 전 국민이 피땀 흘려 이룩한 한강의 기적이 한순간에 한강의 눈물로 변하는 것을 목격했다. 뒤에서 자세히 이야기하겠지만, IMF는 어린 시절부터 인문고전 독서광이었던 한 천재 경제학자의 머릿속에서 탄생했다. 만일 우리나라에 그 천재 경제학자 이상의 두뇌를 가진 사람이 한 명이라도 있었다면, 그 이상으로 인문고전 독서에 미쳐 있던 경제학자가 한 명이라도 있었다면 IMF 위기 때 그렇게 허망하게 무너지진 않았을 것이다. 하지만 우리에게는 그런 사람이 없었고, 수십 년간 쌓아온 국가의 부를 한순간에 강탈당하고 말았다.

자본주의는
인문학 전통에서 만들어졌다

. . .

18세기 후반 영국에서 애덤 스미스를 필두로
현대 경제학의 근원이 된 고전경제학파가 탄생했다.
이들의 공통점은 인문고전 독서광이자 철학고전 및 경제학고전의 저자들이라는 것이다.

1776년은 우리가 몸담고 있는 현대 자본주의 세계의 초석이 만들어진 해라고 할 수 있다. 영국 글래스고 대학의 철학교수 애덤 스미스가 『국부론』을 출간해 경제학이라는 새로운 학문을 창시했고, 미국은 영국으로부터 독립을 선언했기 때문이다. 즉 현대 자본주의의 이론적 배경이 된 경제학 출현과 정치적 배경이 된 미국 독립이 동시에 이루어졌다.

애덤 스미스는 인문고전 독서를 통해 만들어진 천재적인 두뇌로 경제학을 창시했다. 그는 열네 살에 글래스고 대학에 입학했는데 여기서 고대 그리스어와 그리스 문학 강의의 최고봉이었던 던롭 교수, 위대한 철학자 데이비드 흄의 친구이자 그 자신 역시 대단한 철학자였던 프랜시스 허치슨 교수 등에게 최고 수준의 인문 독서교육을 받았다. 그리고 몇 년 뒤에 옥스퍼드 대학의 장학생으로 선발됐다. 그곳에서 재학하는 동안 도서관에서 살다시피 하면서 고대 그리스 로마 고전을 다시 한 번 폭넓게 공부했고 다른 유럽 고전 또한 심도 있게 공부했다. 후일 그는 글래스고 대학의 논리학 교수로 위촉되었다가 도덕철학 교수가 되어 약 13년 동안 강의를 했다. 그리고 13년간의 강의를 정리하여 최초의 저서인 『도덕 감정론』을 집필했는데, 책은 출판되자마자 고전의 반열에 올랐다.

여기서 우리는 철학과 경제학의 특별한 관계에 대해 다시 한 번 의미 있는 통찰을 할 수 있다. 최초의 철학자는 최고의 경제인이었고, 부를 다루는 학문을 창시한 최초의 근대적 의미의 경제학자는 철학과 교수이자 철학고전 저자였다.

경제학을 제대로 이해하려면 무엇보다 철학고전에 정통해야 한다. 두뇌 속에 철학하는 세포를 가져야 한다. 그러지 않으면 보아도 보지 못하고 들어도 듣지 못하는 함정에 빠지고 만다. 우리나라의 경제학이, 우리나라의 경제가 서구에 종속되어 있는 이유는 간단하다. 두뇌가 종속되어 있기 때문이다. 철학하는 세포가 없는 두뇌는 철학하는 세포를 가진 두뇌를 이길 수 없다. 아무리 공부를 많이 하고 아무리 노력을 많이 해도 언제나 종속 상태에 머무르게 된다. 이는 초등학생이 초등학교 공부를 아무리 열심히 해도 대학생을 이길 수 없는 것과 같은 이치다.

18세기 후반 영국에서 애덤 스미스를 필두로 현대 경제학의 근원이 된 고전경제학파가 탄생했다. 공리주의로 유명한 제러미 벤담,『인구론』의 저자 토머스 맬서스, 1929년 세계 대공황이 발생하기 전까지 고전경제학파 이론의 중심이 된 '세의 법칙' 창시자 장 밥티스트 세, 데이비드 리카도, 존 스튜어트 밀이 여기에 속한다. 이들의 공통점은 인문고전 독서광이자 철학고전 및 경제학고전의 저자들이라는 것이다. 특기할 만한 사실은 애덤 스미스, 존 메이너드 케인스와 더불어 3대 경제학자라고 불리는, 역사상 가장 괴이한 경제학자였던 카를 마르크스 또한 인문고전 독서광이자 철학자였고, 철학고전이자 경제학고전인『자본론』을 집필했다는 것이다.

고전경제학파의 이론은 1929년 10월에 뉴욕 주식시장이 붕괴하면서 시작된 대공황으로 인해 그 위상이 뿌리째 흔들리게 되었다. 그때 존 메이너드 케인스가 시장 중심의 고전경제학파의 한계를 보완하며 정부의 시장 개입 필요성을 주장하는 새로운 경제학 이론을 들고 나왔다. 이로써 고전경제학은 막을 내렸고 현대 경제학이 탄생했다.

케인스는 "식량은 산술급수적으로 증가하는 반면 인구는 기하급수적으로 증가한다. 그 결과 세상에는 언제나 식량부족이 발생할 수밖에 없다. 그러므로 전쟁을 일으키거나 전염병을 퍼뜨려서 인구를 억제해야 한다. 잉여인간들을 없애야 한다"라는 악마적인 주장을 편『인구론』의 저자 토머스 맬서스의 열광적인 신봉자였다. 또한

19세기 말부터 20세기 초까지 서구 지식인 사회에서 유행했던, 황인종의 증가는 인류의 재앙과 마찬가지이므로 전쟁을 통해서라도 황인종 수를 줄여야 한다는 소위 '황화론'의 열렬한 추종자였다. 또 그는 나치 독일이 인종청소의 이론적 근거로 이용한 '우생학'의 창시자 프랜시스 골턴의 숭배자이기도 했다.[5]

케인스가 주축이 되어 설립된 것이 '세계은행'과 'IMF'다. 비슷한 금융위기를 겪었음에도 불구하고 IMF가 유럽에는 심히 관대한 처분을 내리고 아시아에는 가혹한 처분을 내렸던 배경을 짐작할 수 있는 대목이다. 남미의 전설적인 혁명가 체 게바라는 그런 IMF의 속성을 간파하고 다음과 같은 말을 남겼다.

"IMF는 월스트리트로 상징되는 서구의 거대 경제 질서의 이익을 대변할 뿐이다."

케인스의 사상은 1970년대에 스태그플레이션이 발생하기 전까지 세계를 지배했는데, "우리는 모두 케인스의 제자들이다"라는 리처드 닉슨 대통령의 말이나 "미국의 거의 모든 경제학도들은 케인스에게 강력한 영향을 받았다"[6]라는 앨런 그린스펀의 말만 봐도 그 영향력이 어느 정도였는지 짐작해볼 수 있다. 케인스는 지금 이 순간에도 세계 금융의 중심인 미국에 지대한 영향력을 미치고 있다.

---

1. 미국의 경제학계는 크게 시카고 학파와 동부 학파로 양분되어 있는데, 동부 학파는 자신들을 케인지언(Keynesian), 즉 케인스주의자라고 부른다.

2. 현대 경제학의 아버지라고 불리는 폴 새뮤얼슨과 그의 제자들인 로런스 클라인, 조지 애컬로프, 조지프 스티글리츠, 로버트 머튼, 폴 크루그먼 등은 모두 철저한 케인스주의자다. 이들은 전부 노벨경제학상 수상자들로 세계 경제계를 쥐락펴락하고 있다.

3. 벤 버냉키 연방준비제도이사회(FRB) 의장은 폴 새뮤얼슨의 제자로, 최근 미국 금융위기 때 강력한 케인스식 처방을 내렸다.

4. 백악관 경제자문위원장 크리스티나 로머는 폴 새뮤얼슨의 제자다.

5. 백악관 국가경제위원회 위원장 로런스 서머스는 폴 새뮤얼슨의 조카다.

1970년대에 스태그플레이션이 발생했다. 그런데 케인스의 이론은 그 현상을 설명할 수 없었다. 그때 밀턴 프리드먼을 중심으로 한 시카고 학파가 등장해 해결책을 제시했다. 그리고 세계 금융계의 왕좌를 차지했다. 세상은 그들을 신자유주의 경제학자라고 부른다.

신자유주의는 프랑스 철학자 루이 루지에의 주도로 탄생했다. 1938년 8월 30일, 그는 유럽 및 미국의 대표적인 철학자와 경제학자 등을 파리로 초빙해서 '월터 리프먼 콜로키움'을 결성했다. 하지만 별 성과를 내지 못했고, 2차 대전으로 모임 자체가 중단되기에 이르렀다.

사라질 운명에 처했던 신자유주의를 되살린 사람은 오스트리아 출신의 경제학자 프리드리히 하이에크다. 그는 제네바에서 조지 소로스의 철학 스승이었던 카를 포퍼와 후일 신자유주의의 대부로 불리게 되는 밀턴 프리드먼 등과 '몽펠르랭 학회'를 창설했다. 그러나 하이에크의 신자유주의는 당시 세계 경제계를 손아귀에 꽉 쥐고 있던 케인스의 이론에 반하는 것이었기 때문에 그리 큰 영향력을 갖지 못했다. 그러다가 스태그플레이션이 발생하자 하이에크의 수제자인 밀턴 프리드먼을 수장으로 한 시카고 학파가 케인스주의자들의 무능력을 공격하면서 실질적인 처방전을 내놓았고, 그들의 이론은 순식간에 세계 경제계의 지배 이념으로 떠올랐다.

잠시 하이에크와 시카고 학파 이야기를 해보자. 하이에크는 사실상 철학자다. 이는 그가 시카고 대학에서 사회·정치철학 교수로 재직했던 것과 노년에 '현대의 지성을 대표하는 철인적哲人的 지도자'라는 평가를 받았다는 사실만 보아도 알 수 있다. 하이에크의 사상은 세계 금융계를 지배하고 있는 영국과 미국에 커다란 영향을 미쳤다. 대표적으로 마거릿 대처는 영국 총리 시절 '하이에크의 수족手足'이라는 말을 들었을 정도로 그의 사상을 경제정책에 충실히 반영했고, 레이건 대통령은 미국 행정부에 하이에크가 창설한 몽펠르랭 학회 출신의 경제학자들을 무려 스물네 명이나 기용했다.

하이에크의 제자 그룹이라고 할 수 있는 시카고 학파는 시카고 대학 출신의 미국 경제학자 그룹을 말하는데 역대 노벨경제학상 수상자의 3분의 1을 배출한 것으로 유명하다. 그들은 자신들이 현대 미국과 세계 경제의 시스템을 만들었다고 자부한다. 시카고 학파는 '금융공학'을 창조했을 정도로 미국 및 세계 금융계의 두뇌 역할을 한 것으로도 유명하다. 물론 그들이 만든 금융공학이라는 것은 금융 천재라고는 찾아볼 수 없는 우리나라 같은 국가에는 지극히 불리한 것이지만.

신자유주의의 역사는 곧 인문고전 독서가들의 역사이기도 하다.

1. 신자유주의의 시발점이 된 루이 루지에는 애덤 스미스와 마찬가지로 철학자였다. 그의 두뇌가 철학고전 독서로 만들어졌음은 두말할 것도 없다.

2. '월터 리프먼 콜로키움'과 '몽펠르랭 학회'의 회원들은 철저한 인문고전 독서로 두뇌를 혁명적으로 변화시킨 사람들이자 평생 인문고전 독서를 즐긴 세계적인 석학들이었다.

3. 신자유주의 경제학자들의 정신적 스승인 하이에크는 철학자이자 정치철학 및 경제학 고전의 저자였다.

4. 신자유주의의 대부라 불리는 밀턴 프리드먼은 케인스주의자들과의 공개토론 때 인문고전을 근거로 그들의 주장을 뒤엎고 승리했다.

5. 신자유주의의 요람이라고 할 수 있는 시카고 학파는 로버트 허친스 총장의 인문고전 독서 프로그램인 '시카고 플랜'의 혜택을 받은 시카고 대학 출신들로 구성되어 있다.

현실이 이와 같은데도 우리나라의 소위 경제학자라는 사람들은 피상적인 해결책만 제시하고 있다. 물론 그들이 제시하는 해결책도 나름대로 일리는 있다. 하지만 그것으로는 경제학의 역사를 새로

쓸 수 없다. 우리나라를 경제 종속에서 벗어나게 해줄 수도 없고, 국민들의 지갑을 월스트리트의 금융가들로부터 지켜줄 수도 없다. 서구의 금융가들과 싸워 이기려면, 아니 최소한 그들의 발톱으로부터 벗어나려면 무엇보다 먼저 두뇌의 수준을 높여야 한다. 금융전쟁은 곧 두뇌전쟁이기 때문이다.

우리나라의 경제학자들은 서구의 전설적인 경제학자들의 이론을 국내에 소개하는 데 급급해왔다. 한국 경제학계의 거목이라는 사람들 또한 마찬가지다. 그들은 케인스나 하이에크보다 더 위대해지거나 동등해지려는 생각 자체를 하지 못했던 듯하다. 그저 서구의 경제학자들을 우상처럼 떠받드는 데 만족했던 듯하다. 나의 이런 발언은 경제학계의 현실을 모르는 무식한 소리일 수도 있고 한국 경제계 거목들의 명예를 훼손하는 무례한 소리일 수도 있다. 하지만 나는 설령 욕을 얻어먹는 한이 있더라도 외치고 싶다. 한국의 경제학은 변해야 한다고. 목숨 걸고 변해야 한다고. 서구의 경제학보다 우월한, 아니 최소한 동등한 한국만의 경제학을 만들지 못하면 우리는 영원히 금융 종속인 상태로 살아가게 될 것이고, IMF 위기는 다른 형태로 반복될 것이기 때문이다.

한국의 경제학이 변화하려면 무엇보다 경제학자들이 인문고전 독서를 시작해야 한다. 그렇게 집단적으로 두뇌의 수준을 한 차원 높인 뒤에, 쉽게 말해 애덤 스미스나 케인스, 하이에크처럼 사고하는 두뇌를 갖춘 뒤에 경제학을 바라보아야 한다. 그러면 보일 것이다. 서구 경제학의 진정한 본질과 근원적인 한계가. 바로 그 지점이 서구 경제학을 뛰어넘을 수 있는 잠재력이 생성되는 곳이다. 그 지점에 도달하는 경제학자들이 많아질수록 우리나라가 세계 경제학계의 중심이 될 확률이 높아질 것이다. 그런데 안타깝게도 한국의 경제학계는 인문고전 독서를 등한시하기로 유명하다. 심지어는 경제학의 뿌리라고 할 수 있는 아리스토텔레스 연구가도 거의 찾아볼 수 없다. 애덤 스미스나 하이에크처럼 철학자이자 경제학자인 사람은 말할 것도 없고, 케인스나 폴 새뮤얼슨, 밀턴 프리드먼처럼 자신들의 전공인 경제학 이상으로 인문학에 정통한 사람도 찾아보기 어렵다. 우리나라의 경제학이 왜 미국 경제학에 종속되어 있는지 이해할 수 있게 해주는 대목이다.

각 대학의 경제학과 학생들도 인문고전 독서를 시작해야 한다. 아니, 인문고전 독서광이 되어야 한다. 시카고 학파의 요람인 시카고 대학 학생들은 1990년대 초반에 총장을 몰아낸 적이 있다. 휴고 소넨샤인 신임 총장이 입학 후 2년 동안 인문고전 독서만 하는 시카고 플랜이 시대에 뒤떨어졌다며 이를 단축하려 했기 때문이다.[7] 시카고 대학교 학생들은 이미 중고등학교 시절 인문고전 독서를 충실히 한 사람들이다. 그들은 여기에 더해 대학교에서 다시 한 번 철저하게 인문고전을 공부한다. 그리고 경제학 공부를 한다. 반면 우리나라 대학생들은 치열한 인문고전 독서 없이 바로 경제학으로 들어간다. 둘 중 누가 경제학의 본질을 꿰뚫을 것이며, 둘 중 누가 기존 이론을 뛰어넘는 혁명적인 경제학 이론을 들고 나와 세계 경제 학계를 지배하게 될 것인지, 그리고 둘 중 누가 세계 금융계의 두뇌가 될 것인지는 굳이 말하지 않아도 알 수 있을 것이다.

이런 주장이 이상주의에 치우친 것일 수 있다는 사실을 잘 안다. 그리고 어쩌면 우리나라 경제학자들의 비웃음만 사게 될 이야기일 수 있다는 것도 알고 있다. 하지만 침묵하고 싶지는 않다. 내 부족하기 이를 데 없는 말들이 누군가의 심장에는 불이 될 수도 있기 때문이다. 한국 경제학계의 영웅은 영원히 나타나지 않을 것인가? 아니다. 언젠가는 반드시 나타날 것이다. 나는 그 영웅을 기다리는 심정으로 주제넘은 이야기들을 했다. 혹시라도 반감이 든 독자가 있다면 내 치우친 열정을 용서하기 바란다.

전 세계 부자들은
인문고전을 읽는다

· · ·

가난한 사람은 독서로 부자가 되고,
부자는 독서로 귀하게 된다.

왕안석(1021~1086, 중국 북송 대의 정치가)

어느 시대를 막론하고 전 세계 부의 90퍼센트 이상은 세계 인구의 약 0.1퍼센트가 소유했다. 민주주의가 도래하기 전에 그 0.1퍼센트 는 왕과 귀족이었다. 지금은 월스트리트 투자자들과 세계적인 기업 가들이 그 자리를 차지하고 있다. 과거의 부자인 왕과 귀족들은 신 분제도를 만들어 평범한 사람들이 부자의 세계로 들어오는 것을 막 았다. 현대의 부자들은 교육제도를 통해 평범한 사람들이 자신들의 세계로 진입하는 것을 막고 있다. 대표적인 사례가 미국의 사립학 교와 공립학교다. 과거의 부자와 현대의 부자들은 공통점이 있다. 인문고전 독서가라는 사실이다. 왕과 귀족들이 인문고전 독서교육 을 받았다는 사실은 앞에서 충분히 이야기했으니, 여기서는 현대의 부자들에 대해서만 다루도록 하겠다.

　우리는 현대 자본주의의 틀을 만든 사람들이 인문고전 독서로 두뇌를 단련한 천재 경제학자들이라는 사실을 알아보았다. 그렇다면 현대 자본주의의 최고 승자라고 할 수 있는 세계 최고의 투자자들과 사업가들은 인문고전 독서가여야 할 것이다. 쉽게 말해서 그들은 현대 자본주의의 틀을 만든 사람들과 동일한 수준의 사고 능력을 가진 사람들이어야 할 것이다. 그래야만 현대 자본주의의 틀을 명확하게 꿰뚫을 수 있고 그 안에서 형성되는 돈의 흐름 또한 명확하게 꿰뚫을 수 있을 터이기 때문이다. 세계 최고 사업가들이 인문고전 독서가라는 사실은 다음 장 「인생경영, 인문고전으로 승부하라」에서 자세히 다룰 예정이니 여기서는 세계 최고 투자자들의 인문고전 독서에 대해서 알아보자.

　J. P. 모건을 비롯한 모든 미국 금융인들보다 세계 금융시장에 더 큰 영향을 끼쳤다는 평가를 받고 있으며, 단 두 명의 직원으로 시작해서 세계 최대 증권회사인 메릴린치를 창업한 찰스 메릴은 아이비리그보다 깊이 있는 인문고전 독서교육으로 유명한 애머스트 칼리지 출신이다.[8]

　5달러로 시작해서 1929년에 1억 달러, 오늘날의 원화가치로 약 2조 원 이상의 자산을 모아 월스트리트 역사상 가장 성공한 개인 투자자라고 불리는 '추세매매 기법의 아버지' 제시 리버모어는 비록 초등학교 중퇴의 학력이었지만 책을 게걸스럽게 먹어치운다는 소리를 들을 정도로 독서광이었다. 또 그는 인간에 대해 깊이 공부하기로 유명했는데, 심리학 같은 경우 대학에 가서 청강을 했을 정도로 열심히 공부했다.[9]

'코스톨라니의 달걀'이라는 투자순환도로 유명하며, 월스트리트를 한 손에 쥐고 흔든 유일한 유럽인이라는 평가를 받는 앙드레 코스톨라니는 대학에서 철학과 미술을 전공했다. 그의 마지막 저서로 알려진 『돈, 뜨겁게 사랑하고 차갑게 다루어라』는 주식투자서라기보다는 차라리 철학서에 가깝다.

천재 투자자들의 투자 전략을 비교분석하여 추출해낸 '주식 감별 도구'로 유명하며, 『천재 투자자들』을 공동 집필한 존 리스와 잭 포핸드는 각 시대별 최고의 투자자 열 명을 뽑은 뒤, 이들이 동일한 시장에서 동일한 조건으로 투자를 한다면 과연 누가 최고의 수익률을 올릴 것인가를 두고 5년 동안 실험했다. 1위는 총 수익률 146.3퍼센트를 기록한 벤저민 그레이엄이었다. 그는 워런 버핏의 약 열다섯 배에 달하는 수익을 올렸다.

벤저민 그레이엄은 세계 최초의 금융분석가로, 현대적 의미의 증권분석 및 가치투자 이론의 창시자이다. 그는 대학을 졸업하자마자 월스트리트로 들어갔는데, 고작 스물다섯의 나이에 60만 달러가 넘는 연봉을 받았다. 당시가 1910년대였으니 오늘날의 원화 가치로 환산한다면 최소 100억 원이 넘는 연봉을 받은 셈이다. 그는 또 1928년부터 1957년까지 컬럼비아 대학교 경영대학원에서 투자 이론을 강의했는데, 그의 강의를 성실히 들은 사람들은 월스트리트의 전설이 되었다고 한다.

벤저민 그레이엄은 인간의 수준을 넘어선 최고의 투자자로도 유명했지만 인문고전 독서가로도 유명했다. 그는 컬럼비아 대학 재학 시절 그리스 로마 고전에 광적으로 빠져들었는데, 얼마나 열광적으로 공부했던지 졸업을 하기도 전에 총장으로부터 철학 교수로 임명해줄 테니 모교에 남아서 학생들을 가르쳐달라는 부탁을 받았다. 그의 인문고전 독서는 평생에 걸쳐 계속되었다. 그는 문학·철학·역사 고전을 마치 애인처럼 곁에 두고 정독했고, 그 대부분을 원어로 읽었다. 그리고 입만 열면 인문고전을 이야기했다. 그는 월스트리트의 투자자라기보다는 오히려 인문고전 연구가에 가까웠다.

셸비 데이비스는 서른여덟 살이던 어느 날 공무원을 그만두고 월스트리트로 향했다. 전업 투자자가 되기 위해서였다. 주변에서는 다들 미친 짓이라며 말렸지만 그는 자신이 비장의 무기를 가지고 있다고 생각했다. 데이비스는 5만 달러로 시작했다. 약 45년 뒤 그 5만 달러는 놀랍게도 1만 8000배로 불어나서 9억 달러가 되었다. 그는 대학에서 역사를 전공하고 정치학 박사학위를 취득한 전형적인 학자 스타일로, 주식이니 펀드니 하는 것에는 관심 자체가 없었던 사람이다. 그런데 어떻게 월스트리트 최고의 투자자 중 한 명이 될 수 있었을까?

이유는 간단하다. 그가 일반적인 전업 투자자들과는 차원이 다른 안목을 지니고 있었기 때문이다. 그의 안목은 인문고전 독서에서 비롯되었다. 이는 그가 아들과 손자에게 입만 열면 했다는 다음 말을 통해서 알 수 있다.

"회계는 언제라도 독학으로 배울 수 있다. 하지만 역사는 반드시 전공해야 한다. 역사를 배우면 폭넓은 시야를 가질 수 있고 특별한 사람들에게서 깨달음을 얻을 수 있다."[10]

"철학과 신학은 네가 투자를 하는 데 더없이 좋은 배경이 될 거다. 투자에 성공하려면 철학이 있어야 하지. 투자를 하고 나면 죽어라 기도도 해야 하고."[11]

셸비 데이비스의 아들과 손자는 그 말을 충실하게 따랐다. 그리고 두 사람 모두 월스트리트의 전설이 되었다. 데이비스 가문은 월스트리트에서 전설의 투자 가문으로 불린다.

존 템플턴은 영혼의 투자자라고 불리는 사람이다. 탐욕의 대명사 격인 월스트리트의 일반적인 투자자들과 달리 박애정신에 입각해 투자를 했기 때문이다. 그는 테레사 수녀, 알렉산드르 솔제니친, 빌리 그레이엄 목사, 한경직 목사 등이 수상한 바 있는 '템플턴 상'의 제정자이자 매년 4000만 달러 이상을 기부하는 자선단체인 '존 템플턴 재단'의 창설자로 유명하다. 물론 이보다 그를 더 유명하게 만든 것은 투자 실력이다. 템플턴은 1954년에 '템플턴 그로스 펀드 Templeton Growth Fund'를 출범시켰는데, 만일 당신이 그때 1000만 원을 투자했다면 그 돈은 지금쯤 약 60억 원이 되었을 것이다. 이런 펀드

운용 능력으로 인해 그는 1999년에 '20세기 최고의 주식투자자'로 선정되기도 했다.

존 템플턴은 겸손한 성품의 소유자답게 자신의 인문고전 독서 경력에 대해 구체적인 언급을 하지 않았다. 하지만 그의 대표작인 『템플턴 플랜』을 보면 많은 서양고전의 뿌리가 된 『성경』 이야기가 주를 이루고, 안티파네스, 노자, 파스칼, 토머스 칼라일, 필립 체스터필드, 헨리 아미엘, 찰스 디킨스, 월트 휘트먼 같은 인문고전 저자들의 말이 수시로 인용되고 있다. 또한 어떻게 하면 성공할 수 있느냐는 질문에 "자기 자신을 살아 있는 도서관으로 만들라"라고 대답했을 정도로 유명한 독서광이었다는 점, 월스트리트의 철학자라는 소리를 들을 정도로 '영혼의 성장'이라는 철학적 주제에 평생 천착한 점, 가능하면 책을 읽는 시간 가운데 일부라도 할애해서 정신을 맑게 해주는 책을 읽으라고 조언했던 점, 고등학생과 대학생에게 윤리학·종교·철학 분야의 책을 두루 읽으라고 강조했던 점 등을 보면 그가 열성적인 인문고전 독서가였으리라고 어렵지 않게 짐작할 수 있다. 한편으로 그는 진정한 부자가 되기 위한 스물한 가지 삶의 원칙을 담은 『템플턴 플랜』에서 자신은 독서에서 얻은 지식을 토대로 세상 사람들이 행운이라고 부르는 것을 얻었노라고 고백했다. 그가 말한 '독서'는 당연히 인문고전 독서다.

피터 린치는 22세에 월스트리트에 들어가 25세에 애널리스트가 되었고, 33세에 펀드매니저가 되었다. 그런데 시기를 잘못 만났다. 애널리스트로 활동하던 때는 주가가 대폭락해서 주식시장이 초토화되었고, 펀드매니저로 첫발을 내디뎠던 때는 펀드 시장이 붕괴 직전에 있었다. 후일 그의 상징이 된 '마젤란 펀드'도 파국을 향해 달려가고 있었다. 고객들이 썰물처럼 빠져나가는 통에 한때 2000만 달러에 달했던 운용자산이 600만 달러 수준으로 감소했고, 고객들의 펀드 계약해지 요청이 밀물처럼 밀려들고 있었다.

피터 린치는 그런 마젤란 펀드를 맡아서 13년 만에 약 660배로 불렸다. 다른 펀드를 합병해 2000만 달러로 시작했던 마젤란 펀드는 13년 만에 약 140억 달러라는 믿기 힘든 규모의 운용자산을 기록했다. 그는 이 기적 같은 업적을 달성하고 바로 월스트리트를 떠났다. 남은 인생을 소중한 가족들과 보내고 싶다는 한마디를 남기고.

월스트리트 역사상 가장 위대한 펀드매니저라는 칭송을 받고 있는 피터 린치는 대학에서 인문학을 전공했다. 그는 월스트리트에서 성공할 수 있었던 것은 다름 아닌 인문고전 독서로 쌓은 사고思考의 힘 덕분이었다고 밝히고 있다. 『전설로 떠나는 월가의 영웅』에 나오는 그의 고백을 들어보라.

"대학에 들어갔을 때 과학, 수학, 회계학 같은 일반 경영학 과목은 필수과목을 제외하고는 피해 다녔다. 대신 인문 과목을 주로 수강했다. 역사, 심리학, 정치학을 배웠고 형이상학, 인식론, 논리학, 종교학, 고대 그리스 철학을 공부했다."

"지금 돌이켜보니 통계학 공부보다 역사와 철학 공부가 나의 주식투자에 훨씬 도움이 되었다."

"논리학은 내가 월스트리트의 비논리성을 깨닫게 해주었다는 이유만으로도 나의 종목 선정에 가장 도움이 되었던 과목이다."

짐 로저스는 대학을 졸업하고 월스트리트로 들어갔는데 당시 그의 전 재산은 600달러였다. 하지만 그가 월스트리트에서 나왔을 때 그의 재산은 약 1400만 달러로 불어나 있었다.[12] 그는 조지 소로스와 '퀀텀 펀드'를 설립했는데 이 펀드를 운용하면서 10년간 4000퍼센트가 넘는 수익을 올렸다. 현재 세계 최고의 거부 중 한 명인 그는 옥스퍼드 대학의 로즈 장학생으로 선발되어 발리올 칼리지에서 철학·정치학·경제학을 전공한 사람답게, 부자가 되는 비결을 묻는 사람들에게 이렇게 조언한다. "철학을 공부해서 '생각하는 능력'을 길러라.", "역사를 공부하라." 그는 여기에 열 가지 조언을 더하는데 "중국어를 배워라"를 제외한 나머지 아홉 가지 조언은 철학 경구나 다름없다. 아무튼 그의 조언을 한 문장으로 요약하면 이렇다. "자신만의 철학으로 투자하라."

마크 파버는 1987년 뉴욕 주식시장을 아수라장으로 만든 '블랙먼데이' 사태, 1990년대 일본 거품경제 붕괴, 1997년 아시아 금융위기를 사전에 경고한 세계 금융시장의 구루[13]이자 아시아를 비롯한 세계 신흥시장 투자의 일인자다. 그는 거부巨富를 꿈꾸는 사람들에게 늘 이렇게 조언한다. "황무지에서 금맥을 캐내려면 돈의 흐름을 꿰뚫어 볼 수 있는 능력을 가져야 한다. 그러려면 무엇보다 먼저 철학·역사·지리를 공부해야 한다."

이외에도 한 시대를 풍미한 전설적인 투자자들의 삶을 조사해보면 1) 독서광이다, 2) 최고 수준의 인문고전 독서가다, 라는 공통점을 어렵지 않게 찾아볼 수 있다. 이 사실을 놓고 보면 우리나라에 왜 세계적인 투자자가 없는지를 쉽게 이해할 수 있다. 우리나라 투자자들은 그들만큼 인문고전을 읽지 않는다. 물론 투자 기법이나 매매 기법을 다룬 책들은 다들 열심히 읽는다. 하지만 그것은 '독서'라기보다는 '재테크 공부'에 불과하다고 할 수 있다. 그러한 독서는 사고방식을 근본적으로 변화시켜주지 못한다. 세계적인 수준의 관점에서 보면 고작해야 푼돈 버는 기술이나 가르쳐줄 뿐이다.

아서 클라크는 투자회사 '아서 D. 클라크 앤드 컴퍼니'의 경영자로 연간 복리 수익률 17.6퍼센트(1985년 이후)를 기록한 성공한 투자자이다. 그는 워런 버핏 연구가이기도 한데 버핏에 대해 이렇게 말한 바 있다.

"이상하게 들리겠지만 나는 워런 버핏과 밀턴 프리드먼과 소크라테스를 동급으로 봅니다."[14]

아서 클라크의 이야기는, 그 자신이 말한 대로, 이상하게 들린다. 소크라테스는 철저하게 비물질적인 삶을 산 것으로 유명하기 때문이다. 만일 소크라테스가 타임머신을 타고 21세기에 도착한다면 어떻게 할까? 아마도 월스트리트와 시카고 대학으로 워런 버핏 같은 투자자들이나 밀턴 프리드먼 같은 경제학자들을 찾아가서 "당신들의 삶은 진리에 위배되는 것"이라는 가르침을 설파할 것이다. 아서 클라크는 소크라테스의 이런 성품에 대해 잘 알고 있을 것이다. 소크라테스와 밀턴 프리드먼에 대해 많이 연구한 것으로 보이는 그가 이런 이상한 이야기를 한 이유는 무엇일까? 나는 그가 소크라테스의 삶이나 사상을 말한 것이 아니라 소크라테스처럼 생각하는 태도를 말한 것이라고 생각한다.

소크라테스처럼 생각하는 태도란 곧 철학자의 사고방식인데 그 핵심은 '진리를 탐구하는 것'이다. 이 사고방식은 필연적으로 군중의 사고방식과 반대되는 것이다. 진리는 눈에 보이지 않는 것인데 군중은 눈에 보이는 것만 믿기 때문이다. 그래서 군중은 철학자가 하는 말을 이해할 수 없고, 철학자는 군중 속에서 평생 외롭게 살거나 은둔한다.

철학자의 사고방식은 역설적이게도 철학자가 경멸할 듯한 돈의 영역에서도 빛을 발한다. 세상의 모든 거부들이 이구동성으로 말하듯이, 돈은 이상하게도 군중이 가지 않는 곳에 산더미처럼 쌓여 있다. 이는 곧 군중이 가지 않는 곳을 탐험하는 사람만이 부자가 될 수 있다는 의미다. 그렇다면 누가 군중이 가지 않는 곳에 갈까? 당연히 군중과 다르게 생각하는 사람이다. 그래서 철학자의 사고방식을 가진 사람만이 부자가 될 수 있는 것이다. 물론 부자의 사고방식의 지향점은 철학자의 그것과는 판이하지만 말이다.

앞에서도 말했지만 철학자들이 경제학을 만들었다. 즉 경제학자들은 군중과 다르게 생각하는 철학자의 사고방식을 가진 사람들이다. 이런 사람들이 만든 경제 시스템은 필연적으로 군중과 다른 길을 가는 사람만이 승자가 될 수 있는 구조로 이루어져 있을 것이다. 아니, 그렇게 이루어져 있는 게 분명하다. 그렇지 않으면 경제학자들이 만든 자본주의 시스템의 최고 승자라고 할 수 있는 조지 소로스 같은 투자자들이 자신의 성공 비결로 하나같이 '철학'을 들고 있는 까닭을 설명할 길이 없다.

미국 최고의 부동산 재벌 도널드 트럼프가 『트럼프의 부자 되는 법』에서 털어놓은 다음 말을 들으면 앞의 이야기들이 좀 더 현실적으로 다가올 것이다.

"소크라테스의 책을 특히 즐겨 읽는데 그는 자신의 양심이 믿는 바를 따를 것을 강조한다. 이는 근본적으로 혼자 힘으로 생각하라는 것인데 나는 그 철학에 동의한다. 그렇게 하면 사람들 사이에서 좋은 평판을 얻지는 못하겠지만 선명한 사고思考에는 필수적이며 어떤 종류의 집단 심리에도 휩쓸리지 않을 수 있는 좋은 방법이다."

'군중과 다르게 투자하는 사람이 승리한다'는 유의 이야기는 사실 매우 식상하다. 거의 모든 투자 서적과 재테크 서적에 쓰여 있고 워런 버핏을 비롯한 세계적인 투자자들이 입만 열면 하는 말이기도 하다. 즉 과거와 다르게 오늘날의 군중은 '시장과 다르게 생각하고 행동하라'는 투자 격언을 '보행자는 파란불이 켜지면 횡단보도를 건널 수 있다'는 말처럼 잘 안다고 할 수 있다. 그런데 군중은 왜 정작 투자시장에 들어가면 자신이 아는 바와 다르게 행동하는 걸까? 그 결과 그나마 모아둔 돈마저 합법적으로 털리고 마는 걸까? 이유는 간단하다. 인문고전 독서가가 아니기 때문이다.

눈앞의 이익이나 위기에 흔들리지 않는 자신만의 투자 철학을 가지려면 무엇보다 뇌 속에 '철학하는 세포'가 있어야 한다. 철학하는 세포는 오직 철학고전 독서를 통해서 만들어진다. 그런데 군중은 재테크 서적은 읽어도 철학고전은 읽지 않는다. 즉 군중의 두뇌에는 '철학하는 세포'가 없다. 그 결과 투자시장에 발을 들여놓기만 하면 그동안 귀에 딱지가 앉도록 들어온 '시장과 다르게 사고하라'라는 말을 순식간에 망각하고 자신의 재산을 '철학하는 세포'를 가진 세계적인 투자자들에게 고스란히 바치고 마는 것이다.

벤저민 그레이엄을 비롯한 진정한 투자의 구루들은 지난 수십 년 동안 "월스트리트식의 금융시장을 이기는 유일한 방법은 탐욕으로 가득 찬 소위 금융 전문가들과 그들의 말을 철석같이 믿고 따르는 구름 같은 군중의 행렬을 과감히 무시하고 오히려 그들이 '죽는 길이다'라고 한 '다른 길'을 가는 것이다"라고 애가 타도록 말해왔다. 그리고 세계 최고의 실적을 선보임으로써 자신들의 말이 사실임을 증명해왔다. 만일 누구라도 그들처럼 되고 싶다면 무엇보다 먼저 그들이 애독한 책을 읽어서 그들 같은 사고 능력을 가져야 할 것이다.

베스트셀러는 시대와 함께 호흡하는 참으로 귀하고 소중한 책이다. 하지만 세상 모든 것이 그렇듯이 베스트셀러 또한 감동과 지식은 줄 수 있으되 지혜는 줄 수 없다는 단점이 있다. 베스트셀러 자기계발 서적은 독자에게 불같은 열정과 폭풍 같은 도전을 던져준다. 베스트셀러 소설은 독자의 마음을 고양하고 감동의 물결에 젖게 한다. 베스트셀러 인문교양 서적은 독자로 하여금 지적 만족감과 지적 쾌감을 느끼게 한다. 베스트셀러 재테크 서적은 돈을 버는 방법을 구체적으로 알려준다. 하지만 거기서 끝이다. 서양의 천재 경제학자들이 만든, 우리에게는 치명적일 수 있는 미국식 자본주의를 아름답게 극복할 수 있는 지혜를 주지는 못한다. 그렇다면 인문고전을 열심히 읽기만 하면 지혜를 얻을 수 있을까?

아니다. 지혜는 책 속에 있지 않다. 지혜는 인간의 내면에 존재한다. 세상에는 소위 인문고전 마니아라는 사람들이 있다. 대표적으로 어떤 교수들은 평생 인문고전만 파고든다. 하지만 그들의 독서는 세상에 별 영향을 미치지 못한다. 그들은 인문고전을 '공부'하기 때문이다. 인문고전을 통해 내면의 지혜를 일깨우는 대신 말이다. 프리드리히 하이에크나 밀턴 프리드먼 같은 교수들이나 존 템플턴, 피터 린치 같은 투자자들은 인문고전 독서를 통해 내면의 지혜를 일깨운 사람들이다. 치열한 철학고전 독서를 통해 두뇌 속에 '철학하는 세포'를 만든 뒤, 자본주의 경제 시스템과 월스트리트 금융 시스템의 본질을 꿰뚫은 사람들이다.

『한국의 젊은 부자들』에서 저자 박용석은 이렇게 말하고 있다.

"이 책을 집필하는 과정 중에 직접 만난 젊은 부자들은 한결같이 독서광이었다. (…) 시간이 없어 책을 읽지 못한다는 핑계는 가난한 자들의 자기변명에 지나지 않는다고 그들은 강조했다. (…) 필자는 젊은 부자들에게 '반드시 집에 가지고 있어야 할 책 3권'과 그동안 읽은 책 가운데 가장 크게 감명을 받은 책 3권을 선정해달라고 요청했다."

놀랍게도 한국의 젊은 부자들은 인문고전을 골랐다. 대표적으로 『사기열전』『로마제국 쇠망사』『일리아스』『오디세이아』『플루타르크 영웅전』을 선정했다. 그 이야기를 접하고 나는 큰 희망과 깊은 안타까움을 동시에 느꼈다. 큰 희망은 언젠가는 그들 중에서 조지 소로스 이상 가는 인문고전 독서가가 나와 우리나라 금융계를 세계적인 수준으로 끌어올리리라는 기대에서, 깊은 안타까움은 그들의 인문고전 독서 수준이 심히 낮은 단계에 머물러 있다는 인상에서 비롯되었다. 나는 그들이 지금부터라도 인문고전 독서에 목숨을 걸기를 원한다. 그리하여 한국의 젊은 부자에서 세계의 젊은 부자로 성장하기를 소망한다.

인문고전 독서와 경제의 관계에 대해서 장황하게 설명했다. 나는 '돈'이 사람의 행복을 위해 발명되었다고 생각한다. 그런데 슬프게도 돈은 사람을 불행에 빠뜨리는 역할을 더 많이 해온 것 같다. 어쩌면 그것은 세상에 돈을 섬기는 사람이 많기 때문이 아닐까? 인문고전은 비록 현대의 자본주의 시스템을 탄생시키는 데 결정적인 역할을 했지만, 인문고전 저자들은 하나같이 돈은 사람을 위해 쓰여야 한다고 믿었다. 나는 여기서 현대 자본주의의 희망을 보았다. 자본주의는 결국 어머니의 품으로 돌아갈 것이다. 인문고전 저자들의 믿음에 걸맞은 형태로 진화할 것이다. 조지 소로스, 존 템플턴, 워런 버핏 같은 자본주의의 승자들은 나의 희망이 헛된 것이 아님을 증명해주고 있다. 그들은 돈은 인간을 섬기기 위해 주어진 것이라는 신념을 실천하기 위해 매년 천문학적인 재산을 기부하고 있다.[15]

당송 팔대가 중 한 명인 왕안석은 이런 명언을 남겼다.

貧者因書富富者因書貴

가난한 사람은 독서로 부자가 되고, 부자는 독서로 귀하게 된다.[16]

이 책을 읽는 모든 사람이 이 말대로 되기를.

4장

인생경영,
인문고전으로 승부하라

문학·철학·역사에서 배우는 인생경영

경영은 인간이다. 인문고전이 다른 어떤 분야보다 특히 경영에서 진가를 발휘하는 것은 인문
고전이 길게는 수천 년 짧게는 수백 년 동안 각 시대의 리더들에게 철저하게 검증받은, 인간
에 관한 최고의 지침서이기 때문이다. 각 시대의 리더들은 문학고전을 통해서 인간의 마음
을, 철학고전을 통해서 인간의 생각을, 역사고전을 통해서 인간의 삶을 배웠다. 그리고 자신
의 배움을 국가, 군대, 기업 등의 경영에 활용했다.

R E A D I N G . L E A D

이병철과 정주영의
공통점은?

· · ·

가장 감명을 받은 책을 들라면 서슴지 않고 『논어』라고 말할 수밖에 없다.
내 생각이나 생활이 『논어』의 세계에서 벗어나지 못한다 해도 오히려 만족한다.

이병철(1910~1987, 삼성그룹 창업자)

지금으로부터 약 100년 전의 일이다. 경상남도 의령과 강원도 통천
에서 두 아이가 태어났다. 의령에서 태어난 아이는 재벌에 버금가
는 부자를 아버지로 두었다. 덕분에 당시 최고 엘리트 코스였던 일
본 유학까지 갔다. 그는 사회생활도 사장으로 시작했다. 아버지로부
터 건물 몇 채 값에 달하는 거액을 사업자금으로 받았기 때문에 가
능한 일이었다.

통천에서 태어난 아이는 가난한 소작농을 아버지로 두었다. 덕분
에 소학교까지밖에 다닐 수 없었다. 그는 종일 허리가 부러져라 일
하고도 아침은 보리밥에, 점심은 거르고 저녁은 콩죽으로 때우는
빈농의 삶을 견디지 못하고 가출을 했다. 하지만 돈도 없고 학력도

없는 그에게 좋은 일자리가 생길 리 만무했다. 결국, 막노동꾼으로 사회생활을 시작해야 했다.

두 아이는 집안 환경만큼이나 성격도 극과 극을 달렸다. 의령에서 자란 아이는 전형적인 귀공자 스타일이었다. 그는 하루를 원두커피로 시작할 정도로 낭만적이었고, 명품 정장을 즐겨 입었고, 아무리 화가 나는 일이 있어도 큰소리를 내지 않았다. 그는 조용하고 섬세하고 차분한 성품의 소유자였다. 반면 통천에서 자란 아이는 전형적인 카우보이 스타일이었다. 그는 거친 현장에서 하루를 시작했고, 싸구려 점퍼를 즐겨 입었고, 화가 나면 욕을 하는 것은 기본이고 상대방의 뺨을 때리고 발길질을 할 정도로 다혈질이었다. 그는 거칠고 투박하고 불같은 성품의 소유자였다.

마치 물과 불처럼 달라도 너무 다른 두 사람에게도 공통점이 있었다.

1. 인문고전 독서교육을 받았다.
2. 평생 인문고전을 애독했다.
3. 세계적인 기업의 창업자가 되었다.

의령에서 태어난 아이는 일곱 살 때 할아버지가 세운 서당인 문산정文山亭에 들어가 5년 동안 동양고전을 공부했다. 당시 그는 『논어』『중용』『대학』『맹자』『시경』『서경』『주역』『자치통감』 같은 고전을 줄줄 암송할 정도로 치열하게 읽었다고 전한다. 그는 평생 인문고전을 애독한 것으로 유명했는데, 자서전에 "가장 감명을 받은 책을 들라면 서슴지 않고 『논어』라고 말할 수밖에 없다. 내 생각이나 생활이 『논어』의 세계에서 벗어나지 못한다 해도 오히려 만족한다"[1]라고 썼을 정도로 『논어』를 삶의 지침으로 삼았다.

통천에서 태어난 아이도 소학교에 입학하기 전에 할아버지가 세운 서당에 들어가 3년 동안 동양고전을 체계적으로 배웠다. 『동몽선습』 『소학』에서 『대학』 『논어』 『맹자』 『자치통감』까지, 고전들을 눈 감고 줄줄 외울 정도로 열심히 공부했다. 그는 후일 자서전에 이렇게 고백했다. "그때 배운 한문 글귀들의 진정한 의미는 자라면서 깨달았다."[2], "그 한문이 일생을 살아가는 데 있어서 내 지식 밑천의 큰 부분이 되었다."[3]

이쯤에서 두 사람의 이름을 밝히자. 의령에서 태어나고 자란 아이는 삼성그룹의 창업자 이병철, 통천에서 태어나고 자란 아이는 현대그룹의 창업자 정주영이다.

세상에는 두 사람의 경영 비결을 다룬 연구자료들이 무수히 많다. 그 자료들은 공통으로 이렇게 말하고 있다. "이병철은 '세심한 인재경영', 정주영은 '불굴의 의지경영'으로 성공했다." 물론 전적으로 맞는 말이다. 하지만 나는 좀 더 본질적인 이야기를 하고 싶다. 이병철의 '인재경영'과 정주영의 '의지경영'은 어디서부터 비롯되었는가를 말하고 싶다.

이병철의 '인재경영'은 『논어』에서 나왔고, 정주영의 '의지경영'은 『채근담』과 『대학』을 비롯한 여러 고전에서 나왔다.

이병철은 자서전에서 자신의 모든 경영 비법은 『논어』로부터 비롯되었다고 고백한 바 있다. 그리고 경영의 지혜를 갈구하던 청년 이건희에게 단 한 권의 책을 추천했는데 『논어』였다. 여기에 더해 『장자』 「달생」 편에 나오는 고사 '목계木鷄'를 경영 교훈으로 물려주었다.

정주영은 자서전에서 고백했다. 고령교 복구공사 위기 때는 『채근담』, 현대건설의 해외 진출을 앞두고는 『대학』의 지혜를 활용해 위기에서 벗어나고 새로운 도전에 성공할 수 있었다고. 정주영이 이 두 사례에서만 고전의 지혜를 활용했을까? 당연히 아니다. 그는 고전에서 직접 발췌한 글귀들을 한문으로 써서 액자에 담아두고 그것을 늘 되새기면서 영감을 받았던 것으로 유명하다. 그렇게 그는 고전의 지혜를 토대로 우리가 알고 있는 모든 성공을 거두었다.

회사를 세우는 이도, 회사를 이끄는 이도, 회사에서 일을 하는 이도, 회사의 고객이 되는 이도 인간이다. 즉 경영은 인간이다. 인문고전이 다른 어떤 분야보다 특히 경영에서 진가를 발휘하는 것은 인문고전이 길게는 수천 년 짧게는 수백 년 동안 각 시대의 리더들에게 철저하게 검증받은, 인간에 관한 최고의 지침서이기 때문이다. 각 시대의 리더들은 문학고전을 통해서 인간의 마음을, 철학고전을 통해서 인간의 생각을, 역사고전을 통해서 인간의 삶을 배웠다. 그리고 자신의 배움을 국가, 군대, 기업 등의 경영에 활용했다.

이병철과 정주영이 경영인을 평가하는 절대적인 기준이 될 수는 없겠지만, 나는 경영자들에게 이런 질문을 던지고 싶다.

어쩌면 당신이 이제껏 이병철, 정주영 이상의 성과를 올리지 못한 것은 그들만큼 인문고전을 읽지 않았기 때문이 아닐까?

만일 당신이 이병철, 정주영 이상의 인문고전 독서가가 된다면, 당신의 회사는 어떻게 변화할까?

경영자 밑에서 일하고 있는, 직원이라는 신분을 가지고 있는, 언젠가는 CEO가 되거나 아니면 스스로 회사를 창업해야 하는 사람들에게도 동일한 질문을 던질 수 있겠다.

어쩌면 당신이 이제껏 혁명적인 변화 없는 회사생활을 꾸려온 것은 당신의 삶에 이병철, 정주영 같은 수준의 인문고전 독서가 없었기 때문이 아닐까?

만일 당신이 이병철, 정주영 이상의 인문고전 독서가가 된다면, 회사 내에서 당신의 지위는 어떻게 바뀔까? 그리고 먼 후일 당신이 창업하게 될 기업은 어떤 모습일까?

인문학을 아는 자가
세상을 경영한다

• • •

국가를 경영하는 근본은 뜻을 확립하는 것에서 비롯된다.
뜻은 오직 고전을 읽음으로써만 확립할 수 있다.

정조(1752~1800, 조선 22대 왕)

광개토대왕은 고구려가 매우 힘들 때 즉위했다. 고구려의 불행은
그의 조부인 고국원왕 때부터 시작됐다. 당시 고구려와 국경을 맞
대고 있던 연나라가 느닷없이 수도로 쳐들어와 국왕의 어머니를 비
롯해 무려 5만 명을 포로로 끌고 갔는가 하면, 백제와의 전쟁 때 국
왕이 전사하는 비극이 벌어졌기 때문이다. 급격하게 약해진 국력은
광개토대왕이 태자로 책봉된 이듬해에 쇠락의 끝에 달했다. 땅이
거북 등딱지처럼 갈라지는 무시무시한 가뭄이 전국을 덮쳤는가 하
면, 하늘을 새까맣게 뒤덮은 메뚜기 떼가 출현해 그나마 남아 있던
농작물마저 다 갉아먹어 버렸다. 거지가 된 백성들이 식량을 찾아
산과 들을 헤매는 슬픈 풍경이 연출되었다.

광개토대왕은 고작 열여덟 살에 몰락을 향해 치달아가는 고구려의 왕이 되었다. 그리고 서른아홉 살에 생을 마쳤다. 그 짧은 세월 동안 광개토대왕은 우리 역사상 그 어떤 왕도 해내지 못한 위업을 달성했다. 그는 혁명적인 군사전략과 대담한 군사작전을 통해 고구려를 단기간에 동아시아 최강국으로 끌어올렸다. 그리고 아들 장수왕이 고구려를 우리 역사상 최대의 영토를 가진 국가, 동아시아의 진정한 패자覇者로 이끄는 데 결정적인 역할을 했다.

마케도니아의 왕 필리포스 2세의 생애는 광개토대왕과 닮은 데가 있다. 그가 스물세 살에 왕위에 올랐을 때 마케도니아는 망해가고 있었다. 아버지의 뒤를 이어 즉위한 첫째 형은 신하에게 암살당했다. 그 뒤를 이은 둘째 형은 외국 군대와 싸우다 전사했다. 필리포스 2세 자신은 그리스의 강력한 도시국가 테베에 3년간 인질로 끌려가 있었다.[4]

그가 왕이 되자마자 접한 소식은 둘째 형을 전사하게 만든 일리리아 군대가 침입했다는 것이었다. 이어 파이오니아와 트라키아의 군대가 침입했다는 소식이 전해졌다. 엎친 데 덮친 격으로 반란도 일어났다. 아르게오스가 일으킨 난이었는데, 테베 이상으로 강력한 도시국가인 아테네의 그 유명한 중장보병 부대를 등에 업고 있었다.

놀랍게도 필리포스 2세는 그 모든 난관을 신속하게 돌파했다. 그는 먼저 일리리아, 파이오니아, 트라키아와 외교 협정을 맺었다. 그러고는 곧바로 군대를 이끌고 아르게오스-아테네 연합군을 격파했다. 그는 여기서 그치지 않고 혁신적인 군사기술로 무장한 군대를 육성해서 한때 조국을 유린하고 무시했던 주변국들을 차례차례 복속시켜나갔다. 그가 마흔여섯의 나이로 암살당하기 전까지, 마케도니아는 대제국 페르시아에까지 정벌군을 보낼 정도로 강대국이 되어 있었다.

기원전 343년 어느 날 아리스토텔레스는 마케도니아 왕 필리포스 2세로부터 열세 살이 된 아들의 교육을 맡아달라는 요청을 받았다. 아리스토텔레스는 흔쾌히 응했다. 아리스토텔레스는 마케도니아 왕실에서 최고의 대접을 받으면서 훗날 알렉산더 대왕으로 불리게 되는 알렉산드로스 3세를 7년 동안 지극정성으로 가르쳤다.

역사에 가정이란 존재할 수 없는 법이라지만, 이런 질문을 한번 던져보고 싶다. 만일 알렉산드로스 3세가 아리스토텔레스를 만나지 못했다면 과연 우리가 알고 있는 알렉산더 대왕이 될 수 있었을까? 아니었을 것이다. 내가 이렇게 말할 수 있는 근거는 역사가 증명하고 있기 때문이다.

조선의 경우를 보자. 조선 최고의 군주가 세종과 정조라는 데 대부분 동의할 것이다. 두 사람에게는 다음 네 가지 공통점이 있다.

1. 어린 시절부터 부모가 병을 얻을까 걱정할 정도로 인문고전 독서에 광적으로 몰입했다.
2. 왕과 신하들이 인문고전을 읽고 토론하는 '경연經筵'을 수시로 열어 국가경

영의 지혜를 얻었다.

3. 학자들이 인문고전을 깊이 연구해 얻은 결과를 토대로 왕의 자문에 응하는 기관인 집현전과 규장각을 세웠다.

4. 국가경영 능력이 인문고전 독서에서 비롯되었다고 고백했다. 세종은 "거의 모든 인문고전을 완독했음에도 인문고전을 늘 옆에 두고 읽는 까닭은 독서하는 중에 떠오른 생각들이 정치를 하는 데 큰 도움을 주기 때문이다"[5]라고 했고, 정조는 "국가를 경영하는 근본은 뜻을 확립하는 것에서 비롯된다. 뜻은 오직 고전을 읽음으로써만 확립할 수 있다"라고 했다.[6]

이번에는 중국의 경우를 보자. 일본 역사상 최고의 국가경영 능력을 선보인 도쿠가와 이에야스가 국가경영 지침으로 삼았다는[7] 『정관정요』는 지난 1300년 동안 중국의 역대 황제들과 지도자들이 제1필독서로 삼은 책이다.

알렉산더가 그랬듯이 이십 대에 역대 중국 최고의 황제 중 한 명이 된 『정관정요』의 주인공 당 태종 이세민은 고구려를 침략했다가 처참하게 패한 것 외에는 오점이 없다 할 정도로 대단한 업적을 남긴 군주인데, 당시 중국 최고의 학자였던 공영달, 안사고 등과 고전 교정 작업을 하면서 오류를 잡아내고 사서史書를 직접 집필할 정도로 탁월한 실력을 갖춘 고전학자이기도 했다.[8]

『정관정요』에는 당 태종이 양주도독 이대량에게 보낸 편지글이 나오는데 이를 보면 후대 역사가들로부터 '정관의 치貞觀之治'라는 칭송을 받은 당 태종의 경영능력이 어디에서 비롯되었는지를 어렵지 않게 짐작해볼 수 있다. 당 태종은 이대량에게 앞으로 크게 등용할 생각이니 지금부터 인문고전을 열심히 읽어 그에 걸맞은 능력을 쌓으라고 명령하면서 직접 인문고전을 보내주는 열의를 보인다.

조선 최고의 국가경영 능력을 선보인 세종과 정조, 중국 최고의 국가경영 능력을 선보인 당 태종, 일본 최고의 국가경영 능력을 선보인 도쿠가와 이에야스의 공통점은 인문고전을 사랑한 사람들이었다는 것이다. 그들은 인문고전을 애독하면서 인문고전 저자 이상의 사고 능력을 갖추게 되었고, 그 능력을 국가경영에 쏟아부었고, 각국 역사상 최고의 국가경영자가 되었다.

고대 서양에서 최고의 국가경영 능력을 선보인 알렉산더 대왕 역시 마찬가지다. 그는 소년 시절부터 서양고전 그 자체이자 서양학문의 뿌리인 아리스토텔레스로부터 직접 교육받았고, 천재적인 사고 능력을 갖추게 되었다. 그는 그 사고 능력을 토대로 대제국을 건설했고, 제국을 창조적으로 경영했다. 아니, 스승 아리스토텔레스가 그랬듯 인류의 역사를 새로 쓰는 천재 중의 천재가 되었다.

1870년의 일이다. 알렉산더의 두뇌를 만들었다고 할 수 있는 아리스토텔레스의 교육법 중 하나인 '논박elenctic'이 크리스토퍼 랭델 교수에 의해 하버드 법학대학원에서 되살아났다. 『전략의 기술』 저자인 파사 보스에 따르면 당시 법학과 교수들은 이를 두고 '법학교육의 혁명'이라는 평가를 내렸다. 하버드 법대가 수용한 아리스토텔레스의 논박은, 1924년 하버드 경영대학원으로 흘러들어가 '최고경영자의 사고'라는 과목에서 첫선을 보였다. 그리고 하버드 경영대학원의 필수 교육과정이 되었다.[9]

조지 C. 마셜은 2차 세계대전 당시 심지어 불가리아 군대보다 못한, 세계에서 가장 나약한 군대였던 미 육군에 혁신적인 경영 기법을 도입하여 우리가 알고 있는 오늘날의 미 육군으로 변화시킨 사람이다. 이뿐 아니다. 히틀러의 독일군에 궤멸당할 위기에 몰려 있던, 기본적인 지휘체계조차 제대로 갖추지 못한 연합군을 세계 최고의 군대로 거듭나게 한 장본인이고, '마셜 플랜'을 제창해 전후戰後 유럽의 재건에 결정적인 역할을 한 공로를 인정받아 노벨평화상을 수상한 인물이다.

1920년대 후반 조지 마셜은 미국 조지아 주 베닝 캠프에 있는 보병학교에 재직했다. 그때 마셜은 하버드 법대와 경영대에 교육혁명을 가져다준 아리스토텔레스의 교육법을 장교 훈련에 적용했다. 알렉산더 대왕의 전략 또한 함께 공부했다. 결과는 참으로 놀라웠다. 생도 중 170여 명이 2차 세계대전에 참전해서 불멸의 전공을 세우고 전쟁영웅이 되었다. 대표적인 인물이 후일 미국 대통령이 된 아이젠하워와 현대 전쟁사의 전설이 된 조지 패튼이다.[10] 전쟁이라는 극한 상황 속에서 완벽한 검증을 받은 마셜의 장교 훈련법은 전후 미 육군 리더십 교육의 핵심 프로그램으로 자리 잡았고, 미 육군이 세계 최고 수준의 장교를 지속적으로 배출해내는 데 결정적인 역할을 했다. 참고로 피터 드러커와 잭 웰치는 미 육군의 조지 마셜식 인재양성 프로그램에 깊은 영향을 받았다.

미국 제너럴모터스의 전 회장 앨프리드 슬론의 이름을 따 1931년에 처음 만들어진 경영학 석사과정 '슬론 커리큘럼'은 전 세계에서 매사추세츠 공과대학교, 스탠퍼드 대학교, 런던 대학교 세 곳밖에 없다.[11] 찰스 핸디는 미국을 제외하고 '슬론 커리큘럼'을 운영하는 유일한 경영대학원인 런던 대학교 경영대학원에 기업 임원들을 위한 교육 프로그램을 최초로 개설했다.[12] 또한 그는 유럽에서 가장 많은 학생을 확보하고 있는 영국 개방대학 경영대학원 설립에 핵심역할을 했고, 케임브리지 대학교가 경영대학원을 설립할 때 자문위원으로 활동했으며, '영국 최고경영자 과정' 특별위원회 회장으로일하면서 영국의 각 대학에서 경영학이 주요 학문으로 자리 잡는데 결정적인 역할을 했다.

유럽 경영학계의 대부라고 할 수 있는 찰스 핸디의 인생은 인문고전 독서로 채워져 있다. 그는 열두 살 때부터 그리스어를 공부했다. 덕분에 그리스 고전을 원전으로 읽을 수 있었고, '고전학자'라는 별명까지 얻었다. 옥스퍼드 대학에서는 그리스어와 라틴어를 전공했는데, 4년 동안 거의 매일 밤을 새우다시피 하면서 고대 그리스와 로마의 천재들이 남긴 철학고전과 역사고전을 읽고 공부하고 에세이를 썼다.[13] 그의 자서전이라고 할 수 있는『찰스 핸디의 포트폴리오 인생』을 보면 그 이후의 삶도 인문고전 독서로 가득 채워졌음을 알 수 있다. 특히 그의 경영 사상은 옥스퍼드 시절 읽었던 그리스 로마 인문고전에서 비롯되었음을 알 수 있다.

정리하자.

미국의 피터 드러커와 유럽의 찰스 핸디로 대표된다고 할 수 있는 현대 경영학은 조지 마셜 → 하버드 경영대학원 → 하버드 법학대학원 → 알렉산더 대왕 → 아리스토텔레스 → 플라톤 → 소크라테스 → 소크라테스 이전 철학자들로 연결된다.[14]

쉽게 말해서 현대 경영학은 고대 그리스 철학에 뿌리를 두고 있다. 달리 말하면 고대 그리스 철학, 즉 '소크라테스 이전 철학자들'과 '소크라테스', '플라톤', '아리스토텔레스'의 철학을 모르고서는 피터 드러커나 찰스 핸디로 대표되는 현대 경영학을 제대로 이해하기 어렵다. 그런데 안타깝게도 우리나라 사람들은 피터 드러커와 찰스 핸디만 파고드는 경향을 보인다. 이병철과 정주영에게 그러하듯이 뿌리는 보지 못하고 잎사귀와 가지에 초점을 맞추는 어리석음을 범하고 있다.

피터 드러커는 베닝턴 대학에서 철학을 강의한 뒤 뉴욕 대학에서 경영학을 가르쳤고, 현대 경영학의 창시자로 불린다. 찰스 핸디는 유럽에서 경영학자이기 전에 사회철학자로 평가받고 있다. 우리는 이 사실을 깊이 생각해보아야 한다. 나는 우리나라 대학의 경영학·교육 시스템을 전면적으로 개혁해야 한다고 생각한다. 피터 드러커와 찰스 핸디가 그랬듯이 문학·역사·철학 고전을 철저히 공부한 뒤에 경영학으로 들어가는 시스템을 구축해야 한다는 의미다. 그런 교육과정이 제대로 정착되었을 때에라야 우리나라의 경영학은 미국의 경영학에 종속된 현재 상황을 타파할 수 있을 것이다. 그리고 피터 드러커나 찰스 핸디 이상의 경영사상가들을 배출할 수 있을 것이다.

이계안은 『누가 칼레의 시민이 될 것인가?』에서 한 여성의 입을 빌려 다음과 같이 말하고 있다.

"서구에서는 인문학과, 고고학과, 문화인류학과 등 소위 인문계열을 최고의 학과로 인정한다. 영국의 이튼스쿨을 나온 명문가 자제들은 옥스퍼드나 케임브리지의 고고학과로 진학한다. 런던의 금융시장에서 일을 하는 최고의 수재들은 경제학과나 경영학과 출신이 아니다. 오히려 인문학이나 고고학을 전공한 사람들이다."

"요즘 미국에서는 '지는 MBA, 뜨는 MFA'라는 말이 회자된다. MFA는 'Master of Fine Arts'의 영문 약자로 인문학 석사를 지칭한다."

"현시점에서 젊은이들이 생각해야 할 것이 있다. 머지않아 의과, 법과, 경영학과의 시대는 저물고 인문학 전공자가 대접받는 시대가 온다는 것이다."[15]

세상의 진실에 눈을 뜨기 바란다. 새롭게 깨어나길 바란다. 새롭게 시작하길 바란다. 많이 늦긴 했지만, 희망의 태양은 아직 우리의 머리 위에 떠 있다.

세계 최고의 경영인들을 매혹한
'소크라테스식 대화법'

• • •

만일 소크라테스와 점심 식사를 할 수 있다면
우리 회사가 가진 모든 기술을 그와 바꾸겠다.

스티브 잡스(1955~2011, 애플의 창업자)

세상에서 가장 어려운 것이 경영이다. 경영은 인간을 움직여 '변화'
라는 작품을 만들어내는 창조 행위이기 때문이다. 다른 사람을 움
직이려면 무엇보다 자기 자신을 다스려야 한다. 그것도 거의 완벽
하게. 쉽게 말해 인격의 한 부분이 성인聖人의 경지에 올라서야 한다.
그래서 경영은 세상에서 가장 어렵다. 뛰어난 실적을 올리는 것, 회
사를 업계 1위의 자리에 올리는 것은 경영이 아니다. 그것은 단지
일을 잘하는 것에 불과하다. 진정한 경영은 새로운 문화를 만들고
새로운 역사를 쓰는 행위다. 궁극적으로는 소크라테스처럼 공자처
럼 노자처럼 시공을 초월하는 삶을 사는 것이다. 물론 이 사람들이
철학자이지 어떻게 경영자냐는 반문이 따를 수 있다. 여기에 대해

서는 이렇게 대답하고 싶다.

"모든 경영인의 꿈은 인류 역사의 마지막까지 존속하는 기업을 만드는 것이다. 쉽게 말해 영원에 가까운 회사를 세우는 것이다. 그런데 영원은 물질세계에 존재할 수 없다. 그것은 비물질세계, 이를테면 인간의 마음속에 존재한다. 소크라테스, 공자 등은 인류의 마음속에 영원에 가까운 세계를 세운 사람들이다. 그래서 진정한 경영을 꿈꾸는 사람이라면 그들처럼 사는 삶을 지향해야 한다."

나는 불가능한 조건을 딛고서 기적 같은 꿈을 이룬 사람들을 2000명 넘게 연구했고 그들의 비결을 여러 권의 책으로 썼다. 정확하게 세어본 적은 없지만 아마도 절반 가까이가 경영자들일 것이다. 즉 나의 인문고전 독서는 경영 연구와 함께 진행되었다고 할 수 있다. 나는 일곱 명의 전설적인 경영자가 등장해서 주인공에게 소크라테스식 대화법으로 멘토링을 하는 『행복한 달인』이라는 책을 썼을 정도로 인문고전이 경영에 미치는 영향에 관심이 많은데, 인문고전 중에서도 소크라테스를 주인공으로 하는 플라톤의 '대화편', 손무의 『손자병법』, 공자의 『논어』가 경영자들에게 최고의 영감과 지혜를 제공해준다는 것을 발견했다.

소크라테스의 사상은 플라톤의 대화편을 통해 세상의 빛을 보게 되었다. W. K. C. 거스리는 『그리스 철학의 역사』에서, 『케임브리지 고대사 6』에 실린 컨퍼드의 글을 참고하여 플라톤의 대화편을 다음과 같이 나누고 있다.

- **초기**

  『소크라테스의 변명』『크리톤』『라케스』『뤼시스』『카르미데스』『에우튀프론』『소小히피아스』『대大히피아스』『프로타고라스』『고르기아스』『이온』

- **중기**

  『메논』『파이돈』『국가』『향연』『파이드로스』『에우튀데모스』『메넥세노스』『크라튈로스』

- **후기**

  『파르메니데스』『테아이테토스』『소피스테스』『정치가』『티마이오스』『크리티아스』『필레보스』『법률』16

　그런데 특이하게도 이 대화편들에서 플라톤의 이름은 보이지 않는다. 언제나 소크라테스가 나올 뿐이다. 하지만 많은 연구가들은 플라톤이 초기 대화편에서는 스승 소크라테스의 사상을 충실하게 반영하다가 중기 대화편부터는 소크라테스의 입을 빌려 자신의 사상을 드러내기 시작했고, 후기 대화편에 이르러서는 자신만의 독보적인 철학세계를 구축했다고 평가하고 있다.

　짐 콜린스는 자신을 포함해 총 스물한 명으로 구성된 경영 연구팀을 이끌고 1965년부터 1995년까지 『포춘』 선정 500대 기업에 오른 1435개의 기업을 5년 동안 심층 분석했다. 그 결과 1435개 기업 중 고작 열한 개 기업만이 전체 주식시장의 세 배 이상의 수익률을 지속적으로 유지했음을 밝혀냈다. 짐 콜린스는 열한 개 기업의 성장 비결을 『좋은 기업을 넘어 위대한 기업으로』에 담아냈는데, 이에 따르면 좋은 기업을 위대한 기업으로 변화시킨 경영자들은 모두 '소크라테스식 질문법'의 달인이었다. 짐 콜린스의 말을 들어보자.

"앨런 워첼이 파산의 문턱에서 이렇듯 빛나는 실적을 올리기까지의 긴 여정을 출발할 때, 그는 회사를 어떤 방향으로 끌고 갈 건가라는 물음에 범상치 않은 답을 하였다. 나는 모른다는 거였다. 어드레서그래프의 로이 애시 같은 리더들과 달리, 워첼은 '답'을 갖고서 행동하고 싶은 충동을 억눌렀다. 대신에 그는 버스에 적합한 사람들을 태우자마자 답이 아니라 물음으로 시작했다. (…) 워첼은 이사들이 그에게 묻는 것보다 더 많은 질문을 이사들에게 던지는 몇 안 되는 대기업 CEO 중 한 사람으로 꼽힌다. 그는 경영팀에도 똑같은 접근 방법을 써서 끊임없이 질문을 던지며 밀고 찌르고 쑤셔댔다. (…) 좋은 회사에서 위대한 회사로 전환한 각 기업의 리더들은 마치 워첼처럼 소크라테스 비슷한 스타일의 행동을 보였다."[17]

유럽 경영학계의 대부 찰스 핸디도 『찰스 핸디의 포트폴리오 인생』에서 짐 콜린스와 비슷한 이야기를 한다.

"플라톤이 말하는 소크라테스는 항상 질문을 던지면서 뒤에 숨은 근본적인 가정을 파고드는 위대한 심문자였다. 훗날 나는 '왜?'라는 질문을 서너 번 계속하면 결국 상대방의 동기—상대방조차

인지하지 못하는 무의식적인 동기까지 포함하여—를 밝혀낼 수 있다던 말을 떠올렸다. 그러고는 직접 방법을 활용했다. '왜 이런 전략을 선택했는가?', '투자 대비 최고 이익을 주기 때문에', '왜 그런 기준을 적용했는가?', '투자자들이 바라는 것이 그것이니까', '왜 그들이 판단의 유일한 결정자인가?', '사업이란 원래 그런 것이니까', '왜 사업이란 그런 것인가?' 등등. 소크라테스의 동시대인들도 생각했다시피 이런 과정은 무척 소크라테스적인 발상이고 귀찮은 일이다. 하지만 어디까지나 정중하게 진행되기만 하면, 하는 일 또는 하고자 하는 일에 대한 기본 가정과 진정한 이유를 알아내는 매우 효과적인 방법이다."[18]

피터 드러커의 경영사상은 소크라테스식 질문법의 경영학 버전에 불과하다. 대표적으로 그는 『변화 리더의 조건』에서 이렇게 질문한다.

"진정한 마케팅은 '우리가 팔려고 하는 것은 무엇인가?'라고 질문하지 않는다. '고객이 구입하려고 하는 것은 무엇인가?'라고 질문한다."

"(20세기 미국 대통령들 가운데 가장 강력한 각료진을 구성했던) 프랭클린 루스벨트 대통령과 해리 트루먼 대통령은 내각의 인사를 시행하면서 늘 이렇게 이야기했다. '중요한 것은 그 사람에게 어떤 약점이 있는가가 아니라 그 사람이 가장 잘할 수 있는 일은 무엇인가 하는 점이다.'"

"(1910년 전후) 당시 소규모 자동차 제조회사의 사장이었던 (후일 제너럴모터스를 창업하는) 윌리엄 듀랜트는 다음과 같이 질문하였다. '자동차가 대중교통 수단이 될 것이라는 예측은 혹시 이미 일어난 사실이 아닌가?'"

피터 드러커의 다른 저서들도 마찬가지다. 소크라테스식 질문법을 사용해서 경영의 본질을 파헤치고 자신이 발견한 답을 독자들에게 강력하면서도 흥미롭게 설명하는 방식을 취하고 있다.

잭 웰치와 스티브 잡스는 소크라테스식 질문법을 경영에 적용하여 세계적인 경영인이 된 대표적인 경우다.

잭 웰치는 피터 드러커가 소크라테스식 질문법을 활용하여 개발한 두 가지 질문—1) 만일 당신이 그 사업을 하고 있지 않다면, 지금이라도 뛰어들 것인가? 2) 그 사업을 어떻게 할 것인가?—을 사업에 적용하여 미국 경영의 역사를 새로 썼다.

모교인 리드 칼리지에 거액을 기부하면서 "리드 칼리지 시절에 접한, 플라톤과 호메로스에서 시작해 카프카에 이르는 인문고전 독서 프로그램이 애플 컴퓨터를 만든 결정적인 힘이다. (…) 리드 칼리지 시절 나는 동양 인문고전에 푹 빠져 있었다. 그 시절 서예 강좌도 들었는데 그때 배운 감각이 매킨토시와 아이팟 디자인 감각의 원천이 되었다"는 연설을 한 바 있는 스티브 잡스는 "만일 소크라테스와 점심 식사를 할 수 있다면 우리 회사가 가진 모든 기술을 그와 바꾸겠다"라고 고백할 정도로 소크라테스광[註]이었다. 그가 소크라테스식 질문법을 경영에 적용했음은 두말할 것 없다.

플라톤의 대화편에서 소크라테스는 질문자로 등장한다. 그는 자신이 무엇을 '안다'고 믿는 상대방에게 질문을 던지는데, 상대가 자신이 그동안 '안다'고 생각했던 것은 착각에 불과하며 사실 자신이 '안다'고 할 수 있는 것은 아무것도 없다는 것을 인정하고 고백할 때까지 계속한다. 예를 들면 『메논』에서 소크라테스는 '탁월함'이 무엇인지 잘 알고 있다고 생각하는 메논에게 계속 질문을 던져서 "그동안 사람들을 향해 수만 번 넘게 '탁월함'에 대해 아주 잘 설명했던 제가 당신의 계속된 질문으로 인해 영혼도 입도 다 마비되어, '탁월함'에 대해 당신께 어떤 대답도 할 수 없게 되었습니다. 정말이지 저는 '탁월함'이 무엇인지 아무것도 모르는 사람이 되고 말았습니다"라는 고백을 이끌어낸다. 소크라테스는 그렇게 상대방의 무지를 깨우쳐준 뒤, 역시 질문법을 사용해 상대방을 진정한 앎의 세계로 이끈다.

상식적인 이야기지만 소크라테스식 질문법은 진리 추구를 목적으로 한다. 이 때문에 소크라테스식 질문법을 기업경영에 활용해 세속적 영광을 얻은 피터 드러커나 찰스 핸디 같은 경영학자들, 잭 웰치나 스티브 잡스 같은 경영자들은 엄밀한 의미에서 소크라테스의 후예가 아니라 이단이라고 할 수 있다. 그들은 소크라테스와 플라톤이 진리의 적으로 규정한 소피스테스식 삶을 산 사람들이기 때문이다. 하지만 피터 드러커나 스티브 잡스에게 누가 돌을 던질 수 있겠는가. 어려운 이야기는 이쯤 하고 본 주제로 돌아가자.

경영의 성패는 경영자가 일의 본질을 얼마나 잘 파악하고 있느냐에 달려 있다. 경영자는 자신이 파악한 일의 본질에 따라 경영 전략을 짜기 때문이다. 2009년 발생한 도요타 차량 결함 사태는 일의 본질을 제대로 파악하지 못한 대표적인 사례다. 도요타 경영진은 자신들이 하는 일의 본질을 '고객'이 아닌 '이윤'으로 잘못 파악했다. 도요타의 모든 불행은 거기서 시작됐다. 반면 1993년에 시작된 삼성 신경영은 일의 본질을 제대로 파악한 대표적인 사례다. 당시 삼성 회장이었던 이건희는 삼성이 수주업 분야에서 수조 원의 기회 손실을 보았는데 이는 수주업이라는 일의 본질을 파악하는 데 실패했기 때문이라고 일침을 가하면서, 세계 삼류인 삼성이 초일류 기업으로 성장하려면 무엇보다 일의 본질을 파악해야 한다고 주장했다. 그리고 체중이 10킬로그램 이상 줄고 불면증에 시달릴 정도로 삼성이라는 기업이 하는 일의 본질을 파악하기 위한 노력을 기울였다. 이건희는 에세이 『생각 좀 하며 세상을 보자』에서, 그렇게 파악한 일의 본질을 토대로 일의 특성을 추출해내자 그로부터 일의 핵심 성공 요인을 추려낼 수 있었고, 그 핵심 성공 요인에 관리 역량을 집중하자 사업의 성공이 저절로 따라오며 세계 삼류에서 초일류로 도약할 수 있게 되었다고 고백했다.

경영인이 일의 본질을 파악하는 데 있어서는 소크라테스식 질문법 이상 가는 게 없다. 소크라테스는 대화 상대를 진정한 앎의 세계로 이끌기 위해 계속 질문을 던지는데, 그 질문들은 1) 본질이 아닌 것을 본질로 알고 있는 사람의 고정관념을 깨뜨리고, 2) 그로 하여금 진정한 본질이 무엇인가에 관해 탐구하게 하며, 3) 그 탐구의 과정을 통해 진리의 세계에 이르도록 한다. 피터 드러커나 찰스 핸디 같은 경영학자들은 다름 아닌 이 질문법이 경영의 본질을 잘못 이해한 나머지 잘못된 경영전략을 짜고 회사를 파멸로 몰아가는 경영자들의 오류를 바로잡아 줄 수 있는 유일한 해결책이라는 사실을 간파했고, 이를 토대로 경영인들의 의식에 혁명을 일으키는 불세출의 경영 사상을 전개해나갔다.

앞서 말했듯, 이건희는 소크라테스식 질문법을 활용해 일의 본질을 파악한 경영자였다. 여러 가지 관련 자료를 보면 이건희는 일의 본질을 파악하기 위해 다음 일곱 가지 질문을 던졌다.

1. 이 일은 어떻게 생겨났는가?
2. 이 일의 뿌리는 무엇인가?
3. 이 일의 핵심기술은 무엇인가?
4. 이 일의 핵심기술은 어디로 가고 있는가?
5. 이 일의 경쟁력의 핵심은 무엇인가?
6. 이 일의 고객은 누구인가?
7. 고객의 기호는 어디로 가고 있는가?[19]

이건희는 이 질문들에 대한 답을 토대로 삼성반도체, 신라호텔, 삼성가전, 삼성생명, 삼성카드 등 각 계열사 사장들이 잘못 파악한 일의 본질을 바로잡았고, 경영 방향을 쇄신했다. 결과는 우리가 아는 바대로다.[20]

너무도 많은 CEO들이 자신이 하는 일의 본질이 무엇인지조차 모르고 있다. 경영의 본질이 무엇인지, 시장의 본질이 무엇인지, 브랜드의 본질이 무엇인지, 임원의 본질이 무엇인지, 직원의 본질이 무엇인지, 고객의 본질이 무엇인지, 유통의 본질이 무엇인지, 가격의 본질이 무엇인지조차 모르고 있다. 아니 대부분 자신이 잘 안다고 오해하고 있다. 심지어는 벤치마킹이나 창조경영 등의 본질도 모르면서 벤치마킹과 창조경영을 소리 높여 외치고 있다. 안타깝게도 그 결과는 단기적으로는 기업의 정체 및 쇠퇴, 장기적으로는 기업의 소멸로 나타나고 있다. 국내 기업의 평균 수명이 15년 내외이고, 한때 우리나라 매출 순위 10위권 내에 머물렀던 기업의 상당수가 흔적도 없이 사라졌다는 사실 등이 이를 증명한다.

소크라테스는 질문법을 사용해 불멸의 철학 세계를 구축했다. 피터 드러커와 찰스 핸디는 소크라테스의 질문법을 경영학에 적용해 경영학계의 전설이 되었다. 잭 웰치, 스티브 잡스, 이건희는 소크라테스식 질문법을 경영 현장에 적용해 경영의 역사를 새로 썼다. 이제 당신의 차례다.

그들이『손자병법』을
다시 읽는 이유

• • •

중국 고대의 선철先哲 손무는 천하제일이다.
그의 병법은 우리 그룹을 성공의 길로 이끈 법보法寶다.
때문에 우리 회사 직원들은 모두『손자병법』을 숭배해야 한다.

마쓰시타 고노스케(1894~1989, 마쓰시타 전기 창업자)

중국 춘추시대의 병법가 손무의 집안은 대대로 유력한 정치 가문이었다. 그러나 손무가 서른 살 즈음 되던 해에 권력투쟁에 실패해 가문이 멸족당할 처지에 이르렀다. 손무의 가족은 제나라를 탈출해 오나라로 망명했다. 이후 10여 년간 손무는 오나라의 시골에 은거하면서 춘추시대 200년간 벌어진 전쟁을 연구했고 이를 6074자로 정리했다. 4000여 권에 달하는[21] 중국 병법서 가운데에서도 지존이라 불리는『손자병법』이 탄생한 순간이었다.

손무는 실전을 통해서 자신의 병법을 증명했다. 당시 약소국이었던 오나라는 강대국 초나라와 초나라의 속국인 서나라와 종오국, 역시 강대국인 제나라와 진나라 그리고 남방국 월나라에 둘러싸여 있었다. 오나라의 국경을 둘러싸다시피 한 이들 국가는 호시탐탐 오나라를 집어삼킬 궁리를 하고 있었다. 손무는 그때 오나라의 장군이 되어 초나라, 서나라, 종오국, 월나라를 정벌하고 제나라와 진나라가 감히 딴마음을 먹지 못하게 만들었다. 특히 오·초 전쟁 때는 3만에 불과한 오나라 군대를 지휘해서 20만에 달하는 초나라 군대를 격파하는 위업을 달성했다. 그런 손무를 두고 사마천은 『사기』에서 이렇게 평했다.

"오나라가 서쪽의 강대국인 초나라를 무찔러 수도 영초를 차지하고, 북쪽으로 제나라와 진나라를 위협하여 제후들 사이에서 이름을 떨친 것은 손자의 힘이 함께했기 때문이다."[22]

손무의 『손자병법』이 경영에 어떻게 적용되는가를 논하는 것은 어리석은 일이다. 그것은 언어가 아닌 감각으로 깨달아야 하는 것이기 때문이다. 조금이라도 경영 감각이 있는 사람이라면 읽는 즉시 깨달을 것이다. 그 안에 경영의 모든 것이 들어 있음을. 물론 어떤 사람은 『손자병법』을 읽고도 아무것도 느끼는 바가 없을 수도 있다. 감히 말하고 싶다. 그 사람이 경영하는 기업은 오래지 않아 몰락의 길을 걷게 될 것이다. 반대로 『손자병법』을 읽고 의식의 변화를 경험한 사람이 경영하는 기업은 언젠가 반드시 초일류 기업의 길로 들어서게 될 것이다. 마이크로소프트, 제너럴일렉트릭, 시몬스 같은 기업들의 공통점은 『손자병법』을 철저히 연구한다는 것이다.[23] 일본 경영계의 전설로 불리는 마쓰시타 고노스케는 이런 말을

리딩으로 리드하라

한 적이 있다. "중국 고대의 선철先哲 손무는 천하제일이다. 그의 병법은 우리 그룹을 성공의 길로 이끈 법보法寶다. 때문에 우리 회사 직원들은 모두 『손자병법』을 숭배해야 한다." 147만 위안의 적자를 기록하면서 파산을 향해 달려가던 하이얼 그룹을 전 세계 160개국에서 1080억 위안의 매출을 올리는 회사로 만든 장뤼민도 『논어』와 『손자병법』에서 경영의 모든 해법을 찾았다고 밝혔다. 3만 1034배의 기적 같은 성장을 이루어낸 그는 하버드 경영대학원과 스위스 국제 경영개발 대학원의 연구대상이 되었다.

형태만 다를 뿐 본질은 전쟁터와 같은 경영 현장에 몸담고 있지 않은 사람은 『손자병법』이 눈에 잘 들어오지 않을 수 있다. 아니, 거부감마저 느낄 수 있다. 나도 그런 경험을 했다. 나는 그것을 다른 병법서들을 읽으면서 극복했다.

북송北宋 신종 때의 일이다. 병법서를 교정하여 간행하라는 황제의 명이 떨어졌다. 임무를 부여받은 관리들은 그때까지 전해오던 347종 1956권의 병법서 가운데에서 가장 훌륭한 일곱 권을 선정했다. 무학武學의 일곱 경전이라 불리는 '무경칠서武經七書'가 탄생한 순간이었다. 그 일곱 권은 다음과 같다.[24]

1. 강태공의 『육도』
2. 황석공의 『삼략』[25]
3. 손무의 『손자병법』

4. 오기의 『오자병법』

5. 사마양저의 『사마병법』[26]

6. 울요의 『울요자』

7. 이정의 『이위공병법』

무경칠서에는 포함되지 않지만, 그 유명한 제갈량이 쓴 『제갈량집』과 손무의 후손인 손빈이 쓴 『손빈병법』도 매우 중요한 병법서다.

나는 중국 병법서를 『육도』→『삼략』→『손자병법』→『이위공병법』→『사마병법』→『제갈량집』→『오자병법』→『손자병법』→『육도』→『삼략』→『손빈병법』→『울요자』→『손자병법』의 순서로 읽었다. 『육도』와 『삼략』을 한 번 더 읽은 이유는, 중국 병법서 해설집들을 읽다가 손자가 중국 병법서의 시조인 강태공에게 큰 영향을 받았다는 사실을 발견했기 때문이다. 즉 『손자병법』을 보다 더 잘 이해하고 싶어서였다.

위의 순서대로 중국 병법서를 읽은 기간이 약 16년에 달한다. 그렇게 오래 걸린 이유는 별것 아니다. 대학 시절에 『육도』『삼략』『손자병법』을 처음 접했는데 너무 재미없었다. 그래서 이후 약 10년 넘게 병법서를 손에 들지 않았다. 그러다가 2008년 교사를 그만두고 전업 작가가 되면서 소위 경영자의 시각이라는 것을 조금 갖게 되었는데 우연히 읽은 『이위공병법』이 범상치 않게 다가왔다. 이후 병법서 독서에 불이 붙었다. 『이위공병법』에 이어 『사마병법』『제갈

170 _____ 리딩으로 리드하라

량집』『오자병법』을 읽으니 그동안 잘 이해되지 않았던『손자병법』
이 눈에 확 들어왔다.

여기에 더해 고대 로마의 병법서인『군사학 논고』와 중국 법가
의 시조인 관중의『관자』, 역시 법가인 상앙의『상군서』, 한비의『한
비자』를 읽고, 고대 로마의 상징인 카이사르의『갈리아 전쟁기』『내
란기』『알렉산드리아 전쟁기』『아프리카 전쟁기』『히스파니아 전
쟁기』를 읽고, 근대 군사과학의 창시자라 불리는 카를 폰 클라우제
비츠의『전쟁론』과 클라우제비츠에 비견되는 군사전략가인 앙투안
앙리 조미니의『전쟁술』, 바실 리델 하트의『전략론』을 읽고, 알렉
산더, 칭기즈칸, 이순신, 나폴레옹 같은 위대한 군인들의 삶을 연구
했다. 그리고 다시『육도』→『삼략』→『손빈병법』→『울요자』→
『손자병법』순으로 읽으니 비로소『손자병법』이 입체적으로 이해되
었다. 혹시라도『손자병법』이 너무 어렵다고 생각되거나 거부감이
든다면 나의 독서 이력을 참고하기 바란다.

2차 세계대전 이후 미국 군대는『손자병법』을 적극적으로 수용
했다. 육해공군 사관학교와 해병대 등에서는『손자병법』을 군사학
교재로 선정했고, 지휘관들은『손자병법』을 읽고 연구하는 모임을
만들었다. 당시 미국 군대는 '손자병법 신드롬'이라는 말이 생겼을
정도로『손자병법』을 열성적으로 읽고 공부했다. 얼마 후 미국 군대
는 세계 최강의 군대로 변신했다. 미국의 경영자들은 군대의 놀라
운 변화에 주목했고 그 비결을 기업에 적용하고자 했다.『손자병법』

이 미국 경영자들의 필독서가 된 건 그즈음의 일이다. 이후 미국 기업은 세계 최강이 되었다. 물론 미국의 군대와 기업이 2차 세계대전 이후 세계를 지배하게 된 데는 여러 이유가 있을 것이다. 그러나 경영전략적인 측면에서 살펴본다면 『손자병법』 때문이다. 이는 미국의 여러 저명한 경영사학자들이 경영서의 시조로 『손자병법』을 꼽고 있는 것만 봐도 알 수 있다.

1970년대에 미국의 경영자들을 뺨칠 정도로 『손자병법』을 열심히 공부하고 기업경영에 적용하는 경영자 집단이 일본에서 나왔다. 『손자병법』이 일본에 전해진 때는 대략 716년에서 735년 사이로 알려져 있다. 『손자병법』은 약 300년간 일본 황실의 비서秘書였다. 이후 쇼군 계급에 전파되었고, 쇼군들의 전쟁 지침서가 되었다. 대표적으로 16세기의 유명한 무장 다케다 신겐은 『손자병법』「군쟁」편에 나오는 문구를 따와 만든 '풍림화산風林火山'을 부대 운영의 핵심으로 삼았다. 한편으로 일본 최고의 무사로 추앙받는 미야모토 무사시는 『손자병법』으로부터 지대한 영향을 받아 내용 면에서 『손자병법』과 유사한 『오륜서』를 썼다.[27] 1970~1980년대의 일본 경영자들은 『손자병법』과 『오륜서』를 최고의 경영전략서로 삼았다. 그리고 오래지 않아 세계 기업계를 지배했다. 지금이야 그 빛이 많이 바랬지만 20세기 말에 일본 기업은 미국 기업을 집어삼킬 정도의 저력을 갖고 있었다.

21세기 들어 『손자병법』의 힘을 뒤늦게 발견하고 『손자병법』 공부에 가장 열을 올리는 집단은 중국의 경영자들이다. 최근 중국 기업이 눈부시게 성장하고 있는데 그 원인을 '보이는 곳'에서 찾으면 여러 가지가 있을 것이다. 하지만 원인을 '보이지 않는 곳'에서 찾으라고 한다면 나는『손자병법』을 비롯한 중국 인문고전을 다시 치열하게 읽고 있는 중국 경영자들의 독서라고 말하겠다.

우리나라 경영자들은 어떨까? 희망적이게도 많은 경영자들이 『손자병법』을 열심히 읽고 있다. 그토록 척박한 경영 환경 아래서도 세계 10위권의 경제대국을 만들어낸 우리나라 경영자들의 저력이 어디서 비롯되었는지를 알 수 있게 해주는 대목이라고 생각한다. 단, 우리나라에도『무오병법』『김해병서』『진법언해』『병학통』『진설문답』『동국병감』같은 훌륭한 병법서들이 많은데 전해 내려오지 않거나 미흡한 한글 번역 등의 이유로 일반 서점에서는 전혀 찾아볼 수 없어서, 경영자들이 우리 병법서를 기초로 우리만의 독창적인 경영전략을 짤 수 없다는 점이 아쉽다.

나는 경영인들에게『손자병법』과 더불어『묵자』를 공부할 것을 권하고 싶다. 묵자는 춘추전국시대에 공자 이상의 명성을 얻었던 인물로, 철저한 전쟁 반대론자였다. 그의 핵심 사상은 '사랑'으로, "남의 나라를 내 나라처럼 대하고, 남의 집을 내 집처럼 대하며, 남의 몸을 내 몸처럼 대하면 세상의 모든 혼란과 다툼, 전쟁이 사라진다"라고 주장했다. 그리고 실제로 그렇게 살았다. 그런 묵자를 두고 맹자는 "그는 타인을 위하는 일이라면 머리끝에서 발꿈치까지 온

몸이 다 닳아 없어질지라도 무엇이든지 하는 사람이다"라고 했고, 장자는 "묵자는 천하의 호인으로 비록 몸이 말라서 없어질지라도 남을 위하는 것을 멈추지 않는다"라고 평했다.

묵자의 전쟁 반대는 구호에 그치지 않았다. 그는 침략전쟁을 일으킨 군주를 직접 찾아가서 담판을 벌여 전쟁을 포기하게 만들었는가 하면, 어떤 나라가 공격을 당하고 있다는 소식을 접하면 제자들을 이끌고 달려가 자신이 직접 제작한 첨단 방어무기를 활용해 침략군을 격퇴했다. 나는 여기에 묵자의 위대함이 있다고 생각한다.

여태까지의 기업 세계는 손자의 사상에 충실한 경영자가 최고가 되는 곳이었다고 할 수 있다. 하지만 윤리경영, 상생경영 등 묵자의 사상과 직간접적으로 맞닿아 있는 경영 기법이 갈수록 중요시되고 있는 기업 세계의 현실을 보면 오래지 않아 묵자의 사상에 충실한 경영자가 최고가 되는 세상이 도래할 것 같다. 아니 하루라도 빨리 그런 세상이 와야 한다. 그때야 비로소 기업은 자유민주주의의 진정한 희망으로 변화할 테니 말이다.

『논어』에 이르는
16가지 길

· · ·

번지가 '인仁'에 대해 물었다. 공자가 대답했다.
"사람을 사랑하는 것이다."

「논어」 중에서

최고의 경영자는 본질경영, 전략경영, 인재경영의 달인이라고 할 수
있다. 본질경영과 전략경영의 완벽한 교과서가 플라톤의 대화편과
『손자병법』이라면 인재경영의 교과서는 『논어』다. 이는 우리나라
최고경영자들이 인재경영 필독서로 『논어』를 가장 많이 꼽고 있는
것만 봐도 알 수 있다.

　『논어』의 주인공 공자는 우리의 고정관념과 달리 불굴의 의지로
무장한 자기계발의 화신이었다. 그는 명문 학자 집안이 아닌 하급
무사 집안에서 태어났다. 그것도 서자庶子로. 나이 일흔 즈음에 공자
를 얻고 행복해하던 아버지는 공자가 세 살 되던 해에 세상을 떠났
다. 그때부터 가세가 급격하게 기울기 시작했고, 공자는 생계를 위

해 가축관리, 창고지기, 정원지기 등의 일을 해야 했다.

출생 신분, 가정환경, 직업 등을 놓고 볼 때 공자는 결코 성공할 수 없는 사람이었다. 하지만 그는 원초적인 자기계발인 '공부'에 집중했고, 이를 통해 한 국가의 정점에 선 인물로 성장했다. 공자의 자기계발은 '수신제가치국평천하修身齊家治國平天下'를 충실히 구현하는 것이었다. 그가 노나라의 대사구大司寇28가 된 지 석 달째, 관리들은 공명정대와 청렴을 최고의 가치로 여기는 문화를 조성했고, 상인들은 저울 눈금을 속이던 관행을 스스로 없앴다. 정치와 경제가 투명해지자 사회질서는 저절로 바로잡혔다.

치국에 성공한 공자는 노나라를 통해 평천하를 이루고자 했다. 그러나 안타깝게도 공자의 꿈은 제나라 군주가 노나라 군주에게 선물한 미녀 80명과 명마 120필로 인해 무너지고 말았다. 주색잡기에 빠진 노나라 군주는 바른 정치를 추구하던 공자를 막다른 길로 내몰았고 결국 공자는 노나라를 떠나야 했다. 하지만 그것은 공자에게 끝이 아니라 시작이었다. 공자는 인仁과 예禮로써 세상을 구하겠다는 원대한 꿈을 이루기 위해 천하를 주유했다. 그 와중에 굶어 죽을 뻔도 했고 살해당할 뻔도 했지만 그럴수록 공자는 뜨겁게 불타올랐다. 마치 어두울수록 더욱 빛을 발하는 별처럼.

13년에 걸친, 불가능을 향한 공자의 도전은 실패로 끝났지만 그렇다고 공자의 영혼마저 실패한 것은 아니었다. 천하 주유를 접고 노나라로 돌아온 공자는 새로운 꿈에 들떴다. 그것은 인재 양성을 통한 세상의 구제였다. 그는 무수히 많은 '작은 공자'를 길러내서 천하를 혁명적으로 바꾸고자 했고, 이를 위해 귀족의 자녀들만 공부할 수 있었던 당시의 관습을 타파하고 평민의 자녀들을 대거 제자로 받아들였다. 공자의 밑에서 최고의 교육을 받았던 제자들은 훌륭한 인재로 성장해 세상으로 나갔고, 공자가 꿈꾸던 세상을 만들기 위해 온몸을 내던졌다.

뜨겁고 시원하며 통쾌하기까지 했던 공자의 사상은, 세상의 모든 위대한 사상이 그렇듯, 점차 변질되기 시작했는데 한 무제 때의 동중서에 이르러 극치를 이루었다. 한 무제는 순수하고 혁명적이기까지 했던 초기 유학을 지배계급의 통치 이데올로기로 전락시켰다. 우리가 알고 있는 중국과 조선의 유교가 출현한 것이다.

물론 공자의 사상이 모두에게 환영받은 것은 아니다. 그는 노자에게 교만, 욕심, 위선적인 얼굴 표정 등을 버리라는 핀잔을 들었는가 하면, 장자한테는 조롱당했고, 피지배계급의 인권과 행복을 위해 목숨을 걸고 분투했던 묵자로부터는 격렬한 비판을 받았다. 여기에 대한 것은 사마천의 『사기열전』 「노자」 편과 장주의 『장자』, 묵적의 『묵자』를 참고하기 바란다. 또 기세춘의 『동양고전 산책』을 읽어보기를 권한다. 묵자가 왜 공자에게 그토록 비판적이었는지를 어렵지 않게 이해할 수 있다.

그럼에도 『논어』는 현대에 이르기까지 여전히 수많은 지도자에게 영감을 주고 있다. 다음은 『논어』를 애독한 대표적인 경영자들이다.

1. 삼성그룹 창업주인 이병철과 현대그룹 창업주인 정주영의 경영 필독서는 『논어』였다.

2. 삼성그룹을 세계 일류 기업으로 변화시킨 이건희는 창업주 이병철에게 단 한 권의 책을 물려받았는데, 『논어』였다.

3. 포스코 정준양 회장은 논어의 한 구절 '아는 사람은 좋아하는 사람만 못하고, 좋아하는 사람은 즐기는 사람만 못하다知之者不如好之者 好之者不如樂之者'에서 얻은 깨달음을 토대로 포스코의 기업문화를 새롭게 바꾸고 있다. 그가 추구하는 기업문화는 '신나게, 즐겁게, 통통 튀게' 정도로 요약될 수 있다.

4. 코오롱그룹 부회장을 지낸 민경조는 『논어』를 1000번 이상 읽은 것으로 유명하다. 그는 말단 샐러리맨으로 시작해서 CEO가 되었는데, 코오롱건설 대표이사 시절 『논어』를 기반으로 한 경영을 펼쳤다. 그 7년 동안 코오롱건설은 설립 이래 최고 실적인 1조 원대의 매출을 올렸다.[29]

5. 신세계 회장을 지낸 구학서는 『논어』「안연」편을 자신이 추구하는 윤리경영의 토대로 삼았다.

6. 중국 진출 공로로 은탑산업훈장을 받은 노재만 베이징 현대자동차 사장은 『논어』의 인의예지[仁義禮智]를 경영철학으로 삼았다.[30]

7. (주)동주 회장 조병두는 일흔 살의 나이에 「논어의 인간경영론과 현대 기업 경영에서의 활용에 관한 연구」라는 논문으로 성균관대학교 철학박사 학위를 받았다.

『논어』를 읽는 방법에는 여러 가지가 있을 수 있다. 만일 누군가가 나에게 『논어』를 어떻게 읽어야 하느냐고 묻는다면 다음 순서대로 읽을 것을 권하고 싶다.

1. 공자는 『논어』를 직접 쓰지 않았다. 『논어』는 공자 사후 그의 제자들이 공자의 말을 편집해서 엮은 것이다. 공자가 직접 편찬한 여섯 권의 책이 있다. 육경六經이라고 불리는 『시경』 『서경』 『역경』 『예기』 『악경』[31] 『춘추』[32] 다. 이를 읽는다. (성리학의 창시자 주자는 유학의 '도道'가 '요–순–우–탕–문왕–무왕–주공–공자' 순으로 내려왔다고 주장했다. 공자를 제외한 이 일곱 명의 군자에 대한 이야기는 『서경』에도 있지만 사마천의 『사기본기』에도 있다. 그러므로 『사기본기』를 함께 읽을 것을 권한다.)

2. 『논어』를 읽는다.

3. 증자는 공자에게 직접 가르침을 받았다. 그 가르침을 담은 책 『대학』을 읽는다.[33]

4. 자사는 증자의 제자이자 공자의 손자이다. 그가 저술한 책 『중용』을 읽는다.[34]

5. 자사의 제자이자 유가에서 공자 다음가는 사상가인 맹자의 『맹자』를 읽는다. 『논어』 『대학』 『중용』 『맹자』를 일러 사서四書라 한다.

6. 성리학자들에 의해 유교의 이단이라는 평가를 받았던. 그러나 맹자보다 더 뛰어난 유가 사상가라는 평가 또한 받은, 동양의 아리스토텔레스라 불리는 순자의 『순자』를 읽는다. 대표적인 법가 사상가인 한비자와 진시황의 두뇌였던 이사가 순자의 제자였다.

7. 비록 유학을 지배계급의 통치이론으로 만들어버렸다는 비판을 받고 있지만, 공자의 사상을 공부할 때 도저히 그냥 지나칠 수 없는 인물인 동중서의 『춘추번로』를 읽는다.

8. 유학을 정치이념으로 전락시켜버린 동중서는 물론이고 맹자와 공자에게까지 비판의 칼날을 들이댔던 유가 사상가 왕충의 『논형』을 읽는다.

9. 북송오자北宋五子라 불린, 성리학의 창시자들이라고 할 수 있는 주돈이의 『태극도설』과 『통서』, 소강절의 『황극경세서』 중 「관물내외편」, 정호·정이 형제의 『이정문집』과 두 형제의 글을 주자가 편집한 『이정유서』『이정외서』, 장재의 『정몽』『횡거역설』「서명」, 주자의 『근사록』『주자문집』『주자어류』『논어집주』『역학계몽』『태극해의』를 읽는다.

10. 실질적으로 주자가 창시한 성리학과 쌍벽을 이루는 양명학의 창시자 왕수인의 『전습록』을 읽는다.

11. 유학 역사상 가장 파격적인 사상가였으며, 유교의 반역자라고까지 불린 이탁오(이지)의 『분서』를 읽는다.

12. 성리학의 이理를 비판하는 기氣철학의 완성자라고 불리는 대진의 『맹자자의소증』『원선』을 읽는다.

13. 우리나라 성리학 역사에서 기氣철학을 최초로 체계적으로 탐구했다고 평가받으며, 중국 '사고전서四庫全書'에 개인 저서가 수록된 유일한 우리나라 학자인 서경덕의 『원리기』『이기설』을 읽는다.

14. 중국, 일본은 물론이고 미국, 유럽 등지에서도 열렬히 연구되고 있는 위대한 유학자 퇴계 이황의 『성학십도』『자성록』『언행록』『퇴계선집』『전습록

논변」과 '퇴계와 고봉 간의 편지 모음집'[35]을 읽는다.

15. 퇴계 이황에 이어 세계적으로 연구되고 있는 대유학자 율곡 이이의 『격몽
요결』 『동호문답』 『성학집요』 등을 읽는다.

16. 설명이 필요 없는 대학자 정약용의 『논어고금주』 『맹자요의』 『중용자잠』
『대학공의』를 읽는다.[36]

● **선택사항**

공자는 관포지교管鮑之交의 주인공인 관중을 가리켜 이렇게 말한 바 있다. "관중
은 제나라의 환공으로 하여금 천하를 바로잡도록 보필했다. 덕분에 백성들은 오
늘날에 이르기까지 그 은혜를 입고 있다. 만일 관중이 아니었더라면 나는 아마
도 오랑캐 신세를 면치 못했을 것이다." 물론 공자의 사상은 관중과 다르다. 공
자는 유가의 시조이고 관중은 법가의 시조이기 때문이다. 그러나 위의 글을 놓
고 보면 공자가 관중에게 어떤 영향을 받았음은 분명해 보인다. 때문에 관중의
『관자』를 읽을 것을 추천하고 싶다. 그러나 이는 선택사항으로 하고 싶다. 앞에
서도 말했듯이 공자와 관중은 다르기 때문이다. 참고로 관중은 제갈량이 가장
존경한 인물이다.

　앞에서도 말했지만 이 순서는 이지성의 『논어』 독서법에 불과하
다. 그렇다면 가장 훌륭한 『논어』 독서법은 무엇일까? 그것은 코오
롱그룹의 민경조 전 부회장처럼 『논어』를 일천 번 넘게 읽는 것일
수도 있고, (주)동주의 조병두 회장처럼 『논어』를 연구 주제로 삼아

논문을 쓰는 것일 수도 있다. 쉽게 말해『논어』를 애독하는 사람의 숫자만큼이나 다양하다고 할 수 있다. 가장 '훌륭한'『논어』독서법은 아마도 아래의 대화에 나오는 공자의 대답을 충실하게 실천하는 삶일 것이다.

　번지가 '인仁'에 관해 물었다.

　공자가 대답했다.

　"사람을 사랑하는 것이다."

지금 당신은
어떤 책을 읽고 있는가?

. . .

돈 없고, 능력 없고, 배경 없는 사람일수록 인문고전을 치열하게 읽어야 한다.
인문고전을 더욱 잘 이해하기 위해 천만 원이 넘는 수강료를 지불하고,
해외로 독서여행을 떠나고, 새벽마다 조찬 특강을 듣는 CEO들보다
더 열심히 인문고전을 읽고 공부해야 한다.

「인생경영, 인문고전으로 승부하라」를 쓰면서 나는 마음이 적잖이
아팠다. 대기업 CEO들은 자본주의 사회의 귀족이라 할 수 있다. 그
들의 공통점은 우리나라에서 인문고전 독서를 가장 열정적으로 하
는 사람들이라는 것이다. 그들은 적게는 수백만 원, 많게는 천만 원
넘는 수강료를 받는 '서울대 최고지도자 인문학 과정AFP, Ad Fontes Program'
같은 곳에 경쟁적으로 등록해 체계적으로 인문고전을 공부하는가
하면, 새벽부터 열리는 인문학 조찬모임 등에 참석해 국내 최고 수
준 인문고전 연구자의 강의를 듣는다. 독서의 수준도 일반인의 상
상을 초월한다. 일례로 '서울대 최고지도자 인문학 과정' 제2기 수강
생들은 세계의 지식인들이 찬사를 보내는 연암 박지원의 『열하일

기』를 이렇게 읽었다. 고승철 기자가 『신동아』 통권 586호에 쓴 기사 「CEO들이 열하熱河로 간 까닭은?」을 토대로 정리했다.

1. 『열하일기』를 읽었다.

2. 『연암 박지원과 열하를 가다』『열하광인』『연암에게 글쓰기를 배우다』 같은 연암 관련 서적을 읽었다.

3. 『연암집』을 국역한 것으로 유명한 국내 최고의 연암 전문가 김명호 전 성균관대 한문학과 교수를 초청해 '연암 박지원의 생애와 사상'이라는 제목의 특강을 들었다.

4. 구범진 서울대 동양사학과 교수를 초청해 '청 제국과 조선'이라는 제목의 특강을 들었다.

5. 『열하일기』에 나오는 연암의 발자취를 직접 느껴보기 위해 중국으로 향했다.

6. 베이징에서 청더(열하)로 향하는 버스 안에서 중국 고대 언어와 『논어』 전문가인 이강재 서울대 중어중문학과 교수에게 '중국의 문자정책과 한자 사용' 특강을 들었다.

7. 역시 베이징에서 청더로 향하는 버스 안에서 AFP 부주임 교수인 배철현 서울대 종교학과 교수의 특강을 들었다. 이런 식의 버스 특강은 답사여행 내내 계속됐다.

8. 새로운 여행지에 도착할 때마다 김명호 전 성균관대 한문학과 교수로부터 연암 생존 당시 그 지역의 상황과 문화 등에 대해 깊이 있는 설명을 들었다.

9. 시간이 날 때마다 모여서 독서토론을 벌였다.

10. 『열하일기』 독서와 답사여행을 통해 얻은 영감을 경영에 적용하는 지혜를 얻는 시간을 가졌다.

11. 귀국한 후 새로운 독서여행을 계획했다.

'돈 있는 사람만 대접받는 더러운 세상'이라는 말을 입에 달고 사는 누군가들에게 묻고 싶다.

'부자는 갈수록 더 부자가 되고 빈자는 갈수록 더 빈자가 되는 우리나라에는 희망이 없다'라고 말하는 누군가들에게 묻고 싶다.

수신修身은 내팽개친 채 우리나라의 자본주의는 바뀌어야 한다는 식의 어려운 주장을 내세우는 누군가들에게 묻고 싶다.

떨리는 목소리로 감히 묻고 싶다.

"지금 당신은 어떤 책을 읽고 있는가?"

돈 없고, 능력 없고, 배경 없는 사람일수록 인문고전을 치열하게 읽어야 한다. 인문고전을 더욱 잘 이해하기 위해 천만 원이 넘는 수강료를 지불하고, 해외로 독서여행을 떠나고, 새벽마다 조찬 특강을 듣는 CEO들보다 더 열심히 인문고전을 읽고 공부해야 한다. 그렇게 자신의 두뇌를 혁명적으로 바꾸어야 한다. 그런 사람들이 무수히 많이 나타나기 시작할 때 우리나라의 부족한 자본주의는 진정한 변화를 위한 첫 발걸음을 떼게 될 것이라고 확신한다.

5장

인문고전 세계를 여행하는
초보자를 위한 안내서

키케로, 칸트, 하이데거를 읽다가 "악!" 하고 소리를 지른 사람도 있었고, 열등감과 좌절감이 분노로 변한 나머지 책을 찢어버린 사람도 있었다. 그들 중엔 의사, 약사, 판사, 변호사, 대학 교수, 아나운서 등이 있었다. 사정이 이와 같으니 혹시라도 인문고전을 읽다가 머리에 쥐가 나기 시작하고, 에베레스트 산이나 태평양 한가운데 고립된 것 같은 느낌이 들더라도 당황하 지 않기를 바란다. 당신이 지극히 정상이라는 신호니까.

READING . LEAD

좌절할 때마다
읽는 목적을 묵상하라

• • •

자네로부터 탐정잡지를 받아 보는 건 멋진 일이 될 걸세.
탐정잡지 안에는 정신적인 비타민과 칼로리가 풍부하게 함유되어 있다네.

비트겐슈타인, 친구 노먼 맬컴에게 보내는 편지 중에서

창문을 열면 꽃밭이 보이던, 종일 햇볕이 잘 들던, 때로 길 잃은 작
은 새가 날아들던 내 유년 시절의 작은 방. 그 방 한쪽에 가득 쌓여
있던 인문고전. 그 책들은 지금도 내 집에 있다. 비록 십수 번의 이
사를 거치면서 절반 이상 사라지긴 했지만. 그 책들 중 몇 권에는
초등학생 이지성의 낙서가 있다. 어쩌면 이 책은 그 시절 낙서의 연
장이지 않을까, 인문고전이 뭔지도 모르면서 끼적여대는. 이런 생각
만 하면 얼굴이 화끈 달아오른다.

　나의 미숙하기 이를 데 없는 독서 경험을 구체적으로 이야기해
야 할 시간이 왔다. 솔직한 심정을 말하면, 이 부분을 쓰고 싶지 않
다. 부끄럽고 민망하고 또 초라하기 때문에. 그래도 써야 한다.

부족한 나의 경험이 처음 시작하는 누군가에게는 작은 도움이 될 수도 있을 테니. 또 현명한 누군가에게는 타산지석이 될 수도 있으리라. 나의 인문고전 독서 경험은 무모한 시도와 엉뚱한 실패로 가득 차 있으니까.

아니, 나는 욕심 때문에 쓴다. 작가의 꿈을 품고 매일 눈이 빠져라 책을 읽고 몸이 부서져라 글을 썼지만 세상의 인정을 받지 못한 채 무명으로 살아야 했던 14년 7개월. 세상의 중심은 물론이고 변두리로부터도 철저하게 소외당하고 살았던, 가족을 비롯한 주변 모든 사람들에게 바보 취급을 받고 살았던, 돈도 능력도 없는 사람이 어느 정도까지 짓밟힐 수 있는가를 매일 실감하면서 살았던 그 세월. '지금 눈물을 흘려버리면 미래를 볼 수 없잖아'라는 말로 나 자신을 다그치고 또 위로하면서, 책 속에 길이 있다는 말 하나를 믿고 오직 책만 파고들었던 그 시절의 이야기들을 나 혼자만의 것으로 남겨두고 싶지 않았다. 참으로 어리석은 욕심이라는 것, 안다. 하지만 나는 본래 이런 사람이다. 이성보다는 감정에 휘둘리는. 이런 나를 용서하길 바라면서 나의 이야기를 시작한다.

...

나는 열아홉 살 때 처음으로 인문고전을 만났다. 당시 나는 대학에 막 합격한 상태였는데, 아버지는 "대학생이 되었으니 이런 책도 읽을 줄 알아야지"하시면서 내게 『장자』와 『순수이성비판』을 선물해 주셨다. 교과서와 참고서를 제외하고는 만화책만 읽던 내가 어쩌다 장자와 칸트를 읽을 생각을 하게 되었는지는 지금도 잘 모르겠다. 아무튼 나는 다음날부터 그 두 책을 들고 근처 대학 도서관 열람실을 드나들기 시작했다. 『장자』는 그나마 재미있게 읽을 수 있었다. 그런데 칸트가 문제였다. 정말이지 무슨 소리를 하는 건지 알 수가 없었다. 하지만 대학 입학식을 치르기 전에 그 두 책을 완벽하게 떼겠다며 아버지와 약속했기에 매일 머리를 싸매고 달려들었다. 그러나 역부족이었다. 지금도 그렇지만 당시의 내게 칸트는 안드로메다나 시리우스쯤에서 온 외계인이었다. 결국, 3분의 1도 읽지 못하고 입학식을 맞았다. 나의 인문고전 독서 1기는 그렇게 끝났다.

다시 인문고전을 손에 든 것은 스무 살 때였다. 그 무렵 나는 작가의 길을 걸으리라 굳게 결심하고 있었는데, 대단한 작가가 되려면 왠지 인문고전을 많이 읽어야 할 것 같았다. 하지만 십수 권의 철학고전과 수십 권의 문학고전을 연달아 독파하면서 파죽지세로 진행될 것 같았던 나의 독서는 엉뚱한 이유로 중단되고 말았다. 지금도 눈에 선하다. 스물한 살이던 대학교 3학년 여름방학 때였을 거다. 전주교대 도서관 1층 열람실에는 임용시험을 준비하는 4학년생들로 가득했는데 난 그중 한 좌석을 차지하고 앉아서 사르트르의 『존재와 무』를 노트에 베껴 쓰고 있었다. 한창 독서 삼매경에 빠져 있는데 눈치도 없는 고등학교 동창 녀석이 다가오더니 "야, 너

뭐 하냐?"라고 물었다. 나는 괜히 화들짝 놀랐고, 엉겁결에 『존재와 무』를 노트인지 가방인지로 덮어버렸다. 나는 작가의 꿈을 가졌다는 이유로 동기들로부터 이상한 놈 취급을 받고 있었는데, 아무도 읽지 않는 철학 서적을 읽는 것이 발각되면 평판이 더욱 나빠질 것 같았기 때문이다. 아닌 게 아니라 4학년 무렵 나의 평판은 '미친놈'으로 발전했다. 아무튼 그 사건이 있고 난 뒤 왠지 김이 빠져버렸고 더 이상 인문고전을 손에 잡지 않았다. 나의 인문고전 독서 2기는 그렇게 끝났다.

인문고전 독서 3기는 스물여덟 살 때 시작됐다. 동기는 대학교 때와 똑같았다. 나는 작가가 되기로 맹세한 몸이었고 대단한 작가가 되려면 뭔가 남다른 독서를 해야 할 것 같았다. 그러나 당시 나는 인문고전 독서에서 가장 중요한 무엇을 모르고 있었다. 그것은 인문고전이 천재의 두뇌 그 자체이고, 인문고전을 읽는다는 것은 천재와 대화하는 행위임을 마음으로 깨닫는 일이다. 인문고전 독서에 대한 올바른 이해가 없었으니 독서가 제대로 진행될 리 만무했다. 나는 외계어나 마찬가지인 언어들로 무장한 인문고전의 바다에서 허우적대기 바빴다.

엉터리나 다름없던 나의 독서는 스물아홉 살에 겪은 한 사건으로 인해 급격히 달라졌다. 나는 외국 자기계발 번역서를 잇달아 베스트셀러로 만든 한 출판사에 사회과학서 원고를 넘기고 몇 달째 기다리고 있었다. 늦어도 여름에 출간하기로 하고 계약금까지 받았는데 9월 말이 되도록 아무런 연락이 없었다. 더 이상 기다릴 수 없어 전화를 했더니 편집장이 밑도 끝도 없이 죄송하다는 말만 되풀이하는 거였다. 잘 안 됐구나 하는 직감이 왔다. 출판 거절이야 지난 10년 동안 일상적으로 받아온 것이었기에 출판사에 대한 원망 같은 것은 없었다. 단지 나 자신에 대한 원망만 커질 뿐이었다. 도대체 얼마나 실력이 없기에 아직까지 이따위 취급을 받고 있단 말인가!

비록 하루를 온통 좌절감에 휩싸여 보냈지만 다음날 바로 정신을 차렸다. 그리고 나에게 부족한 것은 도대체 무엇인가 하는 문제를 놓고 몸이 아플 정도로 고민했다. 사실 답은 이미 알고 있었다. 작가란 모름지기 남다른 생각을 하는 존재이고 그게 자연스럽게 글로 표현되는 것인데 나는 너무나 평범했다. 잘 알고 있으면서도 알량한 자존심 때문에 모른 척했던 그 사실을 뼈가 시릴 정도로 고통스럽게 인정하자 인문고전 독서에 대한 마음가짐이 혁명적으로 바뀌었다. 비록 지금은 돌덩어리 같은 두뇌를 가지고 있지만 이런 나도 천재들의 저작을 죽기 살기로 읽으면 달라질 것이라는 믿음, 아니 죽기 살기로 읽어서 두뇌를 손톱만큼이라도 달라지게 해야 한다는 각오가 생겼다고나 할까. 나는 인문고전 독서에 인생을 걸어보기로 했다.

그 무렵 나는 책 읽기에 미쳐 있었다. 직장생활을 하는 평일에는 평균 1~2권, 주말이나 휴일에는 평균 5~10권의 책을 읽었을 정도다. 그럼에도 인문고전 읽기는 전혀 쉽지 않았다. 동양고전은 그나마 좀 재미가 있었다. 하지만 서양고전, 특히 철학고전은 너무 어려웠다. 휴일에 열 시간씩 파고들어도 두세 페이지 이상 나가지 못했다. 그리고 다음날 아침이면 전날 읽었던 내용을 모조리 잊어버리기 일쑤였다. 그러면 다시 시작해야 했다. 덕분에 플라톤의 『소피스테스』나 『티마이오스』 같은 경우 책 한 권을 떼는 데 각각 1년 이상 걸렸다. 그래도 하루도 빼놓지 않고 온 마음을 다해 인문고전을 읽었다. 그리고 인문고전 옆에 도서관 네 곳에서 대출한 책들을 쌓아놓고, 고전 읽기에 지칠 때마다 휴식처럼 읽었다.

인문고전 앞에서 나 자신을 내려놓고 눈과 귀와 마음을 오직 천재들의 목소리에 맞추자, 즉 인문고전을 읽는다는 것은 단순히 책을 읽는 게 아니라 천재의 두뇌에 직접 접속하는 것이라는 깨달음을 얻고 이를 실천하자 돌덩이 같던 두뇌가 정말로 서서히 변하기 시작했다.

...

내가 세상에서 제일 싫어하는 책은 인문고전이다. 재미없기 때문이다. 서양철학 고전을 접할 때면 때로 미칠 것 같은 기분도 든다. 너무 어려워서 도대체 무슨 말을 하는 건지 판독 불가능일 때가 대부분이기 때문이다. 화성인이 내려와서 책을 썼어도 그처럼 어렵게 쓰지는 않았으리라. 덕분에 지금도 온종일 매달려서 고작 한두 쪽 읽는 일이 다반사다. 다행스러운 사실은 내가 매우 평범한 두뇌를 가졌음을 스스로 잘 알고 있다는 점이다. 이는 작가로서 치명적이다. 그래서 나는 인문고전을 읽지 않을 수가 없다. 나의 두뇌를 조금이라도 변화시켜주는 책은 인문고전밖에 없다는 사실을 잘 알기 때문이다. 민망한 말이지만 나는 끝까지 살아남는 작가가 되고 싶어서 인문고전을 읽는다. 쉽게 말해서 나는 생존을 위해 억지로 인문고전을 읽는 셈이다. 아, 창피하다.

...

내 방 책꽂이에는 인문고전이 가득하다. 그 책들을 볼 때마다 나는 열등감을 느낀다. 읽은 책보다는 읽지 못한 책이 더 많다는 사실, 어떤 책들은 구입한 지 10년이 넘었는데도 아직 첫 페이지를 넘길 엄두조차 내지 못하고 있다는 사실, 감히 이해한다고 말할 수 있을 만한 책이 단 한 권도 없다는 사실 때문이다. 좀 더 내밀한 고백을 하자면, 나는 인문고전을 읽으면서 내가 '바보'라는 사실을 알았다. 책을 많이 읽는 사람들이 빠지기 쉬운 함정이 있다. 자신이 잘났다고 생각하는 것이다. 물론 이는 지극히 당연한 생각일 수 있다. 책을 많이 읽는다는 사실 자체가 대단한 것이니 말이다. 나 역시 그런 함정에 빠져 있었던 것으로 기억한다. 그러나 그런 생각은 독파하는 인문고전이 늘어나면서 저절로 사라졌다.

플라톤의 『소피스테스』를 읽을 때의 일이다. 아마도 2002년이었을 것이다. '없는 것을 생각할 수 있다. 그러므로 없는 것은 있다'라는 소피스테스들의 주장이 틀리고 '없는 것은 있지 않다. 그러므로 없는 것은 없다'라는 플라톤의 주장[1]이 맞는다는 사실을 증명하기 위한 논박이 펼쳐지고 있었다. 무슨 소리를 하는 건지 도무지 알 수가 없었다. 그러나 이해하고 싶었다. 책을 몇 차례 되풀이해서 읽고 따로 노트 정리를 하고 다시 종이 한 장으로 요약했다. 그 종이를 몇 달 동안 들고 다니면서 읽었다. 그러나 이해할 수 없었다. 나는 그만 왈칵 눈물을 쏟고 말았다. 그리고 내가 '바보'라는 사실을 인정했다. 다행스럽게도 플라톤의 주장은 아리스토텔레스의 『명제론』『소피스트적 논박』『형이상학』을 읽고(물론 이 책들도 죽기 살기로 읽었고, 아직 이해하지 못하고 있다)『소크라테스 이전 철학자들의 단편 선집』과 니체의 「플라톤 이전의 철학자들」[2] 그리고 칼 포퍼의 『파르메니데스의 세계』를 읽으니까 무슨 의미인지 조금 알 것 같은 기분이 들었다.

그러던 어느 날 나는 내가 바보가 아니라 지극히 정상임을 알게 되었다. 나의 권고로 인문고전을 접한 사람들의 반응이 하나같이 나와 비슷했기 때문이다. 소위 독서광이라는 사람들도 마찬가지였다. 그들은 그나마 쉬운 플라톤의 초기 저작도 머리를 쥐어뜯어 가면서 읽었다. 그리고 이구동성으로 말했다. "세상에 이렇게 난해한 책이 다 있어!" 몇몇은 "내가 책 좀 읽는다는 자부심 하나로 살았는데, 그 자부심이 플라톤 앞에서 처참하게 박살 났다. 서양철학 고전의 세계를 알게 해준 이지성이 원망스럽다"라는 식의 말까지 했다. 아리스토텔레스, 키케로, 칸트, 하이데거를 읽다가 "악!" 하고 소리를 지른 사람도 있었고, 열등감과 좌절감이 분노로 변한 나머지 책을 찢어버린 사람도 있었다. 눈물을 흘린 사람은 매우 많다. 그들 중엔 의사, 약사, 판사, 변호사, 대학교수, 아나운서, CEO, 작가, 기자, 칼럼니스트, 평론가, 독서 지도사, 독서법 강사, 독서 전문 기고가 등이 있었다.

사정이 이와 같으니 혹시라도 인문고전을 읽다가 머리에 쥐가 나기 시작하고, 에베레스트 산이나 태평양 한가운데 고립된 것 같은 느낌이 들더라도 당황하지 않기를 바란다. 당신이 지극히 정상이라는 신호니까.

. . .

최근에 출간된 책들 특히 인문교양서와 경제경영서는 손에 너무 쉽게 잡히는데, 인문고전은 왜 그렇게 손에 잘 안 잡히는지 모르겠다. 나는 책상 위, 운전석 옆 좌석, 가방 속, 침대 머리맡 등 손이 자주 가는 곳에 예외 없이 인문고전을 놓아두었다. 그런데 내 손에는 다른 책이 들려 있을 때가 더 많다. 특히 만화책이. 한때 그런 자신을 보면서 곤혹스러운 감정을 느끼곤 했다. 이어 실망, 좌절, 분노, 슬픔 같은 감정에 빠져들곤 했다. 그러나 헤겔과 비트겐슈타인을 만나고 그런 감정으로부터 적잖이 자유로워졌다.

헤겔은 베스트셀러 소설광이었다. 그는 어떤 인문고전보다 당시 베스트셀러 소설가였던 요한 티모테우스의 글을 즐겨 읽었다. 지인들이 걱정할 정도로 푹 빠져 있었다.[3] 비트겐슈타인은 싸구려 탐정 소설광이었다. 제자이자 친구였던 노먼 맬컴에게 보낸 편지들에 이렇게 썼을 정도였다.

"자네로부터 탐정잡지를 받아 보는 건 멋진 일이 될 걸세. 요즘엔 그걸 구하기가 무척 힘이 드네. 마치 내 마음이 허기가 지는 기분이야. 탐정잡지 안에는 정신적인 비타민과 칼로리가 풍부하게 함유되어 있다네. (…) 만일 미국이 우리에게 탐정잡지를 주지 않는다면 우리도 그들에게 철학을 줄 수 없다는 이야기라네."

"정신 나간 소리처럼 들릴지 모르지만, 탐정잡지를 최근에 다시 읽었을 때 나는 또다시 너무 좋아져서 진심으로 작가에게 편지를 써서 감사하고 싶은 생각이 들었다네."[4]

헤겔과 비트겐슈타인의 독서 취향을 알게 된 이후로 나는 인문고전보다는 신간 서적을, 신간 서적보다는 만화책을 좋아하는 나 자신을 몰아세우지 않게 되었다. 게다가 나는 천재도 아니지 않은가. 나는 지극히 평범한 두뇌를 가진 사람일 뿐이다. 이런 내가 천재들의 영역이라고 할 수 있는 인문고전의 세계에 과감히 발을 들여놓을 용기를 냈고, 지금껏 도망치지 않았다. 그러니 당신도 할 수 있다.

...

    다시 한 번 강조하지만 인문고전 독서에는 두뇌를 변화시키는 힘이 분명히 존재한다. 나는 자신할 수 있다. 만일 누구든지 인문고전, 특히 철학고전을 단 한 권이라도 제대로 뗀다면 그 사람의 두뇌는 반드시 변화한다. 그리고 오랜 세월 꾸준히 인문고전 독서를 해나간다면 언젠가는 두뇌가 혁명적으로 변화한다.

    이는 역사 속의 천재들이 증명한 것이다. 정치·경제·경영·문학·수학·과학·미술·음악·건축 등 각 분야의 대표적인 천재치고 인문고전에 깊이 빠지지 않았던 사람은 없다. 이는 곧 무엇을 뜻하는가? 누구든지 자신의 두뇌를 지금보다 몇 단계 높은 차원으로 도약시키고자 한다면, 나아가 천재의 영역에까지 들어가고자 한다면 반드시 인문고전을 읽어야 한다는 것이다.

    인문고전은 짧게는 100~200년, 길게는 1000~2000년 이상 된 지혜의 산삼이다. 이런 지혜의 산삼을 지속적으로 섭취한 두뇌가 어떻게 혁명적으로 변화하지 않겠는가. 처음에는 어렵기만 했던, 아니 차라리 고문처럼 느껴졌던 인문고전이 어느 순간 기막히게 재미있어지기 시작하고, 두뇌 속에 그 '재미'를 맛보는 순간이 서서히 쌓이기 시작하고, 그렇게 계속 해나가다 보면 마치 벼락처럼 두뇌가 충격적으로 바뀌는 순간이 온다. 그 순간은 말로 표현할 수 없다. 그것은 4차원적인 경험이므로. 0.1초 아니 0.001초일까. 그 초순간적인 경험을 하고 나면 두뇌는 완벽하게 변화한다. 마치 애벌레가 나비로 변화하듯이. 그 환상적인 경험을 이 책을 읽는 모든 독자들이 하게 되기를 간절히 소망한다.

인문고전 독서에서 가장 중요한 것이 두 가지 있다. 간절함과 사랑이다. 인문고전을 읽을 때 글자만 읽어서는 안 된다. 그 내용만 이해하려고 해서는 안 된다. 그것은 단면적인 책 읽기에 불과하다. 그 단계를 뛰어넘어야 한다. 입체적인 독서로 넘어가야 한다. 진정한 독서는 인문고전 저자와 대화를 나누는 것이다. 문장 뒤에 숨어 있는 천재의 정신을 만나는 것이다. 그 사실을 잘 이해해야 한다. 깨달음이 있는 책 읽기를 해야 한다는 의미다.

물론 그런 독서는 불가능에 가깝다. 하지만 온 마음을 다해 발버둥 치다 보면 완벽하지는 않더라도 천재의 정신에 근접한 독서는 할 수 있다. 하나님의 말씀인 『성경』을 깨닫기 위해서는 영안靈眼이 열려야 한다. 쉽게 말해서 하늘의 은총이 필요한 것이다. 하지만 인문고전은 제아무리 대단하다 한들 인간이 쓴 것에 불과하다. 때문에 간절한 마음으로 다가간다면 누구나 깨달음을 얻을 수 있다.

한편으로 사랑이 간절함보다 훨씬 중요하다. 사랑은 곧 인문고전 독서의 목적과 관계된다. "나는 왜 인문고전을 읽는가?"라는 질문에 대한 답은 여러 가지가 있을 수 있다. 천재가 되기 위해서, 창조적인 사고를 하기 위해서, 업무능력을 높이기 위해서, 회사를 잘 경영하기 위해서, 부자가 되기 위해서 등등. 그렇다면 왜 천재가 되어야 하고, 왜 창조적인 사고를 해야 하고, 왜 업무능력을 높여야 하고, 왜 회사를 잘 경영해야 하고, 왜 부자가 되어야 하는가? 여기에 대한 유일무이한 답은 '사랑'이어야 한다.

내 경우를 예로 들면, 인문고전을 읽다가 좌절감을 느낄 때마다 인문고전을 읽는 궁극적인 목적에 대해 자주 묵상했다. 물론 처음에는 무시만 당하는 무명작가로 살고 싶지 않아서였다. 하지만 그것은 시작에 불과했지 끝은 아니었다. 끝은, 어쩌면 비현실적으로 들릴 수도 있겠지만, 세상을 위해서였다. 진심이다. 진실로 진심이다. 나는 언제나 미래의 무수한 독자들을 생각하면서 머리 싸매고 인문고전을 읽었다. 때로는 결코 이해할 수 없을 것 같은 문장 때문에 숨이 턱까지 차오르고 혈압이 엄청나게 올라가기도 했지만, 내 수준을 높여야 독자들에게 좋은 작품을 선보일 수 있고, 독자들의 힘이 되고, 그 아름다운 힘들이 모여서 세상을 보다 밝게 변화시킬 수 있으리라는 뜨거운 믿음이 있었다. 그런 사랑의 마음으로 다가갈 때, 난공불락처럼 여겨지던 한 구절 한 구절이 어느 순간 기적처럼 깨달아지는 경험을 자주 했다.

'나'와 싸워야 '너'를 만나고
'우리'를 위한다

• • •

그들에게는 '열망'이 없다는 것이다. '나'와 '너'와 '우리'를 아름답고 지혜롭게 성장시켜서
세계를 보다 나은 곳으로 변화시키고 싶어 하는 간절한 열망 말이다.
쉽게 말해서 그들은 가슴이 아닌 머리로 독서하는 사람들이었다.

나는 늘 막다른 골목에 몰린 심정으로, 읽지 않으면 작가로서의 미
래를 보장받을 수 없다는 일종의 강박관념에, 쫓기듯 인문고전을
펼친다. 그리고 이내 두통을 느낀다. 하지만 꾹 참고 독서를 계속하
다 보면, 강박관념과 두통은 어느새 황홀한 감정으로 바뀐다. 거의
두뇌고문이라 불러도 부족하지 않을 서양철학 고전 독서도 마찬가
지다. 읽다 보면 어느 순간 새로운 세계가 펼쳐진다. 나는 인문고전
을 읽으면서 이 우주에는 우리가 오감五感으로 아는 시공간과 전혀
다른 시공간을 가진 세계가 존재한다는 사실을 깨달았다. 그 세계
는 인문고전 저자들이 만든, 그들의 정신이 살아서 빛나고 있는 세
계다. 인문고전을 온 마음을 다해서 읽다 보면 내 정신이 그 세계에

접속하는 것을 느낀다. 그때의 경험을 어떻게 표현할 수 있을까. 형언할 수 없을 정도로 밝고 아름다운 빛이 꽉 막힌 머릿속을 확 뚫고 들어오는 느낌, 가슴속이 말할 수 없이 시원해지는 느낌, 단전에서 뭔가 뜨거운 것이 훅 올라오는 느낌이라고나 할까. 나는 그런 경험을, 특히 새벽에 일어나 홀로 독서할 때, 자주 했다. 그리고 그때마다 내가 성장하는 것을 느꼈다.

인문고전 독서의 수준이 달라질 때마다 사고 또한 전혀 다른 형태로 변화, 발전하는 것을 경험하는 일은 경이로웠다. 물론 그 '경이'는 인문고전 독서라면 진저리를 치는 나 자신과 처절하게 투쟁해서 얻은 것이다. 사고의 확장 과정을 비유하면 점 → 손바닥 크기의 사각형 → 내 몸 크기의 삼각뿔 → 축구장 크기의 원기둥으로 표현할 수 있다. 4년 전부터는 원기둥의 모든 면이 열리는, 사고의 경계가 사라지는 장면을 마음으로 그리고 있다. 지금은 불가능하게 보이지만 언젠가는 현실이 될 수 있으리라 생각한다. 정신세계에 불가능이란 없다고 믿기 때문이다.

나의 인문고전 독서는 1) 저자만 있는 단계, 2) '나'가 나타나는 단계, 3) '너'가 나타나는 단계, 4) '우리'가 나타나는 단계를 거쳤다. 처음에 나는 아무런 의견이 없었다. 그저 저자의 이야기를 따라가기에 바빴다. 그렇게 몇 년을 보냈다. 그러다가 어느 날인가부터 '나'가 나타나기 시작했다. '나'는 집요할 정도로 '저자'를 만나고 싶어 했다. 그 열망이 1차원적 독서밖에 할 줄 몰랐던 나를 2차원적 독서로 이끌었다. 나는 인문고전의 내용을 나 자신의 삶에 적용하기 시작했다. 그렇게 다시 몇 년이 지나자 '너'가 나타나기 시작했다. 그때부터 나는 멘티들에게 인문고전에 기반한 멘토링을 해줄 수 있었다. 지금은 '우리'가 나타나는 단계에 있다. 어떻게 하면 인간이 인간답게 살 수 있는 세상을 만들 수 있겠느냐는, 내 수준으로는 감당하기 힘든 주제를 놓고 묵상하는 단계에 이르렀다는 의미다.

세상에는 인문고전을 좔좔 외우면서도 '너'나 '우리'는커녕 '나'도 나타나지 않은 단계에 머물러 있는 인문고전 독서가들이 의외로 많다. 나는 처음에 그런 사람들을 정말 이해할 수 없었다. 그래서 진지하게 연구해보았다. 내가 내린 결론은 그들에게는 '열망'이 없다는 것이다. '나'와 '너'와 '우리'를 아름답고 지혜롭게 성장시켜서 세계를 보다 나은 곳으로 변화시키고 싶어 하는 간절한 열망 말이다. 쉽게 말해서 그들은 가슴이 아닌 머리로 독서하는 사람들이었다. 한편으로 그들은 인문고전을 읽는 행위 자체를 무슨 대단한 지적 행위라도 되는 양 여기고, 인문고전을 통해 얻은 지식을 뽐내고 싶어서 안달하고, 인문고전을 읽지 않는 사람들을 심하게 깔보는 공통점이 있었다. 내게 '그들'을 비판할 자격은 없지만, 인문고전 저자들이 꿈꾼, 인류의 이상을 실현하기 위해 분투하는 삶을 살지 않는 인문고전 독서가는 그 존재 자체로 위험할 수도 있음을 알기에 '그들'에게 안타까움을 느낀다. 그들이 가슴으로 하는 독서의 세계로 들어가게 되기를 바란다. 그러면 세계는 지금보다 행복한 곳이 될 것이다.

공감 100퍼센트
인문고전 독서 노하우

. . .

무턱대고 아무 책이나 골라서 읽다가 불현듯 얻게 된,
앞선 책을 읽지 않으면 안 된다는 깨달음,
그것이 나에게는 굉장한 동기부여가 되었다.

| 해설서를 멀리하라 |

나는 인문고전 해설서를 거의 읽지 않았다. 사실 해설서를 몇 권 읽
어본 뒤 의도적으로 멀리했다. 그 기간이 약 7년에 달한다. 해설서
를 멀리한 것은 두 가지 이유에서였다.

첫째, 해설서 집필자들은 대부분 인문고전 연구 경력이 화려하
다. 쉽게 말해서 그 분야의 최고 전문가다. 그러다 보니 초보자로서
자연스럽게 그들을 신뢰하게 되었는데, 그게 나의 발전을 저해했
다. 인문고전을 내 관점이 아닌 그들의 관점으로 읽는 자신을 발견
했다는 의미다. 즉 나는 인문고전을 그들의 두뇌로 읽는 우를 범하
고 있었다. 물론 해설서 집필자들은 대단히 뛰어난 사람들이다. 하

지만 그들은 인류 역사에 이름을 남길 정도의 천재는 못 된다. 천재의 저작은 천재만이 제대로 이해할 수 있고 또 해설할 수 있다. 이것은 상식이다. 즉 현대의 연구자들이 쓴 해설서들은 원작자인 천재의 입장에서 보면 황당한 것일 수 있다. 달은 보지 못하고 달을 가리키는 손가락만 본 것일 가능성이 100퍼센트다. 나는 해설서를 읽어야 하느냐 마느냐를 놓고 오랜 시간 고심한 끝에 이런 결론을 내렸고, 해설서와의 인연을 단칼에 끊었다.

둘째, 인문고전을 날것 그대로 만나고 싶었다. 나도 인간이고 인문고전 저자들도 인간이고 해설서 집필자들도 인간이다. 하나님 앞에 서면 나나 인문고전 저자들이나 똑같이 평등한 존재인데, 군이 다른 인간(해설서 집필자)의 도움을 얻어가면서까지 그들(인문고전 저자들)을 만나야 할 필요가 있을까? 자신에게 이렇게 질문했고, '아니다'라는 답을 얻었다. 한편으로 아무리 열심히 해설서를 읽더라도 인문고전을 단 하루 읽는 것만 못함을 발견했다. 인문고전 독서는 비록 처음에는 두뇌고문과도 같지만, 포기하지 않고 끝까지 계속하다 보면 어느 순간 신비한 경험을 하게 된다. 두뇌가 열리고 어떤 빛이 두뇌를 채우는 느낌을 받는다. 아마도 두뇌의 근본적인 변화, 즉 둔재가 천재로 변화하는 순간은 그런 경험이 절정에 이른 상태일 것이다. 그런데 해설서 독서는 단 한 번도 그런 경험을 가져다주지 못했다. 그래서 나는 해설서를 책장에서 치워버렸다.

그러다가 2009년부터는 해설서를 즐겨 읽고 있다. 이제는 읽어도 된다는 판단을 내렸기 때문이다. 아니, 이제는 해설서가 두렵지 않다. 아직도 초보 수준이긴 하지만 그래도 인문고전을 제법 접하다 보니 해설서 저자의 의견에 크게 영향을 받지 않는 수준에 이르렀기 때문이다. 최근 중국의 유명한 교수가 쓴 동양고전 해설서를 읽었는데, 나는 그의 몇몇 의견, 특히 묵자에 관한 부분에서 치명적인 한계와 오류가 있다는 사실을 발견했다. 아마도 옛날 같았으면 그 교수의 의견에 압도되었을 것이고, 그의 의견을 받아들이는 데 급급한 나머지 정작 중요한 인문고전은 까맣게 잊어버리고 말았을 것이다.

해설서에는 인문고전을 더 잘 이해하는 데 반드시 필요한 내용이 들어 있다. 때문에 나는 해설서는 꼭 읽어야 한다고 생각한다. 하지만 그 시기는 인문고전 독서를 시작하고 최소 3년, 최고 10년이 흐른 뒤가 적당하다고 주장하고 싶다. 좀 더 본질적으로 말하면 당신의 내면에 인문고전 독서능력이 제대로 자리 잡은 뒤에 읽으라고 권하고 싶다. 인문고전 독서능력은 인문고전을 날것 그대로 치열하게 읽다 보면 저절로 생긴다.

| 자신만의 체계를 세워라 |

인문고전 독서에도 체계가 있다. 이를테면 소크라테스 이전 철학자들의 글을 읽고 플라톤을 전기, 중기, 후기로 구별해서 읽고 아리스토텔레스를 읽어야 한다는 식이다. 하지만 나는 체계를 따르지 않

왔다. 솔직히 말하면 체계라는 것을 알게 된 지도 얼마 안 됐다.

나는 무턱대고, 닥치는 대로 읽었다. 중요한 것은 천재들의 사상을 얼마나 잘 이해하느냐가 아니라 천재들의 마음을 끌어안고 얼마나 치열하게 뒹굴었느냐라고 믿었기 때문이다. 나의 인문고전 독서 목표는 인문교양 서적 저자가 되는 것도 아니었고 인문대학 교수가 되는 것도 아니었다. 오로지 돌덩이 같은 머리를 좀 괜찮은 두뇌로 만들고 싶다는 것뿐이었다. 쉽게 말해서 나는 철학을 공부하고 싶었던 게 아니라 철학 그 자체를 하고 싶었다.

그런데 인문고전을 열심히 읽다 보니 체계가 저절로 잡히는 현상이 나타났다. 이유는 간단하다. 아리스토텔레스를 읽다 보면 플라톤을 읽지 않으면 결코 이해할 수 없는 부분들이 나온다. 결국 아리스토텔레스 읽기를 중지하고 플라톤을 읽을 수밖에 없다. 그런데 플라톤을 읽다 보면 프로타고라스라든지 파르메니데스 같은 소크라테스 이전 철학자들의 글을 모르면 결코 이해할 수 없는 부분들이 나온다. 결국 플라톤 읽기를 중지하고 소크라테스 이전 철학자들의 글을 읽을 수밖에 없다. 동양고전도 마찬가지다.

어찌 보면 꽤 무식하게 체계를 잡은 셈인데, 그래도 이 방법을 추천하고 싶다. 처음부터 체계를 잡아놓고 읽기 시작하면 독서의 재미가 떨어지는 경향이 있기 때문이다. 무턱대고 아무 책이나 골라서 읽다가 불현듯 얻게 된, 앞선 책을 읽지 않으면 안 된다는 깨달음, 그것이 나에게는 굉장한 동기부여가 되었다.

| 필사하라 |

나는 인문고전을 읽고 거의 대부분 베껴 쓰기, 즉 필사를 했다. 처음에 필사를 시도했던 이유는 별것 아니었다. 아무리 읽어도 도무지 이해되지 않으니 한번 필사해 보면 뭔가 달라지지 않을까 하는 생각 때문이었다. 실제로 필사를 해보니 효과가 기대 이상이었다. 아직도 기억한다. 아이들을 보내고 교실에 홀로 앉아 클래식을 틀어놓고 철학고전을 필사할 때마다 느꼈던 그 강렬하고 특별한 감정들. 어느 겨울날 새벽에 홀로 깨어 눈 내리는 소리를 들으면서 필사를 하며 체험했던 그 놀라운 깨달음들. 필사를 하면서 인문고전 저자를 직접 만나는 듯한 착각에 빠졌던 것이다. 하얀 종이 위에 찍힌 검은 글자들이 단순한 글자로 머물지 않고 시공을 초월한 '대화'로 변해서 나에게 다가오던 그 순간들을 어떻게 설명할 수 있을까. 그 순간들은 필사를 할 때 주로 찾아왔는데, 그 순간들이 쌓여서 나의 작은 변화를 만들어냈다고 믿는다.

주로 새벽이나 방과 후 교실에서 필사를 했다. 하지만 자투리 시간도 많이 활용했다. 예를 들면 키르케고르는 아이들을 데리고 EBS 방송국에 녹화하러 갔을 때 대기실에서 했다. 학교별로 마흔 명씩 나와서 하는 퀴즈 대항전 프로였다. 두 시간 연속 녹화였던 것으로 기억하는데, 아이들을 인솔해서 무대로 보내고 나니 할 일이 없었다. 그래서 키르케고르를 꺼내 들어 필사를 했다. 『맹자』의 5분의 1은 지하철에서 필사했고, 아리스토텔레스의 『범주론』의 절반은 공원 벤치

등에서 필사했다.

나는 노트에 쓰는 필사를 선호했는데 어느 날 워드 필사의 편리함을 알게 되었다. 그 뒤 5~6년 동안 주로 워드로 필사했다. 그런데 워드 필사는 손가락이 너무 아팠다. 나는 필사를 하다가 좋은 구절을 만나면 나도 모르게 흥분해서 자판을 세게 내려치는 습관이 있는데, 인문고전 같은 경우 거의 모든 구절이 좋은 구절이었다. 게다가 나는 멋진 작가가 되기 위해 인문고전 외의 책들도 매일 필사하고 있었다. 덕분에 손가락에 늘 작은 파스와 밴드를 붙이고 살아야 했다. 그리고 어깨가 늘 찌르듯이 아팠다. 필사를 한창 열심히 하던 때는 어깻죽지 통증이 하도 심한 나머지 나도 모르게 길거리에서 소리를 지른 적도 여러 번 있었다. 2008년부터는 워드로 하는 필사를 그만두었다. 대신 집에 있는 복사기로 책을 몇 쪽씩 복사한 뒤에 각 행 밑에 있는 여백에 필사하는 방법을 택하고 있다.

필사는 보통 한 번만 했다. 그러나 도무지 이해가 안 되는 책들은 여러 번 했다. 철학고전은 처음부터 끝까지 전부 필사했고, 문학고전은 가슴에 와 닿는 부분만 필사했다. 역사고전은 한 권도 필사하지 않았다. 철학고전 중 정말 이해하기 어려운 부분은 따로 출력해서 주머니나 가방에 넣고 다니면서 수시로 꺼내 소리 내어 읽었다. 이해가 될 때까지 그렇게 했다. 물론 내 수준의 이해였지만 말이다.

자동차가 생긴 뒤부터는 인문고전을 녹음해서 운전 중에 듣는 방법도 쓰고 있다. 최근에 마키아벨리의 『군주론』과 베게티우스의

『군사학 논고』를 이런 식으로 다시 읽었다.

| 일단 저질러라 |

인문고전 독서에서 가장 중요한 점은 일단 저지르는 것이다. 인문고전을 한 권 구입해서(가급적 부록에서 제시한 '이지성의 인문고전 독서 단계별 추천도서'(343쪽)를 따르기 바란다) 죽이 되든 밥이 되든 처음부터 끝까지 읽어보는 것이다. 그리고 처음부터 끝까지 베껴 써보는 것이다. 이런 식으로 철학고전을 세 권에서 다섯 권만 독파하면 일종의 '감感'이 생긴다. 그 '감'은 말로 설명하기 어렵다. 물론 사람마다 다를 수 있다. 때문에 내 주관적인 설명은 생략하겠다. 나는 종종 어떤 인문고전을 어떻게 읽어야 하는지 가르쳐달라는 메일을 받는데, 그때마다 대답은 한결같다. 일단 저질러보라는 것. 그러면 자기만의 독서법이 생긴다. 그 독서법을 밀고 나가면 된다. 인문고전 독서의 '도道'에 이르는 길은 각자 다를 수 있기 때문이다.

파스칼의 『팡세』가 너무 지루했다. 아마도 고리타분하기 그지없는 번역자의 문체 때문이었을 거다. 1980년대에나 어울릴 법한 문체였다. 하지만 읽지 않을 수 없었다. 그래서 나 자신과 일종의 게임을 했다. 나는 『팡세』를 칼로 열두 등분했다. 그랬더니 열두 권의 소책자가 되었다. 나는 그 소책자를 읽는 즉시 나로부터 이탈시켰다. 초등학생에게 유리창을 닦거나 종이비행기를 접을 때 쓰라고 주었는가 하면 휴지통에 투척하기도 했다. 그렇게 열두 권을 없앤 뒤 새

책을 한 권 사서 책장에 모셔두었다. 이상한 방법이었다는 것, 인정한다. 하지만 내가 그렇게 하지 않았다면 과연 『팡세』를 읽을 수 있었을까? 절대 못 읽었을 거라고 생각한다. 물론 파스칼과 번역자에게는 미안하게 생각한다. 그러나 내가 말하고자 하는 요지는 이것이다. 책장에 인문고전을 고이 모셔두는 것보다는 찢어 없애버리더라도 읽는 게 낫다.

| 항상 인문고전을 가지고 다녀라 |

나는 지하철에서 독서가 잘되는 경험을 많이 했다. 사실 잘 이해가되지 않는다. 쇠바퀴가 구르는 소리, 멈추는 소리, 수시로 터지는 안내방송, 객실을 가득 메운 승객들이 내는 온갖 소리 등등 소음으로가득 찬 지하철 안에서 어떻게 그리 집중이 잘되는지. 나는 특히 아리스토텔레스의 대표작들을 주로 지하철에서 독파했다. 지하철을타고 가면서 아리스토텔레스를 읽다가 두뇌가 열리고 신비한 깨달음을 얻은 순간도 여러 번 있었다. 심지어는 달리는 지하철 안에서필사를 한 적도 있다. 지금 생각해도 신기하기만 하다.

그런데 의도적으로 인문고전을 읽으려고 지하철을 탔을 때는 집중이 안 돼서 무가지만 읽었다. 뭐랄까. 지하철을 타게 되었는데 문득 심심해졌고, 해서 가방을 열었더니 아리스토텔레스가 있었고, 어디 한번 들춰나 볼까 하는 마음으로 꺼내 들었는데 나도 모르게 깊이 빠져들고, 정신을 차려보니 종점에 와 있는 그런 식의 독서가 가장 효과가 있었다고나 할까.

공원 벤치, 패스트푸드점, 학교 체육 창고, 버스, 병원, 길거리 등에서 우연히 인문고전을 꺼내 읽었을 때도 집중이 잘됐다. 내가 본래 산만한 성격이어서 그런가 보다 생각했는데, 독서광들을 만나면서 그런 식의 독서가 굉장히 효과가 큰 독서법이라는 사실을 알게 되었다. 당신도 가방에 항상 인문고전을 넣어 가지고 다니기 바란다. 부피가 큰 책은 분책을 하거나 열 페이지씩 찢어서 가지고 다니면 된다. 아니면 복사를 해서 가지고 다녀도 좋다. 그러다 보면 의외의 장소에서 자신도 모르게 인문고전을 집어 들게 될 것이고, 순간적으로 엄청난 집중력을 발휘하게 될 것이다.

최근에 나는 독서여행을 생각하고 있다. 그러니까 차 트렁크에 인문고전을 가득 싣고서 무작정 떠나는 것이다. 아니면 배낭에 한두 권을 넣고서 기차여행이나 자전거여행 또는 도보여행을 떠나도 좋을 것이다. 그렇게 하루나 1박 2일 또는 한 달 넘게 떠나는 것이다. 그리고 가지고 간 인문고전을 다 읽은 뒤에 돌아오는 것이다. 물론 아직까지는 희망사항이다. 하지만 언젠가는 반드시 시도해볼 것이다.

| 읽은 내용에 대해 다른 사람에게 설명하라 |

책을 읽는 것에 그치지 않고 다른 누군가에게 설명하면서 독서할 때는 몰랐던 부분을 순간적으로 이해하게 되거나 체계가 잘 잡히지

않았던 부분이 갑자기 확 잡힌다거나 하는 경험을 한 번쯤은 해보 았을 것이다. 인문고전 독서도 마찬가지다. 누군가에게 설명을 하면 독서의 효과가 몇 배가 된다.

고전이 아닌 책이라면 모르겠지만, 고전을 읽고 하는 토론은 어 느 정도 인문고전 독서 경력을 쌓은 뒤에 시작할 것을 권한다. 이를 테면 키케로의 'ㅋ'자도 모르는 사람들이 『최고선악론』을 읽고 토 론을 하면 어떤 일이 벌어질까? 천재의 사상을 자기들 멋대로 해석 하는 일이 생길 수 있다. 둔재끼리의 토론은 서로 둔재성을 더욱 강 화시키는 역할만 하게 될 가능성이 크다는 것이다. 실제로 나는 그 런 현상을 몇 번 목도했다. 인문고전 독서를 다룬 나의 다른 책들을 읽고서 성급하게 토론모임부터 만든 사람들의 수준이 자꾸만 낮아 져가는 것을 말이다. 그래서 나는 어설픈 토론을 하느니 차라리 안 하는 게 낫다고 생각한다.

어쩌면 인문고전 독서는 황금률을 따르고 있는 게 아닐까? 자신 에게 모든 것을 걸고 달려드는 사람에게는 그만큼의 성과를 주고 그러지 않는 사람들에게는 별다른 성과를 주지 않는 게 아닐까, 나 는 그런 생각을 자주 하곤 했다. 다름 아닌 인문고전 독서토론 모임 을 하는 사람들을 보면서 말이다.

물론 그렇지 않은 모임도 있겠지만 적어도 내가 만난 몇몇 토론 모임은 일주일 동안 집에서 인문고전 십수 쪽 읽고 와서 커피 마시 며 독서 감상 몇 분씩 말하고 밥을 먹으러 가는 게 전부였다. 나는 그들에게서 어떤 뜨거움도 찾아볼 수 없었다. 당연히 그들의 독서 능력은 언제나 제자리였고, 깨달음이 없으니 치열한 토론이 성립될 수 없었고, 그러다 보니 다들 이런 식으로 읽나 보다 하는 고정관념을 갖게 되었고, 그 고정관념은 그들의 사고 능력을 망가뜨렸다. 쉽게 말해서 그들은 인문고전을 읽으면서 도리어 바보가 되어가고 있었다.

인문고전은 치열하게 읽어야 한다. 미친 듯이 지독하게 읽어야 한다. 그래야 깨달음이 온다. 그 깨달음을 여러 번 얻고 난 뒤에 역시 자신처럼 깨달음을 얻은 사람들을 만나서 토론하면 그것이 최고의 토론이다. 서로 안에 잠들어 있는 천재성을 일깨우는 최상의 토론이다. 나는 이런 형태가 아닌 토론은 말리고 싶다.

토론모임보다는 발표모임을 권하고 싶다. 앞에서 언급한 것처럼 자신이 읽은 부분을 설명하는 모임을 만드는 것이다. 그럼 보다 좋은 효과를 얻을 수 있을 것이다. 발표할 때는(발표보다는 설명이 더 정확한 표현이겠지만) 책의 내용만 말하지 말고, 책을 읽으면서 느낀 감정을 표현하기를 권한다. 곧 "나는 이 부분을 읽을 때 정말 어려웠는데, 작심하고서 열 번을 읽었더니 뭔가 머릿속이 시원하게 맑아지는 것을 느꼈어"라든가 "이 부분을 필사했는데 그 순간 두뇌에서 어떤 깊은 떨림 같은 게 왔어" 같이, 홀로 독서를 할 때 누구나 느끼게 되는 자신만의 내밀한 감정을 솔직하게 주고받으라는 의미다. 그러면 지식에서 지혜로 가는 시간이 무척 짧아질 것이다.

물론 굳이 모임까지 만들지 않아도 좋다. 내가 편하게 마음을 열어 보일 수 있는 한 사람에게 설명하는 것만으로도 훌륭한 효과를 얻을 수 있으니까 말이다. 재미있는 것은 그 사람이 인문고전 독서에 전혀 흥미가 없어도 된다는 사실이다. 그러니까 뭔가 어려운 이야기를 하는 당신을 따뜻한 눈으로 바라보면서 고개를 끄덕여주는 사람이 한 명만 있어도 당신의 인문고전 독서는 풍성해질 것이다.

최악의 상황에서도
독서에 몰입하라

· · ·

정약용은 하루아침에 죄인으로 몰려 강진으로 유배됐다.
감옥과도 같은 그곳에서 그는 복사뼈에 구멍이 세 번이나 날 정도로 치열하게 독서했다.
그에게 인문고전 독서는 피난처이자 휴식처였다.

2004년 7월, 나는 경기도립 성남도서관 밑으로 이사했다. 그곳에서 2009년 5월까지 살았다. 비록 달동네였지만 행복했다. 성남도서관에서 도보로 15분 거리에 수정도서관이 또 있었기 때문이다. 나의 하루는 눈뜨자마자 책을 손에 잡는 것으로 시작했다. 매일 두 시간 정도 새벽독서를 했다. 독서를 마치면 성남도서관 옆에 있는 희망대공원으로 가서, 내 기억으로 407개에 달하는, 계단 왕복달리기를 네 번 정도 했다. 운동을 마치고 집에 오면 보통 6시였다. 샤워를 하고 다시 책을 읽고 글을 쓰다가 8시쯤 되면 아침을 먹고 출근을 했다. 오후 3시에 아이들을 보내고 교실 청소를 하고 상담활동을 하고 밀린 업무를 처리하면 어느덧 퇴근 시간이었다. 학교에서 집으로 가려면 숲을 세 개나 가로질러야 했다. 수정도서관은 두 번째 숲 옆에 있었고, 성남도서관은 세 번째 숲 끝자락에 있었다. 나는 거의 매일 도서관 두 곳에 들러서 읽은 책들을 반납하고 새로운 책들을 빌렸다. 글은 보통 저녁 식사를 마치고 한 시간쯤 뒤부터 쓰기 시작해서 자정까지 썼다. 일주일에 두세 번 정도는 새벽 2~3시까지 글을 쓰곤 했는데, 그땐 아침 6시에 일어났다. 거의 수도승과 다름없는 그 생활을 전업 작가가 되기 전까지, 마치 기계처럼, 하루도 빠짐없이 했다. 지금 생각하면 거짓말 같다. 어떻게 그런 삶을 살 수 있었는지, 다른 사람이 내 인생을 대신 산 것 같은 기분이 들 정도다.

그때 내게는 하루에 한 권 이상의 책을 읽지 않으면 자신에게 밥과 잠을 허락하지 않는 규칙이 있었다. 스물여덟 살의 어느 날, 하루에 밥은 세 번 먹으면서 책은 세 권을 읽지 못하고 잠은 네 시간 넘게 자면서 책은 네 시간 이상 읽지 못하는 나 자신을 발견하고 이건 아니라는 생각이 들어서 만든 규칙이었다. 그런데 필사必死의 각오를 한 나를 방해하는 사람들이 있었다. 옆집에 사는 알코올중독 아저씨와 앞집에 사는 슈퍼 주인아저씨와 내 집에서 대각선 방향으로 약 20미터 거리에 있는 집에 사는 정신장애 아줌마가 그들이었다.

알코올중독 아저씨와 정신장애 아줌마는 서로 죽이 잘 맞았는데, 낮 2시경부터 저녁 7시경까지 슈퍼 앞 파라솔 아래서 거의 살다시피 했다. 두 사람이 하는 일은 주로 지나가는 사람에게 행패를 부리거나 울면서 노래를 부르거나 악을 쓰는 것이었다. 저녁 8시경이 되면 두 사람은 거처(?)를 파라솔에서 내 방 바로 밑에 위치한 이 삿짐센터 사무실 앞으로 옮겼다. 그때쯤이면 동네 아저씨들이 하나둘 파라솔로 모여들어 소주 몇 병에 과자나 오징어 따위를 시켜 놓고 세상 돌아가는 소식을 나누었기 때문이다. 아저씨들의, 정말이지 너무 시끄러운 수다는 보통 새벽 1~2시가 되어서야 끝났다. 정신장애 아줌마와 알코올중독 아저씨는 동네 아저씨들의 수다가 끝날 때까지, 소리를 지르고 욕을 하고 이상한 노래를 불렀다. 그러다가 새벽 2~3시쯤 되면 둘 중 하나는 길 한복판에 뻗어 있기 일쑤였다. 그러면 슈퍼 아저씨가 112를 눌렀고, 5분도 안 돼서 경찰차가 도착했고, 집에 들어가기 싫어서 길에서 자겠다는 사람과 차가 다니는 길 위에서 이러면 안 된다고 하는 경찰관들 사이에 실랑이가 벌어졌고, 그 실랑이는 보통 한 시간 가까이 계속됐다. 그런 일이 거의 매일 벌어졌다.

이사를 하려고 몇 번 시도했었다. 하지만 돈이 부족했다. 사실 집이라기보다는 옥상에 임시로 설치한 창고 비슷한 무엇이라는 표현이 적절한 곳에서 3년 6개월 넘게 살다가 그토록 꿈꾸던 도서관 밑에 위치한 벽돌로 만들어진 진짜 집으로 이사 간 것만 해도 기적이었다. 당시 나는, 물론 베스트셀러 작가가 된 뒤 순식간에 다 갚긴했지만, 수억 원에 달하는 보증 빚을 지고 있었고, IMF 직격탄을 맞아 전 재산을 경매당하고 몰락해버린 우리 집의 생활비를 대고 있었다. 나는 거지나 마찬가지였다. 그리하여 나의 이사 시도란 것도 근처 부동산을 찾아가서 하소연을 늘어놓다가 지금 가진 돈으로는 어렵겠다는 말을 듣고 체념한 얼굴로 다시 그분들이 계신 그 골목으로 돌아오는 게 전부였다.

최악의 독서 환경 아래서 힘들어하던 나에게 힘을 준 것은 천재들이었다. 정약용은 하루아침에 죄인으로 몰려 강진으로 유배됐다. 감옥과도 같은 그곳에서 그는 복사뼈에 구멍이 세 번이나 날 정도로 치열하게 독서했다. 정조는 끝도 없이 밀려드는 정무와 당파싸움 그리고 암살 위협에 시달리면서도 책을 손에서 놓지 않았다. 그들에게 인문고전 독서는 피난처이자 휴식처였다. 피렌체에서 화형선고를 받았던 단테는 추격자들을 피해 도망 다니던 와중에도 인문고전을 읽고 글을 썼다. 당시 그는 기본적인 의식주조차 제공받지 못했다고 한다. 병약한 몸이었던 파스칼은 잠을 이루지 못할 정도의 치통, 머리가 빠개질 듯한 두통, 위와 기관지에 생긴 질병, 뇌의 심각한 장애 등으로 고생하면서도 인문고전 독서에 몰두했다. 노벨평화상을 받은 슈바이처는 아프리카의 살인적인 더위 속에서도 매일 인문고전을 읽고 연구했으며 후일 포로수용소에 수감되었을 때조차 아리스토텔레스의 『정치학』을 몰래 반입해서 읽었다.

물론 천재들 중에는 참으로 좋은 환경에서 독서한 사람들도 적지 않다. 하지만 상상하기도 힘든 가혹한 환경 아래서 뜨겁게 독서한 사람들도 많다. 한편으로 나는 좋은 환경에서 독서했던 데카르트나 베이컨 같은 사람들도 만일 정약용이나 파스칼 또는 슈바이처

같은 환경에 처했다면 좋은 환경에서 책을 읽던 것과 똑같은 열정으로 뜨겁게 독서했으리라고 믿는다. 그들은 인문고전 독서에서 가장 중요한 것은 환경이 아니라 마음의 열정이라는 사실을 잘 알고 있었던 사람들이었으니까 말이다.

아무튼 나는 최악의 환경 속에서도 마음의 중심을 잃지 않고 인문고전 독서에 몰입해서 위대한 업적을 이룬 천재들을 만난 뒤, 나의 열악한 독서 환경을 도리어 감사하는 쪽으로 돌아섰다. 나도 비정상적인 환경 아래서 독서하고 있으니까 평범한 나에게도 뭔가 비정상적인 일, 그러니까 천재들만큼은 아니더라도 그에 준하는 수준의 어떤 변화, 즉 두뇌의 변화로 인한 새로운 차원의 지적 깨달음 같은 것을 얻게 되는 일이 일어나려나 보다, 이런 생각을 하게 되었다. 그런 생각이 점차 깊어지다 보니 나중에는 정신장애 그분과 알코올중독 그분 그리고 슈퍼의 그분은 어쩌면 나를 도와주기 위해서 내려온 천사일지도 몰라, 이런 생각마저 하게 되었다. 그런 비현실적인 마음가짐 덕분일까. 나는 그 동네에서 굉장히 비현실적인 독서, 그러니까 독서가 주가 되고 다른 모든 것 심지어는 나 자신조차도 부록으로 밀려나는 독서를 할 수 있었고 비현실적인 성장을 할 수 있었다.

당신이 인문고전에 대해
오해하는 것들

· · ·

아이작 뉴턴은 조폐국장을 지냈다.
프랜시스 베이컨은 국회의원, 법무장관, 대법관 등을 역임했다.
존 로크는 의사였다. 볼테르는 세계적인 유명인사이자 파리 사교계의 꽃이었고,
160명이 넘는 하인을 거느린 부자였다.

나는 많은 사람이 인문고전의 저자들 특히 철학자들을 엉뚱하게 오해하고 있다는 사실을 발견했다. 사람들은 철학자들이 불우했고, 찢어지게 가난했으며, 병약했다고 생각하고 있었다. 또한 현실과 담을 쌓고 입만 살아 있는 바보 같은 존재쯤으로 여기고 있었다. 한편으로 사람들의 그런 오해가 영화나 소설 또는 TV 드라마에서 비롯된 것일 수도 있음을 발견했다. 일례로 조선시대를 배경으로 한 영화나 드라마 등을 보면 이런 식의 장면이 나올 때가 있다. 우람한 근육을 가진 마당쇠가 방에 들어앉아 글만 읽는 병약한 선비를 보면서 고개를 흔든다. "저래 책만 읽어가지고 뭐가 나온다고." 다음 화면은 마당쇠가 도끼를 들어 장작을 패는 장면이다. 그런 장

면이 주는 메시지는 간단하다. '책만 보는 선비보다는 노동하는 마당쇠가 더 낫다.' 하지만 매스컴은 이런 장면은 전혀 보여주지 않는다. 몇 년 뒤 선비는 장원급제하여 나타나고 마당쇠는 머리가 땅에 닿도록 절을 한다. 그 절은 평생 계속된다. 조선왕조 500년 동안 책을 읽지 않는 마당쇠가 책을 읽는 선비를 지배한 적이 단 하루라도 있었던가. 여기서 말하는 선비는 지배계급, 마당쇠는 피지배계급의 상징이다. 다른 소설이나 TV 드라마 등에서도 마찬가지다. 책을 열심히 읽는 사람들은 대개 현실에 적응하지 못하는 얼간이쯤으로 나온다.

대중이 철학자들을 오해하게 한 또 다른 배경에는 인문고전 무독서증이 있다. 만일 대중이 철학고전을 단 몇 권이라도 읽었다면 당연히 철학자들에 대해서도 관심을 갖게 되었을 것이다. 그리고 철학자들에 대해서 새로운 시각을 갖게 되었을 것이다. 철학고전의 저자들은 일반인의 상상을 뛰어넘는 존재였다. 대표적인 사례를 보자. 공자와 맹자의 주요 고객은 각국의 왕들이었다. 오늘날로 치면 두 사람은 세계 각국 대통령들의 정치 고문이었다. 묵자와 그의 제자들은 중국 역사상 최고의 전사戰士이자 군사 기술자였다. 『정관정요』의 주인공 당 태종은 중국 황제였다. 양명학의 창시자 왕양명은 명나라 최고의 행정가이자 대규모 반란 진압에 탁월한 재능을 보인 최고의 장수였다. 탈레스는 페르시아에 맞서 그리스 도시국가들을 하나로 묶은 탁월한 정치가였다. 소크라테스는 군인들의 칭송을 한 몸에 받은 최고의 중장갑 전투 요원이었다. 플라톤은 아테네 최고 명문가 출신이었고, 전쟁에 참여해서 훈장을 세 번이나 탄 전사였고, 국가 규모의 레슬링 대회에서 두 번이나 우승한 스포츠맨이었다. 키케로는 로마 역사를 통틀어 최고의 변호사였고, 카틸리나의 쿠데타 음모를 분쇄한 공로로 '조국의 아버지'라는 칭호를 받은 위대한 집정관이었다. 마르쿠스 아우렐리우스는 로마 황제였다. 데카르트는 당대에 적수를 찾아보기 힘든 유명한 검객이었다. 아이작 뉴턴은 조폐국장을 지냈다. 프랜시스 베이컨은 국회의원, 법무장관, 대법관 등을 역임했다. 존 로크는 의사였다. 볼테르는 세계적인 유명인사이자 파리 사교계의 꽃이었고, 160명이 넘는 하인을 거느린 부자였다. 존 스튜어트 밀은 동인도회사의 관리였고, 유명 작가였고, 국회의원이었다. 비트겐슈타인은 제트기에 쓰이는 엔진에 대한 특허를 내기도 한 항공공학 전문가였다.

물론 장자나 디오게네스처럼 철저하게 세상을 조롱한 철학자들도 있다. 그리고 마르크스처럼 당대에는 전혀 인정을 받지 못한 철학자도 있다. 하지만 그런 철학자는 소수다. 인문고전의 저자이거나 주인공이었던 그들은 대부분 당대에 세상의 존경과 사랑을 받으며 왕과 귀족들을 팬으로 거느리고 가는 곳마다 유명세를 톡톡히 치른 슈퍼스타였다. 또 그들이 거느린 제자들은 대부분 왕이나 귀족 또는 그들의 자녀들이었다. 이 현상은 오늘날에도 동일하게 나타나고 있다. 당신은 현대의 고전을 쓴 앨빈 토플러나 피터 드러커 같은 석학들에게 개인적으로 자문을 받은 적이 있는가? 없을 것이다. 그러나 세계 각국의 대통령들과 세계 100대 기업 CEO들은 그런 석학들과 늘 식사를 같이하면서 자문을 받는다. 그렇다면 그들의 자녀들도 세계적인 석학들을 만나서 배울까? 당연하다. 이 현실은 무엇을 의미하는가? 당신과 당신의 자녀들은 그들과 그들의 자녀들에 비해 그만큼 뒤처지고 있으며, 그 격차는 지금 이 순간에도 걱정스러울 정도로 크게 벌어지고 있다는 것을 의미한다. 이제 진실을 알아야 한다. 대중문화를 쥐고 있는 사람들이 만들어내는 허상에 속지 말고, 있는 그대로의 현실을 마주하기 바란다.

철학고전의 저자들은 부富에 대해서 어떤 태도를 보였을까? 아마도 당신은 그들이 부를 경멸했을 거라고 생각할 것이다. 물론 부를 경멸하고 가난을 찬양한 철학자들도 있다. 또 실제로 처참할 정도로 가난하게 산 철학자들도 있다. 하지만 그렇지 않은 철학자들도 많다. 대표적인 사례들을 보자. 플라톤은 재벌가 출신으로 그리스 세계에서 최고의 명성을 떨친 아카데메이아의 학장, 오늘날로 치면 하버드 대학교 총장이었다. 아리스토텔레스는 왕의 주치의의 아들이었고, 아카데메이아에 버금가는 명성을 누린 리케이온의 학장, 오늘날로 치면 예일 대학교 총장이었다. 공자는 정식 제자만 3000명에 달했고, 국가에서 원로 대우를 받았다. 관중, 맹자, 순자, 손무, 오기 같은 중국 철학자들의 공통점은 한 나라의 재상이었거나 재상급 대우를 받았다는 것이다. 키케로는 로마 최고의 부자 중 한 명이었다. 몽테뉴는 몽테뉴 성城의 주인이었다. 몽테스키외, 쇼펜하우어, 비트겐슈타인[5]의 공통점은 젊은 나이에 엄청난 유산을 상속받았다는 것이다. 덧붙이자면 대부분의 철학고전 저자들은 오늘날로 치면 단과대학 학장 이상의 대우는 받고 살았다.

물론 철학자들 중에는 철학의 절대순수를 추구하기 위해 철저하게 빈손으로 살았던 사람도 있다. 대표적인 인물이 장자와 디오게네스다. 두 사람은 당대에 최고의 명성을 누렸다. 장자는 초나라 위왕의 초청을 받았고, 디오게네스는 알렉산더 대왕의 방문을 받았다. 두 사람에게는 최고의 실력이 있었기 때문이다. 하지만 두 사람은 왕의 러브콜을 냉정하게 뿌리쳤다. 부귀영화를 누리는 것보다는 철학을 하는 것이 훨씬 중요하다고 생각했기 때문이다. 두 사람의 순수는 무능력에 기반한 것이 아니라 위대한 능력에 기반한 것이었다. 그렇기 때문에 그들의 순수는 역사가 될 수 있었다.

. . .

"작가님은 아이들에게 인문고전을 가르치라고 하셨지만 『성경』이야말로 인류 최고의 고전이 아닌가요? 때문에 저는 아이들에게 철학자들의 책보다는 『성경』을 가르치고 싶습니다." 이런 내용의 메일을 여러 번 받은 적이 있다. 아마도, 이 책이 출판되고 나면 더욱 많아질 것이다.

우리나라에서 책을 가장 많이 읽는 곳은 기업 다음으로 개신교 교회인 듯하다. 독서대학이라든가 독서특강, 독서모임 등을 가장 많이 갖는 곳도 마찬가지인 듯하다. 나 역시 개신교회로부터 특강 요청을 제법 받고 있는데, 응해본 적은 거의 없다. 교회는 예수 그리스도의 복음을 선포하는 곳이지 자기계발이라든지 독서 또는 자녀교육 특강을 하는 곳은 아니기 때문이다. 물론 예배 시간이 아닌 때에 하는 일종의 문화 특강은 괜찮다. 일부 개신교인들이 들으면 실망하겠지만, 나는 인문고전 독서 단계별 추천도서에 『성경』을 추가하지 않았다. 이유는 간단하다. 『성경』은 인간의 죄를 사하고, 영혼을 구원하고, 천국으로 인도하는 하나님이자 인간인 예수 그리스도가 주인공인 책이지만 인문고전은 인간이 주인공이기 때문이다.

나는 개신교회의 열렬한 독서가들이 관심을 가져야 할 것은 인문고전 추천도서 목록에 『성경』이 들어가느냐 마느냐가 아니라 출판될 때마다 기독교 분야 1위를 기록하는 노먼 빈센트 필, 로버트 슐러, 조엘 오스틴, 헨리 나우웬, 유진 피터슨, 릭 워렌 같은 사람들의 저서에 대해 『성경』에 기반한 비평문화를 만드는 일이라고 생각한다. 이 책은 개신교 독자들만을 위한 것이 아니므로, 여기에 대해서는 깊게 이야기하고 싶지 않다. 관심 있는 사람은 『신비주의와 손잡은 기독교』(레이 윤겐 지음), 『릭 워렌의 목적과 사탄의 미혹』(워렌 스미스 지음), 『뉴에이지 신비주의』(김태한 지음), 『심리학에 물든 부족한 기독교』(옥성호 지음), 『기독교, 세상의 함정에 빠지다』(박순용 지음),

『교회를 타락시키는 베스트셀러: 목적이 이끄는 삶, 목적이 이끄는 교회』(조영엽 지음) 같은 책을 읽어보고 스스로 판단하기 바란다.

인문고전 저자 중에는 『성경』의 내용과 배치되는 사상을 설파한 사람들이 있다. 기독교 이단 사상의 원류라는 말을 듣기도 하는 플라톤이 대표적이다. 물론 파스칼이나 존 버니언처럼 『성경』에 충실한 인문고전 저자들이 더 많다는 사실을 밝혀둔다. 이런 문제에 예민한 개신교 독서가들이 들으면 기분 나쁠 수도 있겠지만, 나는 인문고전의 저자가 『성경』에 대해 가진 의견에는 별 관심이 없다. 인간이 쓴 책에 대해서 돌고래나 판다가 어떤 의견을 표하든 그것이 인간이 쓴 책이라는 사실은 변함없다. 마찬가지로 하나님이 쓴 『성경』에 대해서 인간이 어떤 의견을 표하든 그것이 하나님이 쓴 책이라는 사실에는 변함이 없다. 쉽게 말해서 『성경』에 대한 인간의 의견이란 무의미한 것이다. 『성경』은 철저하게 진리와 신앙의 영역이니까.

나는 인문고전을 읽는 것을 꺼리는 일부 개신교 독서가들에게 하나님께 위대하게 쓰임받은 사람, 칼뱅의 독서를 소개하고 싶다. 칼뱅은 고작 스물세 살에 고전 중의 고전인 세네카의 『관용론』에 대한 주석서를 출판했는데, 이로 인해 당대 최고 학자의 반열에 올랐다. 그리고 스물일곱 살에 출판한 『기독교 강요』는 출판된 지 480년이나 흐른 지금 이 순간에도 세계 각국의 대학 등에서 치열하게 연구되고 있다. 칼뱅, 그는 단순한 종교개혁가가 아니다. 그는 서구에 민주주의와 자유경제 구조가 태동하는 데 결정적인 영향을 끼친 천재 중의 천재다.

칼뱅의 천재성은 상당 부분 인문고전 독서로 말미암은 것이다. 그는 십 대 시절에 당대 최고의 히브리어·그리스어·라틴어 학자로부터 교육을 받았다. 그가 이 세 언어를 얼마나 열심히 공부했던지, 모국어인 프랑스어보다 유창하게 읽고 쓰고 말할 수 있었다고 한다. 참고로 말하면 이 세 언어는, 역시 인문고전 독서로 천재의 반열에 오른 『우신예찬』의 저자 에라스뮈스가 지정한 최고의 인문교육을 위한 필수 언어였다.

칼뱅은 『성경』을 원전으로 읽으면서 로마 가톨릭의 마리아 및 교황 숭배주의를 비롯한 많은 교리가 『성경』에 반한다는 사실을 발견했고, 이는 종교개혁 신학의 최고봉이라는 칼뱅 신학의 출발점이 되었다. 한편으로 그리스 고전과 키케로와 쿠인틸리아누스 같은 고대 로마 수사학자들의 저서를 원전으로 읽은 경험은 그의 전 생애에 걸쳐서 일어났던, 온갖 반대 이론을 들고 와서 그에게 도전했던 로마 가톨릭 신학자들과 자유주의 신학자들과의 이론 투쟁에서 항상 승리할 수 있는 원동력이 되어주었다.[6] 덕분에 칼뱅의 신학은 하나님의 섭리 아래 '반석 위에 세운 집'이 될 수 있었다. 칼뱅은 인문고전 독서를 부정하지 않았다. 그는 아마도 인문고전을 하나님의 선물로 받아들였던 듯하다. 그렇지 않다면 그토록 즐겁게, 그토록 뜨겁게 인문고전을 읽지 않았을 것이다. 쉽게 말해서 칼뱅은 열광적인 인문고전 독서를 통해 만들어진 천재적인 두뇌를 하나님의 영광을 드러내는 데 썼다. 물론 그 역시 하나님의 선하신 계획에 따른 것이었다.

칼뱅은 제자들이 자신처럼 공부하기를 바랐다. 그는 제네바에 목사와 시^市 정치가를 양성하기 위한 기관인 '제네바 아카데미'를 세웠는데, 학생들은 히브리어·그리스어·라틴어에 정통해야 했다. 『성경』과 그리스 로마 고전을 원전으로 읽고 공부하는 것이 주요 교육과정이었기 때문이다. 그 결과 제네바 아카데미에서는 하이델베르크 교리문답을 만든 우르시누스, 칼뱅주의 5대 교리를 만든 보허르만, 스코틀랜드에 종교개혁을 일으킨 녹스 같은 천재 목회자들이 배출될 수 있었다.

칼뱅은 『성경』과 인문고전 독서에 대한 견해를 『기독교 강요』에서 다음과 같이 밝혔다.

"데모스테네스나 키케로를 읽어보시기를! 플라톤이나 아리스토텔레스를 비롯한 다른 인문고전 저자들의 책들도! 당신의 마음을 사로잡아 기쁨과 감동의 도가니에 빠지게 할 것입니다. 하여 당신은 그 책의 저자들에게 놀라울 정도로 깊이 매혹될 것입니다. 하지만 나는 당신이 무엇보다 『성경』을 열심히 읽을 것을 권합니다. 그러면 당신이 인문고전 독서를 즐겁게 하는 와중에도 하나님의 말씀에 깊은 영향을 받게 될 것입니다. 하나님의 말씀은 당신의 가슴속에 스며들어 당신을 깊이 감동시키고 당신의 좁은 식견을 바로잡을 것입니다. 그리고 인문고전이 주는 즐거움은 비교가 되지 않는 기쁨을 줄 것입니다."[7]

1273년 12월 6일, 중세 최고의 신학자 토마스 아퀴나스는 미사를 집전하다가 신비한 환상을 보았다. 그 이후로 그는 펜을 들지 않았다. 덕분에 출간되자마자 중세 신학 그 자체가 되어버린 『신학대전』은 제3부에서 미완성인 채로 남게 되었다. 그는 절필 이유를 묻는 비서에게 "지금껏 내가 집필한 책들은, 내가 환상을 보던 중에 받은 계시에 비하면 지푸라기에 불과하다는 사실을 깨달았기 때문이라네"라고 대답했다. 그리고 약 3개월 뒤 세상을 떠났다. 어쩌면 토마스 아퀴나스는 「골로새서」 2장 8~10절에 나오는 다음 말씀에 기초한 계시를 받았던 것은 아닐까?

"누가 철학과 헛된 속임수로 너희를 사로잡을까 주의하라. 이것은 사람의 전통과 세상의 초등학문일 따름이요 그리스도를 따름이 아니니라. 그 안에는 신성의 모든 충만이 육체로 거하시고 너희도 그 안에서 충만하여졌으니 그는 모든 통치자와 권세의 머리시라."

6장

세상을 지배하는 0.1퍼센트 천재들의 인문고전 독서법

다산 정약용은 이런 고백을 남겼다. "유배지에 도착해서 방에 들어가 창문을 닫고 밤낮으로 혼자 외롭게 살았다. 나에게 말을 걸어주는 사람 하나 없었기 때문이다. 그러나 나는 오히려 그런 상황이 고마웠다. 그래서 '이제야 독서할 여유를 얻었구나' 하면서 기뻐했다." 다산에게 독서는 패가망신한 자신의 처지를 도리어 행운으로 여기게 할 정도로 소중한 것이었다. 그는 독서를 자기 자신보다 더 귀하게 여긴 사람이었다.

READING . LEAD

리딩·리드 1
마음을 다하여 사랑하라

• • •

우리 모두 목숨을 버릴 각오로 독서하고 공부하자. 조상을 위해,
부모를 위해, 후손을 위해 여기서 일하다가 같이 죽자.

세종, 집현전 학사들에게 한 당부 중에서

이 장을 쓰기 위해 수백 권의 책을 조사했다. 그리고 그 책들에 나
오는 천재들의 독서에 관한 부분을 전부 복사했다. 복사 자료를 책
상 위에 쌓아놓으니 그 키가 천장에 닿을 정도였다. 그것을 열흘에
걸쳐 정리했더니 책 열 권 분량으로 줄어들었다.

일종의 모범답안을 만들고 싶었다. 천재들의 인문고전 독서법에
서 공통적으로 나타나는 요소들을 정리해서 누구나 쉽게 참고할 수
있게 만들고 싶었다. 다행스럽게도 열 가지 대*요소와 열 가지 소*
요소를 발견할 수 있었고 그것을 다시 A4 용지 열두 장 분량으로 간
결하게 압축할 수 있었다. 이제 장전은 끝났다, 포를 쏘기만 하면 된
다, 라고 생각했다. 그리고 며칠 동안 글과 관련된 것은 거들떠보지

도 않았다. 마음을 완벽하게 비운 상태에서 새롭게 시작하고 싶었기 때문이다. 며칠 뒤 설레는 마음으로 다시 펜을 들었다. 하지만 이상한 글들만 나왔다. 나는 오랜만에 나의 무능력과 한계를 절감했고, 그것은 방황으로 이어졌다.

늘 그렇듯이 아픈 얼굴로 숲 속을 헤매기 시작했다. 유일한 위안이 되었던 것은 허공에 붉은 점처럼 찍혀 있던 장미였다. 우울한 차림으로 집을 나가 근처 공원의 장미넝쿨 밑에서 우두커니 서 있다가 까닭 모를 눈물을 왈칵 쏟곤 했다. 어느 날 밤엔 샛강 가에 쓰러져 있기도 했다. 어쩌다 그렇게 되었는지는 잘 모르겠다. 숲을 나와서 한참을 걷다 보니 온통 초록으로 물든 샛강이 있었고, 샛강 옆에 난 작은 길을 따라 하염없이 걷다가 피곤해서 잠깐 나무 밑에 앉았는데 정신을 차려보니 한밤중이었고, 나는 볼품없이 쓰러져 있었다. 시커먼 강물 위로 별들이 미친 듯이 쏟아지고 있었다. 나는 갑자기 별들처럼 투신하고 싶은 충동을 느꼈다. 그러나 사랑하는 사람들의 얼굴을 떠올렸더니 자제가 되었다. 이제 기도뿐인가, 나는 그 한마디를 밤의 허공에 내뱉고는 새벽이 올 때까지 샛강을 따라 걷고 또 걸었다.

그렇게 하루하루를 보내면서 나는 천재들의 '마음'을 알아가기 시작했다. 물론 나 같은 소인배가 군자라고 할 수 있는 그들의 마음을 깨닫는 것은 불가능하다. 하지만 그 마음에 살짝 가닿는 것은 가능하다고 생각한다. 비록 육체는 시간과 공간을 달리할지라도 마음은 그 모든 것을 뛰어넘으니까. 도대체 천재들은 어떤 마음으로 인문고전을 읽었던 것일까. 나는 책에 기록된 그들의 삶과 글과 말을 되씹고 되씹고 또 되씹었다. 그리고 그동안 잊고 있었던 천재들의 마음을 기억해냈다. 그것은 '사랑'이었다.

세종대왕을 생각해보자. 그의 인문고전 독서법은 인간의 한계를 초월한 치열함으로 요약된다. 그의 독서법은 백독백습百讀百習, 즉 100번 읽고 100번 필사하는 것이었다.[1] 실제로 그가 왕자 시절에 동양 고전을 백독백습하다가 병에 걸리기까지 했다는 일화는 우리 모두가 잘 알고 있다. 왕위에 오르고서도 그의 치열한 독서는 그칠 줄 몰랐다. 그는 왕이 신하들과 함께 인문고전을 읽고 토론하는 경연을 가장 많이 연 임금 중 한 명으로 기록되고 있는데, 태조가 23회, 태종이 80회 열었던 경연을 1898회나 열었다. 294권에 달하는 『자치통감』의 경우 경연에서 3년 동안 강독했을 정도다.

세종은 왜 그토록 힘들게 독서했던 걸까? 나는 그가 백성을 애타게 사랑했기 때문이라고 확신한다. 세종이 인문고전 연구기관이라고 할 수 있는 집현전 학사들을 모아놓고 한 다음 말에서 그 확신을 얻었다.

"내 유일한 소망은 백성들이 원망하는 일과 억울한 일에서 벗어나는 것이요, 농사짓는 마을에서 근심하면서 탄식하는 일이 영원히 그치는 것이요, 그로 인해 백성들이 살아가는 기쁨을 누리고자 하는 것이다. 너희들은 내 지극한 마음을 알아주었으면 한다."

"우리 모두 목숨을 버릴 각오로 독서하고 공부하자. 조상을 위해, 부모를 위해, 후손을 위해 여기서 일하다가 같이 죽자."

세종은 무엇보다 나라를 이끌어가는 사람들이 최고가 되지 못하면 백성들에게 최고의 정치를 베풀 수 없다는 사실을 잘 알았다. 그리고 누구보다 자신이 최고가 되지 못하면 신하들을 제대로 이끌수 없다는 사실도 잘 알았다. 그래서 세종은 먼저 자신을, 다음으로 신하들을 그토록 뜨거운 독서의 장으로 내몰았던 것이다.[2]

세종은 집현전 학사들 앞에서 했던 말을 실제 정치로 증명했다. 그는 오직 백성을 위하는 마음으로 유교에 찌든 사대부 지식인들의 격렬한 반대를 무릅써 가면서 세계에서 가장 위대한 문자인 '한글'을 창조했다. 어디 그뿐인가. 정치, 경제, 과학, 의학, 군사, 법률, 학문, 농업 등 백성들의 삶과 관련된 거의 모든 영역에서 백성을 위해 분투했고, 인류 역사상 그 어떤 왕도 따라오지 못할 찬란한 결과물들을 만들어냈다. 심지어는 여자 노비들을 위해 100일에 달하는 출산휴가 제도를 만들었고, 같은 노비인 남편도 한 달 동안 아내를 돌볼 수 있도록 했다. 재위 기간 내내 고아, 노인, 병자, 죄수 같은 사회적 약자들의 기본권을 직접 챙겼음은 물론이다.

한편으로 세종은 사람을 진실로 사랑하는 마음이 없는 상태에서 하는 인문고전 독서는 독서로 인정하지 않았다. 이는 위대한 고전을 지은 성인들의 마음을 알려는 노력은 하지 않고 오직 책의 내용에만 해박하려 든 당시 사대부들을 비판하면서 했던 다음 말에서

　　　　　　　리딩으로 리드하라

잘 드러난다.

"오늘날 선비들은 말로만 경학을 한다고 한다. 하지만 나는 이치를 궁극하게 밝히고 마음을 바르게 한 선비가 있다는 것은 여태껏 들어본 적이 없다. 너희 선비들은 매일 경학을 한다고 하는데, 도대체 왜 진짜 선비가 없는 것이냐!"

이런 세종의 마음을 자신의 마음에 깊이 담으려는 처절한 노력 없이 그저 세종의 백독백습만 따라 하면 그 사람이 과연 세종 같은 천재가 될 수 있을까? 아니다.

내가 생각하는 인문고전 독서법의 핵심은 천재들의 '마음'을 아는 것이다. 백독백습을 비롯한 다른 모든 독서 기법들은 다만 천재들의 마음을 깨닫는 장치에 불과하다는 사실을 이해하는 것이다. 나는 이 책을 쓰는 작가이면서도 그 사실을 잠시 망각하고 있었다. 그 결과 본질인 '마음'은 잊어버리고 부록에 불과한 '독서 기법'만 충실하게 나열하려는 어리석음을 저지를 뻔했다. 그러나 다행스럽게도 하나님의 도움에 힘입어 정신을 차렸다.

당신은 나와 같은 실수를 저지르지 않기를 바란다. 앞으로 내가 하는 모든 이야기들을, 천재들의 마음에 가닿으려 마음으로 노력하면서 들어주기를 바란다. 그렇게 했을 때 비로소 당신은 천재의 영역에 발을 들여놓을 수 있을 것이다. 두뇌가 혁명적으로 변화하는 놀라운 사건을 만날 수 있을 것이다.

리딩·리드 2

책장을 뚫을 기세로 덤벼들어라

• • •

그의 두 눈은 책장을 뚫어버릴 듯했고,
그의 가슴은 두 눈이 읽는 각 구절의 의미를 무서운 기세로 파악하고 있었다.

아우구스티누스, 스승 암브로시우스가 독서하는 모습을 보고

천재들의 인문고전 독서는 태도부터 남달랐다. 그들의 독서 태도는 무시무시한 열정과 집중으로 요약될 수 있다.

서애 류성룡이 관악산에서 『맹자』를 읽을 때의 일이다. 그는 물 긷고 밥 짓는 시동 하나만 데리고 빈 암자로 들어가 전투적으로 독서했다. 어느 날 밤 방문 앞에 이상한 그림자가 어른거렸다. 그림자는 맹수 같기도 했고 도둑 같기도 했다. 그것은 꽤 오랜 시간 기괴한 분위기를 연출하면서 서애의 독서를 방해했지만 서애는 꿈쩍도 하지 않았다. 그의 몸은 암자에 있었지만 그의 마음은 이미 책 속에 들어가 바깥세상을 잊어버렸기 때문이었다.

남명 조식은 새벽에 일어나자마자 의관을 단정히 갖추고 자리에 앉아서 독서했는데 온종일 한 치의 흐트러짐도 없어서 사람들이 조각상 같다고 느낄 정도였다. 그는 평생 이런 독서 습관을 유지했다. 남명은 검을 몸에 차고서 독서한 것으로도 유명했다. 아마 이런 각오를 했던 것은 아닐까. 만일 조금이라도 나태하게 책을 읽는 자신을 발견하면 이 검으로 베어버리리라.

성호 이익은 이렇게 말했다. "사랑하는 어머님과 오랫동안 이별했다가 다시 만난 것처럼 독서하라. 아픈 자식의 치료법을 묻는 사람처럼 질문하고 토론하라." 성호에게 있어서 책은 책이 아니었다. 사랑하는 가족이었다.

다산 정약용은 이런 고백을 남겼다. "유배지에 도착해서 방에 들어가 창문을 닫고 밤낮으로 혼자 외롭게 살았다. 나에게 말을 걸어주는 사람 하나 없었기 때문이다. 그러나 나는 오히려 그런 상황이 고마웠다. 그래서 '이제야 독서할 여유를 얻었구나' 하면서 기뻐했다." 다산에게 독서는 패가망신한 자신의 처지를 도리어 행운으로 여기게 할 정도로 소중한 것이었다. 그는 독서를 자기 자신보다 더 귀하게 여긴 사람이었다.

「귀거래사歸去來辭」를 지은 중국의 천재 시인 도연명은 책을 읽다가 좋은 구절을 만나면 그대로 책 속으로 들어가 버렸다. 그는 먹고자는 일까지 까맣게 잊은 채 책 속에서 빠져나올 줄 몰랐다. 그에게 독서는 단순히 글을 읽고 그 의미를 아는 것이 아니었다. 책 세계의 주민이 되어 그곳에서 사는 행위였다.

알렉산더 대왕이 서른세 살의 나이로 세상을 떠났을 때, 그의 손에는 『일리아스』가 들려 있었다. 아마도 그는 부하와 백성에게 이런 메시지를 주고 싶었던 게 아닐까? "나는 인문고전 독서로 얻은 특별한 두뇌의 힘으로 대제국을 건설할 수 있었다. 내가 이룩한 대제국을 무너뜨리고 싶지 않거든 나처럼 독서하다가 죽어라!"

가장 위대한 교부철학자로 평가받는 아우구스티누스는 그의 스승이라고 할 수 있는 암브로시우스가 독서하는 모습을 보고 이런 글을 남겼다. "책을 읽는 그의 곁에는 누구도 감히 접근조차 할 수 없었다. 손님들조차 예외가 될 수 없었다. 그의 두 눈은 책장을 뚫어버릴 듯했고, 그의 가슴은 두 눈이 읽는 각 구절의 의미를 무서운 기세로 파악하고 있었다."[3] 암브로시우스는 천재 중의 천재인 아우구스티누스가 감탄할 정도로 위대한 독서를 했기에 로마 황제들의 잘못을 꾸짖고 그들을 바른 길로 인도하는 존재가 될 수 있었다.

기독교 고전 중의 고전인 『그리스도를 본받아』의 저자이자 서양의 독서가들이 최고의 모범으로 꼽는 독서가인 토마스 아 켐피스는 제자들에게 책 읽는 법을 이렇게 가르쳤다. "책을 손에 쥘 때는 시므온이 아기 예수를 품에 안고 입 맞추려고 할 때처럼 하기를, 책 읽기를 마치고 나면 하나님의 입을 통해 나온 그 모든 단어들에 감사를 표하기를." 그에게 독서는 예배의 연장이었다.

톨스토이는 장 자크 루소의 책을 만나고 감동한 나머지 그의 초상이 새겨진 메달을 구해서 목에 걸고 다녔다. 루소와 정신적으로 하나가 되고 싶어서였다. 그는 루소의 영향을 받아 대학까지 중퇴하고 말았는데, 후일 그 이유를 이렇게 밝혔다. "진짜 공부(인문고전 독서)를 하기 위해서였지."

버지니아 울프는 자신의 시각으로 인문고전을 읽는 것을 극도로 경계했다. 그는 그리스 고전을 읽을 때는 고대 그리스인의 시각으로, 로마 고전을 읽을 때는 고대 로마인의 시각으로 읽어야 한다고 생각했다. 이를 위해 그리스어와 라틴어 개인교사를 고용해서 배우기 시작했는데 그 공부는 20년 넘게 계속되었다.[4] 버지니아 울프 연구가들은 말한다. 그는 그리스 로마 고전을 '읽었다'라기보다는 '먹어치웠다'고. 버지니아 울프에게 인문고전 독서는 단순한 책 읽기가 아니었다. 일생일대의 사명이었다.

자신의 한계를 뼈저리게 인식하라

· · ·

나는 자질과 능력이 남들보다 못한 사람이다.
때문에 전심전력을 다해 독서하지 않으면 털끝만 한 효과도 얻기 힘들다.

일두 정여창(1450~1504, 조선 전기의 문신)

천재들의 인문고전 독서 태도를 한 문장으로 요약하면 '독서하다가
죽어버려라!' 정도가 될 수 있겠다. 그렇다면 그들은 왜 그토록 무
서운 각오로 책을 읽었던 걸까. 여러 가지 이유가 있겠지만, 나는 그
이유를 천재들의 평범함에서 찾고 싶다. 천재들은 자신이 평범한
두뇌의 소유자라는 사실을 잘 알았다. 이는 다음 고백과 일화들을
보면 잘 알 수 있다.

세종은 『성리대전』을 읽고 집현전 응교(왕명 제찬과 역사 편찬을 담당
하던 벼슬) 김돈에게 고백했다. "짐이 한 번 읽어보았는데 책의 의미
를 쉽게 탐구할 수 없었다. 그대는 유념하고 읽어서 짐의 질문에 대
비하라." 세종은 신하에게 일종의 독서과외를 부탁한 것이다. 만일

세종이 태어날 때부터 천재였다면 굳이 신하에게 이런 부탁을 할 필요가 없었을 것이다. 한 번 읽고서 그 모든 뜻을 통달했을 테니까. 이렇게 보면 그의 백독백습도 이해가 된다. 평범한 두뇌를 가졌기에, 그 정도로 미친 듯이 독서해야 비로소 그 의미를 터득할 수 있었던 것이다.

퇴계 이황은 젊어서 인문고전 독서에 힘썼는데 그 방법을 알지 못해서 괴로워하다가 마침내 병까지 얻었고, 몇 년 동안 책을 손에 잡을 엄두조차 내지 못했던 적이 있다.

우암 송시열은 『맹자』 「호연지기」 장을 읽다가 자신의 무능력과 한계를 절감했다. 그는 후일 당시의 경험을 이렇게 표현했다. "도무지 무슨 말을 하는지 알 수 없었다. (…) 보면 볼수록 더욱 단단해지는 나무토막 같았다. (…) 짜증이 났고 식은땀까지 났다." 결국 그는 「호연지기」 장을 무려 500번 넘게 읽는 방법을 택했지만 끝내 깨달을 수 없었다고 한다.

고봉 기대승은 청년 시절 이렇게 고백한 바 있다. "나는 어려서부터 가훈을 받아서 공부했다. 지금쯤은 어떤 성취를 이루어야 하는데 나의 기질이 범상하여 어릴 때와 마찬가지로 여전히 어리석으니 한스럽다."

일두 정여창은 『소학』 한 권을 30년 동안 읽은 것으로 유명한데, 그 이유를 이렇게 밝혔다. "나는 자질과 능력이 남들보다 못한 사람이다. 때문에 전심전력을 다해 독서하지 않으면 털끝만 한 효과도 얻기 힘들다."

담헌 홍대용은 이렇게 말했다. "처음 인문고전을 접할 때 누구인들 힘들고 괴롭지 않겠는가. 하지만 그것을 극복하려 하지 않고 구차하게 편안한 독서만 하려고 한다면 자신의 능력을 내던지는 결과밖에 얻지 못할 것이다."

중세 아라비아의 천재 학자 아비센나는 아리스토텔레스의 『형이상학』을 이해하고 싶은 나머지 마흔 번 넘게 읽었다고 한다. 그러나 결국 그 의미를 아는 데 실패했다고 전한다.[5]

만유인력의 법칙을 발견한 아이작 뉴턴은 기본적인 서양고전인 유클리드의 『기하학 원론』과 데카르트의 『방법서설』을 읽다가 심히 어렵다는 느낌을 받았다. 결국 그는 마음 자세부터 고쳐먹었고 온 정성을 다해 독서했다. 하지만 그래도 쉽지 않아서 수시로 처음으로 돌아가야 했다.[6]

마하트마 간디가 자서전에서 한 고백은 충격적이다. "어느 날의 일이다. 친구가 제러미 벤담의 『공리주의』[7]를 읽어주었다. 나는 매우 당황했다. 무슨 소리인지 도무지 알아들을 수 없었기 때문이다. 그러자 친구가 책의 내용을 설명해주기 시작했다. 하지만 나는 팔을 휘휘 저으면서 이렇게 말할 수밖에 없었다. '미안하다. 내 능력으로는 그 책을 전혀 이해할 수 없을 것 같다.'"

레오나르도 다 빈치와 존 스튜어트 밀이 인문고전 독서를 매우 힘겨워했다는 사실은 책의 서두에서 자세히 밝힌 바 있다.

천재들은 인문고전을 대하고서 자신이 평범하다는 사실을 깨달았고, 이를 극복하고자 했다. 그리고 그 노력은 앞에서 언급한 남다른 독서 태도, '독서하다가 죽어버려라!'로 나타났다. 그렇다면 천재들의 남다른 독서 태도는 어떻게 구체화되었던 걸까. '반복독서-필사-사색'이었다. 하나씩 살펴보자.

리딩·리드 4
책이 닳도록 읽고 또 읽어라
• • •

다른 사람이 한 번 읽어서 알면 나는 백 번을 읽고,
다른 사람이 열 번 읽어서 알면 나는 천 번을 읽는다.

주자(1130~1200, 중국 송 대의 유학자)

반복독서는 천재들의 독서에서 공통적으로 나타나는 특징이자 천
재들이 가장 강조한 독서법이기도 하다.

　공자는 『주역』의 이치를 깨치기 위한 방법으로 반복독서를 택했
다. 그가 얼마나 열심히 반복해서 읽었던지 죽간을 묶은 가죽끈이
세 번이나 떨어졌다^{韋編三絶}고 한다.

　주자는 자신의 독서법을 이렇게 밝힌 바 있다. "다른 사람이 한
번 읽어서 알면 나는 백 번을 읽고, 다른 사람이 열 번 읽어서 알면
나는 천 번을 읽는다."

　세종은 『구소수간^{歐蘇手簡}』을 1100번 반복해서 읽었다.

　영조는 이런 말을 남긴 바 있다. "독서는 다독이 최고다. 나는 일

찍이『소학』을 백 번 넘게 읽었다. 하여 지금도 눈을 감고 암송할 수 있다."

정조는 주자의 "맹자가 내 안에 들어앉게 하려면 수백수천 번 읽으면 된다. 그러면 저절로 깨달음을 얻을 수 있다"라는 말을 독서 좌우명으로 삼고서『맹자』를 읽었다.『주자절요』를 읽을 때도 수십 번 반복해서 읽었고 중요한 내용은 따로 뽑아서 책으로 만들었다.

율곡 이이는, 친구 성혼이 전하는 말에 따르면 한 해에만『논어』『중용』『대학』『맹자』를 각기 아홉 번씩 반복해서 읽어놓고도 또 다른 고전인『시경』을 읽고 있었다고 한다.

서애 류성룡은 열여덟 살 때『맹자』를 읽기 위해 절에 틀어박혔는데 몇 달 동안 스무 번 넘게 읽었고 마침내 전부 외워버렸다고 한다. 그는 이듬해에는 고향에 내려가『춘추』를 서른 번 넘게 읽었는데 그때부터 비로소 문장을 짓는 법을 알게 되었다고 한다.

우암 송시열은『맹자』를 천 번 넘게 읽었는데, 앞부분은 수천 번 읽었다고 전한다.

고봉 기대승은『고문진보』를 수백 번 읽었고 마침내 전부 외워버렸다. 그는 어떤 고전이든 한번 손에 잡으면 완벽하게 암송할 수 있을 때까지 몇백 번이고 읽는 독서 습관을 가지고 있었다고 한다.

지봉 이수광은 이렇게 말했다. "성인들의 글이 적힌 책을 반복해서 읽고서야 비로소 도道의 근원을 파악했고, 마음의 깨달음을 얻을 수 있었다."

형암 이덕무는 이렇게 고백했다. "나는 어린 시절 아침에 사오십 줄의 글을 배우면 저녁 때까지 그것을 쉰 번씩 반복해서 읽었다. (…) 병이 심하게 들었을 때를 제외하고는 매일 그렇게 했다. 덕분에 공부에 큰 발전이 있었다."

순암 안정복은 제자들에게 성호 이익의 제자 신후담의 "성현聖賢의 글은 만 번은 읽어야 비로소 그 의미를 환하게 깨달을 수 있다"라는 말을 독서 원칙으로 삼으라고 조언했다.

단테는 유랑생활 내내 보이티우스의 『철학의 위안』을 반복해서 읽었다.

아이작 뉴턴은 유클리드의 『기하학 원론』과 데카르트의 『방법서설』의 각 구절들을 이해가 될 때까지 여러 번 반복해서 읽었다.

라이프니츠는 단순한 천재가 아니다. 그는 정치, 종교, 역사, 문학, 논리학, 형이상학, 사변철학, 수학, 물리학, 법학 등 거의 전 영역에 걸쳐서 천재적인 업적을 남긴 인물이다. 그는 부모나 교사 등의 권유로 인문고전 독서를 시작한 대부분의 천재들과 달리 스스로 인문고전 독서를 시작한 유별난 인물이기도 하다. 라이프니츠는 자신의 천재성은 오로지 독서를 통해 얻어진 것이라 고백한 바 있는데, 그가 세상에 공개한 독서법은 매우 간단한 것으로 정치, 종교, 역사, 문학 등 각 분야의 대표적인 책을 그 이치를 터득할 때까지 반복해서 읽는 것이었다.

헤겔의 인문고전 독서법도 반복독서였다. 그는 특히 플라톤과 소포클레스 같은 고대 그리스 사상가들과 루소, 칸트, 피히테의 저작을 반복적으로 읽으면서 자신의 사상을 형성해나갔다.

벤저민 프랭클린은 어린 시절 아버지의 서재에서 엄청난 부피의 『플루타르크 영웅전』을 발견하고서 틈날 때마다 반복해서 읽었다. 이후 반복독서는 그의 중요한 독서 습관으로 자리 잡았다.

19세기에 활동한 천재 설교가 찰스 스펄전은 존 버니언의 『천로역정』을 백 번 이상 읽었다.

천재 작곡가 바그너는 1000페이지가 넘는 쇼펜하우어의 『의지와 표상으로서의 세계』를 그 책을 처음 접한 해에만 네 번 읽었고, 그 뒤로 평생 반복해서 읽었는데 결국 전부 외워버렸다고 한다.

천재 희극배우 찰리 채플린 역시 쇼펜하우어의 『의지와 표상으로서의 세계』를 40년 동안 반복해서 읽었다.

리딩·리드 5

연애편지를 쓰듯 필사하라

• • •

어떤 책이든 손에 잡으면 학문에 보탬이 될 만한 대목만 가려서 뽑고 나머지는
눈길도 주지 말거라. 그러면 비록 백 권의 책이라도 열흘 공부로 끝낼 수 있을 것이다.

다산 정약용, 「두 아들에게 보내는 편지」 중에서

천재들의 필사를 살펴보면 그들이 인문고전의 저자와 어떤 정신적
교감 같은 것을 나누지 않았나 생각해보게 된다. 필요나 의무감 또
는 욕심 때문이 아닌 벅찬 감격과 떨림 그리고 기쁨과 설렘 속에서
필사를 했음을 어렵지 않게 짐작해볼 수 있기 때문이다. 그러니까
그들은 마냥 좋아서, 마치 연애편지를 쓰듯이 필사를 했다.

천재들이 가장 선호한 필사 방식은 원전을 처음부터 끝까지 한
글자도 남김없이 그대로 베껴 쓰는 것이었다. 대표적으로 『삼국지』
의 주인공이라고 할 수 있는 제갈량,[8] 서양 천재의 대명사 격인 레
오나르도 다 빈치, 동아시아 최고의 유학자인 퇴계 이황 등이 이 방
법을 따랐다. 방법은 간단하다. 원전을 매일 적게는 몇 줄 혹은 몇

쪽, 많게는 십수 쪽 혹은 수십 쪽씩 베껴 쓴다. 마침내 한 권을 완전히 베껴 쓰면 다음 원전으로 넘어간다. 이게 전부다.

주의할 점은 번역서가 아닌 원전을 베껴 썼다는 것이다. 천재들 중에서 인문고전을 번역서로 읽은 사람은 거의 없다. 그들은 원전 지상주의자들이었다. 이는 로저 베이컨의 "원전을 제대로 이해한다는 것은 원전과 관련된 학문 전부를 이해한다는 것과 같다"라는 말에서 잘 표현되고 있다. 만일 원전의 언어를 모르면 천재들은 어떻게 했을까? 그들은 원전에 사용된 언어를 새로 배웠다.[9]

천재들은 자신이 읽은 부분 중 중요하다고 생각하는 부분만 필사하는 방식도 선호했다. 키케로,[10] 아이작 뉴턴, 존 스튜어트 밀, 니체, 마리 퀴리, 자와할랄 네루, 윈스턴 처칠 등이 이 필사법을 따랐다. 구체적인 방법은 중요하다고 생각하는 부분에 표시를 하거나 밑줄을 그으면서 책 한 권을 다 읽은 뒤 옮겨 적는 것, 중요한 부분을 발견하는 즉시 옮겨 적는 것 그리고 초서抄書(초록抄錄이라고도 한다) 세 가지가 있다.

초서란 인문고전에서 중요한 부분을 뽑아서 옮겨 적은 뒤 이를 주제별로 분류·편집해서 책으로 만드는 것인데, 조선의 천재들이 취한 기본적인 인문고전 독서법이었다. 정조는 『일득록』에서 이렇게 말했다.

"내가 어릴 적부터 즐겨한 독서법은 초서였다. 내가 직접 필사해서 책을 이룬 것만 해도 수십 권에 달한다. 그 과정에서 얻은 효과가 매우 크다. 그냥 읽는 것과는 차원이 다르다."

다산 정약용은 매일 새벽마다 고전을 몇 쪽씩 베껴 쓰는 일을 황홀한 취미로 삼았던 사람이다. 그는 아들 학연에게 보내는 편지에서 이렇게 말했다.

"올겨울부터 내년 봄까지 『상서尙書』와 『좌전』을 읽도록 하거라. (…) 『고려사』 『반계수록』 『서애집』 『징비록』 『성호사설』 『문헌통고』 등도 읽어보고, 그 내용 중 중요한 것을 발견하면 초서하도록 하여라."

필사를 한 번도 해보지 않은 사람은 이런 의심이 들 수도 있다. '책을 베껴 쓰는 게 뭐가 그리 중요하다는 말인가, 과연 그런 방법이 효과가 있을까?'

다산의 두 아들도 마찬가지였다. 그들은 아버지의 조언을 의심했고, 급기야 편지로 물었다. 다산은 이렇게 답했다.

"너희들이 어찌하여 초서의 효과를 의심하여 그런 말을 하느냐. 어떤 책이든 손에 잡으면 학문에 보탬이 될 만한 대목만 가려서 뽑고 나머지는 눈길도 주지 말거라. 그러면 비록 백 권의 책이라도 열흘 공부로 끝낼 수 있을 것이다."

다산이 유배지에서 제자로 받아들인 치원 황상은 열다섯이 되도록 글자도 몰랐으나 다산의 체계적인 인문고전 독서교육을 통해 천재적인 지식인으로 성장한 인물이다. 그가 나이 일흔이 넘어서도 한결같이 실천한 인문고전 독서법도 바로 초서였다. 치원 또한 초서를 해본 적이 없는 사람들로부터 늘 이런 질문을 받았다고 한다.

"그게 과연 효과가 있습니까?"

뉴턴과 헤겔의 필사는 초서와 약간 유사한 면이 있다. 뉴턴의 독서노트는 마흔다섯 개의 소제목으로 구성되어 있었다. 소제목은 물질, 장소, 시간 등 자신의 관심사를 충분히 반영했다. 뉴턴은 책을 읽다가 각 소제목에 해당하는 부분이 나오면 노트에 필사를 하면서 자신의 생각을 함께 적었다.[11] 그리고 그 노트를 보면서 자신의 사상을 형성해나갔다.

헤겔 또한 뉴턴처럼 자신만의 필사노트를 만들었다. 그의 필사노트는 자신의 관심사를 반영한 항목별로 나뉘어 있었는데, 독서하다가 각 항목과 관련해 가치가 높다고 판단되는 부분을 발견하면 즉시 옮겨 적었다. 헤겔은 이 작업을 매우 중요시했는데 이를 통해 천재들의 사고방식을 깨달을 수 있었기 때문이다. 헤겔은 필사노트를 마치 보물처럼 평생 간직하며 수시로 들춰보았다고 한다.[12]

진정한 필사는 종이 위에 베껴 쓰는 것이 아니라 영혼 속에 새겨넣는 것이리라. 인문고전이 자기 자신과 하나가 된 상태 말이다. 키케로의 『서한집』을 전부 필사한 것으로 유명했던 르네상스 시대의 천재 페트라르카는 『나의 비밀』에서 아우구스티누스의 입을 빌려 이렇게 말했다.

"책을 읽다가 자네의 영혼을 뒤흔들거나 유쾌하게 만드는 경이로운 문장을 마주칠 때마다 자네의 지적 능력만을 믿지 말고 그것을 외우도록 노력해보게나. 그리고 그것에 대해 깊이 명상하여 친숙한 것으로 만들어보게. 그러면 어쩌다 고통스러운 일이 닥치더라도 자네는 고통을 치유할 문장이 마음속에 새겨진 것처럼 언제든지 준비되어 있음을 깨닫게 될 걸세."[13]

페트라르카는 필사의 천재라고 할 수 있다. 그 자신이 인문고전 필사광筆寫狂이었을 뿐만 아니라 르네상스의 중심지였던 피렌체를 아예 인문고전 필사의 도시로 만들어버린 장본인이었으니까 말이다. 그 필사의 천재가 권유하는 최고의 필사는 영혼을 뒤흔드는 문장들을 마음속에 새기는 것이다. 그 방법은 암송, 즉 외우는 것이다.

사실 암송은 천재들이 즐겨 사용한 독서법이다. 중국 송나라의 대문호 구양수는 300자 암송 독서법을 권한다.

"내가 글자 수를 세어보았더니 『효경』 1903자, 『논어』 1만 1750자, 『맹자』 3만 685자, 『주역』 2만 4107자, 『서전』 2만 5700자, 『시경』 3만 9234자, 『예기』 9만 9010자, 『주례』 4만 5806자, 『춘추좌전』 19만 6845자였다. 이 책들을 매일 300자씩 외우면 4년 반 만에 끝낼 수 있다. 조금 우둔해서 반으로 줄여서 외운다고 해도 9년이면 충분하다."

칸트는 엄청나게 긴 고대 로마 고전 작품들을 단 한 줄도 틀리지 않고 암송하는 것으로 유명했다.

링컨은 데모스테네스, 키케로, 셰익스피어 등의 작품을 암송하는 것을 평생 즐거운 취미로 여겼다. 십 대 시절부터 수천 쪽에 달하는 역사고전 『로마제국 쇠망사』를 반복해서 읽었는데 덕분에 대부분의 핵심 구절들을 외울 정도까지 되었다고 한다.

조선의 천재들이 인문고전을 암송했다는 것은 앞에서 밝혔다. 천재들의 필사법을 연구하다 보니 놀라운 사실이 하나 눈에 들어왔다. 많은 사람들이 제갈공명, 즉 제갈량을 소설 속의 인물로 알고 있다. 하지만 그는 엄연히 실존했던 역사적 인물이다. 그는 인문고전 독서의 전통을 지닌 집안에서 태어나 어릴 적부터 아버지와 숙부로부터 유학을 배웠다. 그러다가 열일곱 살이 되던 해에 융중의 산골로 들어가서 스물일곱 살이 될 때까지 인문고전에 파묻혀 살았다. 그 기간에 그는 천재로 변화했고, 그 소식은 유비의 귀를 사로잡았다. 제갈량은 유가, 법가, 도가, 병가, 종횡가 등 제자백가의 책을 모두 섭렵했는데 그의 대표적인 독서법이 바로 필사였다.

제갈량은 유비의 아들 유선의 교육에 잠깐 관여한 적이 있는데, 이때 『신자』[14] 『한비자』 『관자』 『육도』 네 권을 직접 손으로 필사해서 유선에게 보냈다. 제갈량은 촉나라에서 가장 바쁜 사람이었다. 정치·군사·행정 등 각 방면의 일들을 실질적으로 책임지고 있었기 때문이다. 『한비자』의 원전은 55편으로 10만 자가 넘는다. 『관자』는 우리나라 번역본의 페이지가 1000쪽을 넘는다. 인문고전 독서 교육에 대해 불타는 신념을 갖고 있지 않고서야 감히 시도조차 할 수 없는 작업을 제갈량은 해냈다.

하지만 안타깝게도 그 필사본은 전하는 도중에 사고가 나서 유실되었다고 한다. 생각해보자. 제갈량이 과연 유선에게만 그렇게 했을까? 아닐 터이다. 그는 자신의 자녀에게도 똑같이 했을 것이다. 덕분에 아들 제갈첨은 관직이 상서복야尚書僕射에 이를 수 있었을 것이다.[15]

부모가 인문고전을 직접 필사해서 아이에게 읽힌 사례는 율곡 이이의 어머니 신사임당, 서포 김만중의 어머니 윤 씨 등에서도 동일하게 나타난다. 현대의 인물로는 케네디의 어머니 로즈 여사를 들 수 있다.[16] 그중 김만중의 어머니 윤 씨의 이야기는 특히 심금을 울린다.

윤 씨는 참으로 가난한 싱글맘이었다. 그는 책을 살 돈이 떨어지면 책방 주인에게 사정해서 책을 빌린 뒤 그것을 밤새도록 일일이 베껴 써 아이에게 읽혔다. 아이에게 인문고전 독서교육을 시키고자 하는 사람이라면 마음 깊이 담아두고 늘 되새겨야 할 교훈이다.

리딩·리드 6

통通할 때까지 사색하라

· · ·

생각하고 생각하고 또 생각하라. 그러면 귀신도 통할 것이다.
그러나 이는 귀신의 힘이 아니라 정신의 극치다.

관중(?~BC 645, 중국 춘추시대 제나라의 재상)

세상에는 이 책에서 말하는 인문고전 독서와 다른 인문고전 독서가
있다. 조선 및 중국의 과거시험 공부와 중세 서양의 라틴어 학교 및
근대 독일의 김나지움에서 시행했던 인문고전 독서교육이 대표적
이라 하겠다. 오늘날 우리나라의 대입 논술시험 공부도 여기에 해
당할 수 있겠다.

이 다른 형태의 인문고전 독서를 살펴보면 조금 잔인한 면이 발
견된다. 일종의 암기 및 주입식 교육이 특징인데, 인문고전 독서교
육을 암기 및 주입식으로 받으면 효과가 전무하기 때문이다. 물론
두뇌가 인문고전을 조금이라도 맛보기 때문에 인문고전을 전혀 접
하지 않는 것보다는 훨씬 낫다. 하지만 인문고전 독서의 진정한 목

표인 사고의 혁명은 전혀 일어나지 않는다. 즉 이런 식의 인문고전 독서교육은 피지배층인 평민보다는 조금 나은 두뇌를 가져야 하지만 지배층보다 뛰어난 두뇌는 가지면 안 되는 사람을 양성하는 것을 목적으로 했다고 해도 과언이 아니다. 실제로 그런 식의 인문고전 독서교육을 받은 동서양 인재들은 지배층의 수족이 되어 평민들을 다스리는 일을 했다.

이 낮은 수준의 인문고전 독서는 '반복독서'와 '필사'까지는 천재들의 인문고전 독서와 거의 동일하다. 하지만 그다음 단계인 '사색'부터 달라진다. 낮은 수준의 인문고전 독서에는 사색이 없다. 오히려 사색을 억압하고 소멸하려고 한다. 대표적으로 마울브론 신학교와 김나지움은 인문고전을 접하고 사색으로 충만해진 헤르만 헤세를 억압했다. 헤세는 정신병에 걸렸고, 김나지움을 떠났다. 루소를 읽고 정신적으로 각성한 톨스토이는 대학이 자신에게 가짜 인문고전 독서교육을 시키고 있다는 사실을 깨달았고, 대학을 버렸다.

세상에는 동서양 고전을 줄줄 외다시피 하는 사람들이 있다. 그들 중 일부는 마치 대한제국 말기 어느 궁벽진 시골의 서당 훈장이 가졌을 법한 고루한 사고방식에 물들어 있다.[17] 나는 그런 사람을 볼 때마다 의아했다. 천재적인 창조성과 감수성이 번쩍이며 인류 역사에서 가장 젊은 정신을 가진, 그저 생각하는 것만으로도 머릿속에서 별처럼 빛나는 진정한 인문고전 독서가들과 너무도 달랐기 때문이다.

_____ 리딩으로 리드하라

조선시대에도 그런 사람들이 있었나 보다. 입만 열면 인문고전의 글귀들을 줄줄 읊고 손에 붓만 잡으면 일필휘지로 인문고전의 내용을 쭉쭉 써대지만, 그 안에 담겨 있는 천재들의 혁명적인 사상과 삶을 전혀 알지 못해 삶에 아무런 발전이 없고 세상에 어떤 기여도 하지 못하는 사람, 그래서 인문고전을 읽으면 읽을수록 두뇌가 열리고 성장하고 변화하기는커녕 그 반대의 결과만 얻는 사람들 말이다. 서애 류성룡은 『서애선생문집』에서 그들에 대한 안타까움을 토로하면서 그들이 그렇게 될 수밖에 없는 이유를 명쾌하게 알려주고 있다.

"다섯 수레의 책을 술술 암송하면서도 그 의미는 전혀 모르는 사람들이 있다. 왜 그런 일이 벌어지는가. 사색하지 않았기 때문이다."[18]

서애뿐만 아니다. 동양의 천재들은 하나같이 진정한 인문고전 독서는 사색에 있고, 사색이 빠진 인문고전 독서는 헛것이요 가짜라고 강조했다. 그들의 말을 들어보자.

관중管仲은 "생각하고 생각하고 또 생각하라. 그러면 귀신도 통할 것이다. 그러나 이는 귀신의 힘이 아니라 정신의 극치다"라고 했다.

공자는 『논어』에서 "배우기만 하고 생각하지 않으면 얻는 것이 없고, 생각하고 배우지 않으면 위태롭다"라고 했다.

맹자는 "마음의 기능은 생각하는 것이다. 생각하면 얻는 것이 있지만 그러지 않으면 얻는 것이 없다"라고 했다.

주자는 "책을 읽는 방법은 다른 게 없다. 글을 숙독하면서 정밀하게 생각하라. 그렇게 오래도록 하다 보면 깨닫는 게 있을 것이다"라고 했다.

성리학의 기틀을 마련한 중국의 정자程子는 "읽고 사색하지 않으면 어리석어진다"라고 했다.

퇴계 이황은 "낮에 읽은 것은 반드시 밤에 깊이 사색해야 한다"라고 했다.

율곡 이이는 "책을 읽으면 반드시 그 이치를 궁리하고 탐구해야 한다"라고 강조하면서 그러지 않으면 결코 깊은 경지에 도달할 수 없다고 했다.

정조는 책을 많이 읽고 그 내용을 잘 기억하는 박람강기博覽强記는 겉만 아는 것이라고 비판하면서 이렇게 말했다.

"궁리窮理 및 격물格物하여 깊이 파고들어라. 그럴 때라야만 참된 지식을 얻을 수 있다. 궁리 및 격물이 완벽하면 실천은 저절로 뒤따른다."

성호 이익은 사색이 없는 독서를 비판하면서 이렇게 말했다.

"단지 과거를 치르기 위해서 공부하는 사람은 입술이 썩고 이가 문드러지도록 책을 읊어도 희고 검은 것에 대해 말은 할 줄 알지만 그것이 무엇인지는 모르는 장님처럼 되고 만다."

조선의 천재 성리학자 백호 윤휴는 이렇게 말했다.

"책을 읽으면 사색을 해야 한다. 그렇게 하면 얻는 게 있다. 그러나 만일 사색하지 않으면 얻는 것도 없다. 사색한 것은 글로 기록해야 한다. 그러지 않으면 사라지기 때문이다. 사색하고 기록한 뒤 다시 사색하고 해석하다 보면 깨닫고 알게 되어 언행이 두루 통하게 된다. 만일 이 과정을 거치지 않는다면 설령 깨닫고 알게 됨을 얻었더라도 도로 잃게 된다."

고봉 기대승이 밝힌 독서의 핵심은 1) 읽어라, 2) 외워라, 3) 사색하라, 4) 기록하라였다.

서양의 천재들도 이구동성으로 인문고전 독서의 핵심은 단순히 눈으로 읽고 입으로 외우고 손으로 베껴 쓰는 게 아니라 마음과 영혼으로 읽어서 깨달음을 얻는 '사색'이라고 말한다.

연구 방법론으로서 귀납법을 제창하고 '아는 것이 힘이다'라는 격언을 남겼으며, 500년이 지난 지금도 열렬하게 읽히고 있는 『학문의 진보』 『신기관』 『에세이』의 저자인 프랜시스 베이컨은 후학들에게 이렇게 권면했다.

"독서는 오로지 사색하고 연구하기 위해서 하는 것이다."

명예혁명에 사상적 기초를 제공하고 300년 넘게 철학 분야에서 가장 뜨겁게 연구되고 있는 저서 중 하나인 『인간 오성론』을 쓴 존 로크는 이런 말을 남겼다.

"독서는 단지 지식의 재료를 얻는 것에 불과하다. 그 지식을 자기 것으로 만드는 것은 오직 사색의 힘으로만 가능하다."

출간된 지 200년 넘게 지났지만 오늘날에도 세계 유수의 대학에서 연구되고 있는 『프랑스혁명에 관한 성찰』을 쓴 영국의 천재 정치철학자 에드먼드 버크는 이렇게 지적했다.

"사색 없는 독서는 전혀 씹지 않고 삼키기만 하는 식사와 다를 바 없다."

설명이 필요 없는 천재 철학자 쇼펜하우어의 말은 좀 충격적이다.

"사색의 대용품에 불과한 것, 그것이 바로 독서다."

핵물리학의 아버지이자 노벨화학상 수상자인 어니스트 러더퍼드는, 자신은 온종일 독서하고 공부하고 연구한다며 자랑하던 제자에게 이렇게 말한 적이 있다.

"그렇다면 자네는 도대체 언제 사색하나?"

우리 시대의 천재인 앨빈 토플러는 우리나라를 방문한 자리에서 이렇게 말했다.

"내 통찰력의 근원은 끊임없는 독서와 사색입니다."

천재들은 어떻게 사색했을까? 인간의 수준을 초월했다는 표현이 어울릴 법한 사색을 했다. 양명학의 창시자 왕수인의 이야기부터 하자. 그는 태어날 때부터 천재였던 것 같다. 그가 열두 살 때의 일이다. 어느 날 그는 서당 훈장에게 이렇게 질문했다.

"선생님께서 (독서에서) 가장 중요하게 생각하시는 것은 무엇입니까?"

훈장이 대답했다.

"당연히 과거에 합격하는 일이지."

그러자 그는 고개를 저으면서 이렇게 말했다고 한다.

"저는 성현聖賢이 되는 것을 첫째로 삼아야 한다고 생각합니다."[19]

이렇듯 어릴 적부터 잘못된 인문고전 독서와는 철저하게 담을 쌓고 독서한 왕수인은 스무 살이 되던 무렵 주자의 책에서 우주의 이치가 모든 사물, 즉 한 그루 나무나 한 포기의 풀에도 있다는 글을 읽고는 깨달음을 얻기 위한 사색을 시작했다. 그는 친구와 함께 정원에 있는 대나무 한 그루를 사색하면서 우주의 이치를 깨친다는 목표를 세웠다. 친구는 3일 만에 포기했지만 그는 계속 대나무를 바라보면서 사색에 몰두했다. 그가 얼마나 자신을 혹사해가면서 사색했던지 7일째에 그만 병이 나고 말았다. 그리하여 사색은 7일 만에 끝나고 말았다. 그 뒤로도 우주의 이치를 깨치기 위한 사색을 계속했지만 큰 진전이 없었다.

대나무 사건이 있고 15년 뒤인 서른다섯 살 때의 일이다. 그는 조정의 잘못을 지적하는 상소를 올렸다가 그만 감옥에 갇히고 말았다. 이어 초주검이 되도록 곤장을 맞았고, 오지 중의 오지인 귀주의 용장이라는 곳으로 유배되었다. 그곳에서 그는 기본적인 의식주조차 제공받지 못한 채 독충과 싸우면서 움막을 짓고 물을 긷고 나무를 하고 밭을 개간했다. 하지만 그런 인간 이하의 환경도 그의 뜨거운 사색을 막지는 못했다.

그렇게 하루하루를 연명하던 어느 날 밤 그는 갑자기 큰 소리를 지르며 자리에서 벌떡 일어났다. 자신은 이미 성인聖人이 되기에 충분한 본성을 가지고 있는데 우주의 이치를 마음속에서 찾으려 하지 않고 한낱 사물에 불과한 대나무에서 찾으려고 했던 것이 잘못된 일이었음을 깨달았던 것이다. 그때 그의 나이가 서른아홉이었다. 무려 20여 년에 걸쳐서 인간의 한계를 뛰어넘은 사색을 한 결과 주자의 철학이 잘못되었음을 깨닫고 자신만의 새로운 철학, 심즉리心卽理를 창시했던 것이다. 바로 양명학의 시작이었다.

사색을 하다가 병에 걸린 정도로 치면 왕수인은 조선의 천재 성리학자였던 화담 서경덕을 따라갈 수 없다. 화담도 태어날 때부터 천재였던 듯하다. 그가 어렸을 때의 일이다. 부모가 나물을 캐 오라는 심부름을 보냈다. 화담은 저녁 늦게 집에 돌아왔다. 부모는 아이가 나물을 광주리 가득 캐느라 늦었겠거니 하고 광주리를 들여다보았다. 그런데 생각만큼 나물이 많지 않았다. 그런 일이 며칠 동안 계속되었다. 마침내 궁금증을 이기지 못한 부모가 이유를 물었다. 화담이 대답했다.

"나물을 캐고 있는데 새 한 마리가 하늘을 나는 연습을 하는 것이었습니다. 오늘은 땅에서 한 치쯤 멀어지고 다음 날에는 두 치쯤 멀어지고 그다음 날에는 세 치쯤 멀어지고 그런 식으로 차츰 하늘을 향해 날아가는 새를 관찰하면서 그 이치를 깊이 사색했습니다. 하지만 도무지 터득할 수 없었습니다. 그래서 매일 조금씩 늦었고, 광주리를 채울 수 없었습니다."

이토록 천재적인 자질을 타고난 화담이었지만 인문고전 독서만

큼은 죽을힘을 다해서 했다. 그가 열네 살 때의 일이다. 글방에서 『상서』를 배우고 있는데 '기삼백朞三百'이라는 대목에 이르자 선생이 갑자기 그 부분을 건너뛰는 게 아닌가. 화담이 이유를 묻자 선생이 대답했다. "이해할 수 있는 사람이 거의 없기 때문이다." 화담이 설마 하면서 읽어보았더니 과연 너무 어려워서 전혀 이해할 수 없었다. 화담이 어떻게 했을까? 선생님도 모르는 걸 내가 어떻게, 하면서 포기했을까? 아니다. 화담은 천재들의 공통된 인문고전 독서법인 '독서하다가 죽어버려라!'를 선택했다. 그는 책상 앞에 단정하게 앉아서 '기삼백' 부분을 반복해서 읽기 시작했다. 그렇게 수천 번을 읽자 보름 만에 깨달음이 왔다. 화담은 그제야 멈추었다.

화담은 열여덟 살에 『대학』을 읽다가 격물치지格物致知에 관한 구절을 접하고는 깊은 탄식을 토했다. 독서는 우주와 사물의 이치를 깨닫기 위해서 하는 것인데 그동안 자신은 그것을 모르고 오직 독서 자체에만 매달려 있었다는 사실을 알게 된 것이다. 화담의 전설적인 사색이 시작된 순간이었다. 다음 날부터 화담은 바깥에 나가지 않았다. 그는 단정하게 앉아서 천지만물을 하나씩 사색하기 시작했다. 방법은 간단했다. 하늘天의 이치理를 깨닫고 싶으면 화선지 위에 '天'자를 써서 벽에 붙이고는 그 이치를 깨달을 때까지 계속 생각한다. 마침내 이理를 깨달으면 다음 사물로 넘어간다. 이게 전부였다. 여러 기록이 전하는바 화담은 이치를 깨닫지 못하면 밥도 먹지 않았고 잠도 자지 않았다. 화담이 얼마나 극단적으로 사색을 했던지 3년 만에 중병에 걸리고 말았다. 하지만 그의 사색은 그 뒤로도 3년간 계속됐다. 그러자 놀랍게도 화담의 정신력에 병이 굴하고 말았다.[20] 자연 치유된 것이다. 그렇게 6년 만에 화담은 이理의 본원本原을 깨닫고 조선 최고의 성리학자로 거듭났다. 화담의 나이 스물네 살 때의 일이다.

비록 병에 걸릴 정도로 혹독하고 극단적으로 사색에 몰입하여 우주와 사물의 이치를 깨달은 동양의 천재들만큼은 아니었지만, 서양의 천재들도 '사색'에 무시무시할 정도의 집중력을 발휘했다.

토마스 아퀴나스가 『신학대전』을 쓰고 있었을 때의 일이다. 어느 날 그는 프랑스 국왕 루이 9세의 초대를 받았다. 그런데 연회 도중 그만 사색에 잠기고 말았다. 연회가 절정에 달할 무렵이었다. 아퀴나스는 갑자기 주먹으로 탁자를 쾅 치면서 벌떡 일어나더니 이렇게 외쳤다. "좋다, 이제 깨달았다!" 순간 분위기가 싸해졌다. 그가 루이 9세의 바로 옆자리에 앉아 있었기 때문이다. 그는 프랑스 국왕에게 엄청난 결례를 범한 셈이었다. 다행스럽게도 루이 9세는 토마스 아퀴나스를 이해해주었고 덕분에 아무 탈이 없었다고 한다.

비트겐슈타인의 지인들은 전한다. 그가 사색에 잠기면 그 정신적 에너지와 집중도가 얼마나 치열하고 강렬했던지 그와 같은 장소에 있던 사람들은 하나도 빠짐없이 진정한 정신적 고통의 현장에 와 있는 느낌을 받았다고 말이다.[21] 비트겐슈타인에게 있어서 사색은 단순히 생각하기 따위가 아니었다. 자신의 전 존재를 걸고서 치르

_____ 리딩으로 리드하라

는 격렬한 전쟁이었다.

페트라르카, 니체, 판데르 발스의 사례는 약간 기괴한 느낌까지 준다.

페트라르카의 하루는 인문고전 독서–필사–사색이 주였는데, 사색의 형태가 조금 남달랐다. 그는 호메로스, 키케로, 세네카, 호라티우스, 베르길리우스 같은 고대 그리스 로마 작가들에게 편지를 쓰면서,[22] 그러니까 유령과 소통하면서 사색을 했다. 그런 식의 사색은 점점 도를 지나쳤는데 말년에는 환상 속에서 아우구스티누스 같은 인문고전 저자를 만나 직접 대화를 나누는 수준으로까지 발전했다.

니체도 쇼펜하우어를 읽고 지나치게 깊이 빠진 나머지 그 사색의 수준이 쇼펜하우어와 상상의 대화를 하는 지경에까지 이르렀다. 그는 어려운 일이 있을 때면 마치 기도를 하듯이 "쇼펜하우어, 나를 도와주세요!"라고 중얼거리는 습관이 있었는데 나중에는 힘들고 지칠 때마다 쇼펜하우어의 초상화를 보면서 자신을 달래는 수준으로까지 발전했다고 한다.

무극성 분자 간의 인력에 관한 이론인 '판데르 발스의 힘'으로 유명한 노벨물리학상 수상자 판데르 발스는 당시에 이미 세상을 떠난 철학자 라이튼 요한을 상상의 스승으로 삼았다. 그는 사색을 하다가 막히면 바로 상상의 스승에게 물었다. "당신이라면 이 부분을 어떻게 풀겠습니까?" "당신이라면 여기서 어떤 결론을 이끌어내겠습니까?" 하는 식으로 말이다. 전하는 이야기에 따르면 이런 사색

방법이 그의 두뇌 발전에 큰 역할을 했다고 한다.

천재들은 인문고전을 읽고 끝없는 사색에 잠겼고, 사색의 와중에 머리와 가슴을 치는 깨달음을 얻었다. 천재들은 그 깨달음을 기록했다. 마치 여기저기 흩어진 채 빛나고 있는 진주알을 하나의 실로 꿰어서 아름다운 목걸이를 만들듯이.

사색을 기록하는 방법은 1) 책을 읽다가 떠오르는 생각을 따로 준비한 종이나 노트에 즉시 적는다, 2) 책을 읽다가 떠오르는 생각을 책의 여백에 즉시 적는다, 3) 책 한 장* 또는 책 전체를 읽고 사색한 뒤 그것을 독후감식으로 적는다, 이 세 가지가 대표적이다.

첫 번째 방식을 따른 천재는 중국 송*의 천재 성리학자 장재와 우리나라의 천재 실학자 이익과 서양의 천재 철학자 데카르트가 대표적이다.

장재의 집안 곳곳에는 벼루와 먹과 붓과 종이가 있었다고 한다. 사색을 하다가 실마리가 풀리거나 어떤 깨달음을 얻으면 그 즉시 기록할 수 있게 하기 위해서였다. 심지어 그는 자다가도 벌떡 일어나서 기록을 하는 일이 잦았다고 한다.

성호 이익은 책을 읽다가 이해가 잘 안 되거나 의심이 가는 부분이 있으면 이내 사색에 들어갔다. 그러다가 깨우침이 있으면 붓을 들어서 바로 적었다. 그는 깨우침을 얻기 전에 사색을 그만두는 일이 결코 없었다고 한다. 성호는 이 방법을 통해 선대 학자들이 미처 보지 못한 경지에 도달하는 일이 많았고, 결국 자신만의 학문을 정립했다.

데카르트는 사색을 통해 서양 근대 철학을 탄생시킨 사람이다. 그의 사색은 왕수인의 격물치지와 비슷한 면이 있다. 그는 젊은 시절 자기 자신의 내면과 세상의 사물들의 본질에 관해 깊이 사색하기로 결심했고 그 결과 새로운 철학을 창시했다. 데카르트는 침대에 오래 누워 있기로 유명한 사람이기도 했다. 심지어 그는 직업군인이었을 때조차 오전 11시까지는 어김없이 침대에 누워 있었다. 사색을 하기 위해서였다. 그런 데카르트가 침대에서 일어날 때가 있었다. 사색을 하다가 깨달음을 얻었을 때 노트에 즉시 기록하기 위해서였다.

두 번째 방식을 따른 천재는 볼테르와 바흐가 대표적이다. 볼테르는 출간된 지 300년이 넘었지만 여전히 독자들을 설레게 하는 『캉디드』의 저자이다. 그의 인문고전 독서법은 책을 읽다가 어떤 생각이 떠오르면 그것을 책의 여백에 즉시 적는 것이었다. 매우 자유분방한 성격이었던 탓에 그가 책의 여백에 남긴 메모들은 철학적 깊이가 풍부한 것들도 있었지만 "이건 정말 바보 같은 말이야!"라든가 "정말 재미없군!" 같은 순간적인 감정을 여과 없이 드러낸 것들도 많았다고 한다.[23]

천재 음악가 요한 제바스티안 바흐는 책이 무척 귀했던 그 시절에 '루터 전집' 경매행사가 열리자 연봉의 10분의 1에 달하는 거액을 제시하면서 뛰어들었을 정도로 인문고전을 구입하고 소장하는 일에 열정을 발휘했던 전형적인 인문고전 마니아였다. 그는 개인

도서관에 당시로서는 엄청난 수에 달하는 신학고전들을 소장하고 있었는데 그가 읽은 책에는 각 페이지마다 무수히 많은 밑줄이 그어져 있고, 여백에는 예외 없이 치열한 사색의 흔적인 메모가 잔뜩 적혀 있었다.[24]

세 번째 방식을 따른 천재는 다산 정약용과 도스토옙스키가 대표적이다.

다산 정약용이 『퇴계집』을 읽었을 때의 일이다. 그는 새벽에 일어나면 바로 세수를 한 뒤 『퇴계집』에 실린 편지 한 편을 읽었다. 그러고는 오전 내내 그 내용을 깊이 음미하면서 사색했다. 그리하여 마침내 사색을 마치고 깨달음을 얻으면 그 내용을 자세히 기록했다. 후일 다산은 그 기록을 모아서 『도산사숙록』이라는 책으로 엮었다.

도스토옙스키는 십 대 시절부터 거의 미쳤다고 생각될 정도로 헤로도토스, 투키디데스, 타키투스, 플루타르코스, 호메로스, 셰익스피어, 단테, 괴테, 실러, 칸트, 헤겔 등 문학·역사·철학 고전을 치열하게 읽었고 사색 또한 그렇게 했다. 그렇게 질풍 같은 독서와 불같은 사색을 마치고 나면 그는 마치 열에 들뜬 사람처럼 그 내용을 기록했다고 한다.[25]

마지막으로 사색 독서의 극치라고 할 수 있는, 글자 하나를 놓고 깊이 사색하는 정약용의 격물 독서법을 소개한다.[26]

다산은 어느 날 깊은 사색 없이 책만 읽는 것은 설령 하루에 백 번 천 번 반복해서 읽더라도 전혀 읽지 않은 것과 같다는 사실을 깨달았다. 동시에 단 한 권의 인문고전을 읽고도 그 책의 의리義理를 환하게 꿰뚫게 되어 마치 수백 권의 인문고전을 읽은 것과 비슷한 효과를 얻을 수 있는 독서법을 깨달았다. 책을 읽는 도중에 뜻을 알기 어려운 글자를 만나면, 그 글자의 근본을 터득하고 그 글자가 속한 글의 전체 의미를 완벽하게 이해할 때까지 그 글자를 널리 고찰하고 자세하게 연구하는 것이었다. 즉 자신이 잘 모르는 글자의 어원을 공부하고, 여러 책에서 그 글자가 사용된 문장들을 뽑아서 따로 한 권의 책으로 엮어내는 독서법이었다.

다산은 유배지에서 보낸 편지에서 이 독서법을, 하나의 사물을 끝까지 사색하고 탐구하여 그 이치를 깨달은 뒤 다음 사물의 이치를 궁구하고 깨치는 일로 넘어가는 주자의 격물 공부와 같은 것이라고 말했다. 그러면서 『사기열전』「자객」 편에 나오는 '기조취도旣祖就道'라는 구절의 '조祖'자를 예로 들어 그 독서법을 구체적으로 설명했다. 그 내용을 정리하면 이렇다.

1. 자서字書, 즉 한자사전에서 '조祖'의 본뜻을 찾는다.

2. 자서의 내용을 근거로 다른 책들은 '조'라는 글자를 어떻게 해석했는가를 상세히 고찰한다.

3. 다른 책들에서 언급된 '조'의 근본 뜻과 지엽적인 뜻을 뽑는다.

4. 『통전通典』『통지通志』『통고通考』 등의 책에서 조제祖祭의 사례를 모아 책으로 만든다.

『논어』를 원전으로 읽다가 '서^恕'라는 글자를 만났는데 처음 보는 글자라 그 의미를 전혀 알 수 없다고 가정하자. 이 경우 다산의 격물 독서법은 어떻게 적용될 수 있을까?

1. 인터넷에 접속해서 대형 포털 사이트로 들어간다.

2. 한자사전 검색창에 '서'를 쳐서 뜻을 알아본다.

3. 책 검색창에 '서'를 치고, 본문검색을 클릭한 뒤 인문 분야를 클릭한다. (실제로 한 포털 사이트에서 검색해보았더니 143권의 책이 떴다. 그중 아홉 권은 인문고전이었고 나머지는 해설서였다.)

4. 『맹자』『중용』『순자』『한비자』『채근담』『논어집주』(주자)『소학』『근사록』『분서』 같은 인문고전에서 '서'가 언급되었음을 확인한다.

5. 위 원전들을 구해서 읽어보고, 각 원전에서 '서'를 어떤 의미로 사용했는가를 상세히 고찰한다.

6. 각 원전에서 '서'에 관해 언급한 부분, 각 원전에서 사용한 '서'의 본래 의미와 지엽적인 의미를 뽑아서 노트에 정리한다.

※ 5, 6번 작업은 본문검색을 할 때 나오는 해설서를 참고해도 좋을 것이다.

'깨달음'을 얻어 변화하라

• • •

이해가 안 되는 구절을 만나면 밥과 잠을 잊고서 매달린다.
그러면 언젠가 마음에 깨달음이 온다. 그때 나의 심장은 뜨겁게 고동치고 내 입술에선
흥겨운 노래가 나오고 내 손과 발은 덩실덩실 춤을 춘다.

반계 유형원(1622~1673, 조선 중기의 실학자)

천재들의 인문고전 독서법의 핵심인 '반복독서-필사-사색'은 '깨
달음'을 향해 있다. 이는 곧 '깨달음'이 있는 독서를 해야 천재가 될
수 있다는 의미다. 깨달음이 있는 독서란 책을 쓴 사람의 마음을 이
해하는 것이요, 그의 정신과 하나가 되는 것이다. 쉽게 말해서 인문
고전의 저자와 동일한 수준의 사고 능력을 갖는다는 것이다. 연암
박지원은 그것을 이렇게 설명한다.

"사마천의 『사기』를 읽었다고는 하지만 글자만 읽고 마음은 읽
지 못했구나. 「항우본기」를 읽고서 성벽 위에서 전투를 관망하던 생
각이나 하고 「자객열전」을 읽고서 고점리高漸離가 축筑을 치던 장면이
나 떠올리는 것을 보니. 중요한 것은 그게 아니다. 사마천의 마음을

아는 것이다."

　인문고전 저자의 마음을 아는 경지, 그것은 황홀한 기쁨과 함께 온다. 에라스뮈스, 니체, 헤르만 헤세는 그 경지에 도달한 순간을 "끝없는 기쁨"이라고 표현했다. 마르틴 루터는 "그냥 푹 빠져버렸다"라고 표현했다.[27] 하이데거는 "처음 만난 순간부터 나를 압도하고, 몇 년 동안 정신 못 차리게 만든 마력"[28]이라고 고백했다. 괴테에게 있어서 그 순간은 "밝은 방 안에 들어간 것 같은 느낌"[29]을 주는 것이었다. 바그너에게는 "하늘의 선물"[30]이었다. 베토벤에게는 "행복 그 자체"[31]였고, 천재 수학자 가우스에게는 "인생의 가장 특별한 즐거움"[32]이었다. 마하트마 간디에게는 "나를 사로잡고 뒤흔드는 대사건"[33]이었고, 에이브러햄 링컨에게는 "감각과 감성을 단번에 사로잡는 영원한 아름다움"[34]이었다.

　퇴계 이황과 반계 유형원 그리고 다산 정약용의 고백은 '반복독서-필사-사색-황홀한 기쁨-깨달음'으로 이어지는 인문고전 독서의 극치를 잘 보여준다.

　퇴계가 젊은 시절 『주자전서』를 처음 만났을 때의 일이다. 유례없는 무더위로 팔도강산이 몸살을 앓고 있었다. 그때 퇴계는 방문을 꼭꼭 닫아걸고서 독서했다. 그 소식을 듣고 걱정이 된 친구가 한달음에 찾아갔다. 이미 전에 한번 독서하다가 중병에 걸린 전력이 있던 퇴계가 아닌가. 퇴계의 건강을 걱정하면서 어쩔 줄 몰라 하는 친구에게 퇴계는 이렇게 말했다.

"걱정하지 말게. 이 책을 읽고 있으면 가슴 가득 시원한 기운이 감돌면서 깨달음이 느껴져서 더위를 느낄 수조차 없다네. 어디 그뿐인가. 이 책을 읽으면 학문하는 방법을 알 수 있는데, 그 깨달음을 얻으니 독서가 갈수록 즐겁고 흥이 나네. 이 책의 의미를 충분히 깨치고 나서 사서四書를 다시 읽었는데 성현의 한 말씀 한 말씀이 전혀 새롭게 깨달아지는 것 아니겠나. 덕분에 나는 학문하는 방법을 제대로 알게 되었다네."

다산 정약용이 두 아들에게 필사하라고 지시한 『반계수록』의 저자이자 모든 백성이 평등하고 행복한 세상을 꿈꾸었던 조선 최고의 경제학자로 조선 후기 실학시대의 문을 연 천재 학자 반계 유형원은 어린 시절부터 인문고전 독서를 하면서 황홀한 기쁨에 젖었는데, 자신의 평소 독서 경험을 이렇게 남겼다.

"밝은 창가 조용한 책상 앞에서 가지런히 두 손 모으고 단정하게 앉아서 종일 독서한다. 혼신의 힘을 다해 책을 읽다가 고요히 사색에 잠긴다. 책에 적힌 성인의 말씀과 내 사색이 절묘하게 들어맞는 순간이 온다. 붓을 들어 그것을 기록한다. 이해가 안 되는 구절을 만나면 밥과 잠을 잊고서 매달린다. 그러면 언젠가 마음에 깨달음이 온다. 그때 나의 심장은 뜨겁게 고동치고 내 입술에선 흥겨운 노래가 나오고 내 손과 발은 덩실덩실 춤을 춘다."

다산 정약용은 『주역』 때문에 열등감을 느꼈다. 탁월한 인문고전 독서가였던 그이지만 유독 『주역』만은 단지 쳐다보기만 해도 마음속의 기가 꺾였기 때문이다. 그리하여 몇 번에 걸친 독서 시도는 모두 실패로 끝나고 말았다. 그러다 마침내 그날이 왔다. 감히 손댈 엄두조차 못 내던 『주역』을 드디어 손에 잡게 된 것이다.[35] 하지만 도저히 그 내용을 이해할 수 없었다. 다산은 뒤로 물러서는 대신 '독서하다가 죽어버려라!'를 선택했다. 그는 단순히 반복적으로 읽고, 베껴 쓰고, 사색하는 차원을 넘어섰다. 『주역』은 그의 생각이 되었고, 마음이 되었고, 눈이 되었고, 입이 되었고, 밥이 되었고, 삶이 되었고, 세계가 되었고, 우주가 되었다. 그렇게 몇 년이 흘렀고, 다산은 마침내 마음이 환하게 밝아오는 경험과 함께 기적처럼 '깨달음'을 얻었다. 그의 독서 경험을 들어보자. 다산이 음악에 관한 학문을 연구하다가 얻은 경험을 덧붙인다.

"오로지 『주역』만을 책상 위에 두고서 밤낮으로 마음을 가라앉혀 탐구했더니, 계해년(1803년) 늦봄부터는 눈으로 보는 것, 손으로 만지는 것, 입으로 읊는 것, 마음으로 생각하는 것, 붓으로 베껴 쓰는 것에서부터 밥상을 대하고 뒷간에 가고 손가락을 퉁기고 배를 문지르는 것에 이르기까지 어느 것 하나 『주역』이 아닌 것이 없었다. 그 결과 『주역』의 이치를 환하게 깨달았다."

"지난 수년 동안 새벽부터 밤까지 사색하고 산(算)가지를 붙들고 늘어놓고서 심혈을 기울였더니 어느 날 아침 문득 마음속에서 깨달음의 빛이 나타났다. 동시에 삼기(三紀), 육평(六平), 차삼(差三), 구오(具伍)의 법이 빛처럼 번쩍이면서 눈앞에 열을 지어 나타났다."

진정한 천재들의 인문고전 독서에서 공통적으로 나타나는 현상, 즉 환희와 함께 찾아오는 깨달음이 한때 평범하거나 심지어는 둔재이기까지 했던 그들을 천재로 만든 결정적인 요인이 아니었을까. 괴테나 유형원처럼 어렸을 때부터 천재적인 자질을 보였던 인물들의 입에서도 같은 고백이 나오는 것을 보면 분명한 듯하다. 이는 몇십 년 전 혹은 몇 년 전에는 세상으로부터 천재로 대우받았지만 지금은 세상이 그 이름조차 기억하지 못하는 사람들의 독서 관련 고백과 비교해보면 더욱 분명하게 드러난다. 그들의 인문고전 독서는 진정한 천재들과 비교하면 질적으로나 양적으로나 빈약한 수준이다. '사색'은 말할 것도 없고 '반복독서'나 '필사'조차도 그렇다.[36] 특히 벤저민 프랭클린의 "나는 크세노폰의 저작을 읽고 정신을 주체할 수 없을 정도로 그 책에 푹 빠져버렸다"나 헤르만 헤세의 "공자의 『논어』를 처음 접했을 때 꿈인지 생시인지 모를 정도로 감격적이었다. (…) 중국 인문고전들을 접한 지 수십 년이 지났지만 처음의 벅찬 떨림은 나날이 커지고 있다" 등의 고백은 거의 찾아볼 수 없다.

　인간의 뇌는 무엇인가를 읽고 쓰고 암송할 때 가장 활발하게 활동한다. 읽고 쓰고 암송하는 뇌의 사진을 그렇지 않은 뇌의 사진과 비교해보면 그 차이가 확연하게 드러난다. 전자는 인간을 인간답게 만들어주는 신피질의 활동이 급격하게 증가하지만 후자는 그렇지 않기 때문이다. 한편으로 인간이 깊은 사색에 잠길 때 뇌에서는 전혀 다른 뇌파가 나온다. 아인슈타인이 사고실험에 몰두하고 있을 때, 동양 최고 수준의 바둑 명인이 바둑을 두고 있을 때, 전설적인 명상가가 깊은 명상에 빠져들었을 때 나오는 바로 그 뇌파가 나온다. 인문고전을 읽고 필사하고 암송하고 사색할 때만 그러는 게 아니다. 베스트셀러는 물론이고 신문 사설을 읽고 필사하고 암송하고 사색할 때도 뇌의 활동이 활발해지고 특별한 뇌파가 나온다. 그런데 인문고전을 읽고 사색하는 수준을 넘어서 인문고전의 저자와 정신적으로 하나가 되어 그의 모든 생각과 마음을 두루 깨닫는 경지에 도달하면 그 사람의 뇌에서는 도대체 무슨 일이 벌어질까? 아마도 뇌의 모든 신경세포와 신경회로가 일순 눈부신 빛에 감싸여 전혀 다른 형태로 재탄생하고 재배열되지 않을까? 그리하여 그 사람의 두뇌는 전혀 다른 차원의 사고를 하는 위인의 뇌로 기적처럼 변화하는 게 아닐까? 천재들의 인문고전 독서를 연구하면서 그런 생각을 종종 하곤 했다. 천재들의 인문고전 독서는 그 정도로 신비롭고 경이로운 면이 있다.

인문고전 독서교육도 '깨달음'을 향해 이루어져야 한다. 아이의 두뇌를 변화시키는 것은 '깨달음'이기 때문이다. 물론 내가 앞에서 제시한 '통독-정독-필사-자기 의견 갖기-인문고전 연구가와 토론하기'만 해도 두뇌의 변화를 경험할 수는 있다. 하지만 앞에서도 말했듯이 그것은 내 수준에서 말하는 '변화'에 불과하다. 내가 말하는 방법만을 따른다면 인류의 역사를 새로 쓰는 천재는 결코 될 수 없다. 이미 여러 번 이야기했지만 나는 인문고전 독서 초보자에 불과하다. 물론 나도 '통독-정독-필사'는 제법 열심히 했다. 하지만 인문고전 독서의 진정한 경지인 '사색'의 세계에 발을 제대로 들여놓은 적은 한 번도 없다. 형편이 이러하니 중병에 걸릴 정도의 치열한 사색 끝에 찾아오는 황홀한 기쁨과 위대한 깨달음은 당연히 경험해본 적이 없다. 물론 나는 인문고전을 읽을 때마다 어떤 놀라운 정신적 체험들을 하곤 했고 그것은 어떤 깨달음으로 이어지곤 했다. 하지만 그것은 고작 내 수준에서의 체험과 깨달음이었을 뿐이다. 이 책을 쓰고 있는 자체가 바로 그 증거다. 만일 내가 천재들이 말하는 '깨달음'을 얻었다면 나는 지금 인문고전 독서법에 대한 책이 아니라 도스토옙스키나 톨스토이처럼 새로운 인문고전을 쓰고 있을 것이다.

앞으로 우리나라에 천재 독서교육 프로그램 같은 것을 만들어서 판매하는 개인, 기업 등이 나타날 가능성이 있다. 그들의 프로그램은 상당 부분 이 책의 내용을 참고해서 만들어질 가능성이 있다. 내가 이렇게 말할 수 있는 것은, 이미 우리나라에 그런 사람들이 있기 때문이다. 그들은 내가 다른 책에서 맛보기로 언급한 '존 스튜어트 밀식 독서법'의 내용을 거의 그대로 가져다가 대중을 상대로 소위 천재 독서법 강의 등을 하고 있다. 하지만 그것은 정말이지 소경이 소경을 인도하는 꼴이다. 그들 중 일부는 인문고전을 '백독'하고 '필사'하고 '토론'하면 천재가 될 수 있다고 주장한다. 하지만 그렇지 않다.

사실 '백독백습'은 조선의 기본적인 인문고전 독서법이었다. 전국의 서당에서 철석같이 지켰던 독서법이었다는 의미다. 하지만 서당에서 배운 아이들은 대부분 '황홀한 기쁨'을 동반한 '깨달음'이 있는지조차 몰랐다. 이유는 간단하다. 대부분의 교사들이 그 경지를 전혀 몰랐기 때문이다.

한편으로 깨달음은 누구에게 배워서 얻을 수 있는 게 아니다. 비유하면 그것은 키스와 같다. 사랑하는 사람과 입술로 하나 되는 그 경지를 과연 말이나 글로 배워서 알고, 느끼고, 깨달을 수 있을까? 마찬가지다. 인문고전의 저자와 하나 되는 경지는 가르칠 수도 없고 배울 수도 없는 것이다. 사정이 이러하니 앞으로 우리나라에 어떤 천재 독서교육 프로그램이 나타나더라도 흥분하지 않기를 바란다. 그것은 단지 깨달음의 문으로 가는 길을 가리키는 화살표에 불과한 것이니까 말이다.

내가 말하는 '천재들의 인문고전 독서법'도 마찬가지다. 그것은 천재들의 진정한 독서법이 아니다. 이지성이라는 초보자가 바라본 경지에 불과하다. 즉 내가 말하는 천재 독서법은 천재들의 입장에서 보면 아예 틀린 것일 수도 있다. 그 사실을 너무도 잘 알기에 이 장을 쓰면서 많이 고통스러웠다. 솔직히 고백하면 이 장을 아예 쓰지 않으려고 마음먹기도 했다. 진도가 여기까지 나가게 되면 나는 필연적으로 앞에서 마치 천재들과 비슷한 깨달음이라도 얻은 것처럼 잘난 척했던 나의 독서가 사실은 얼마나 초라하고, 우습고, 바보같은 것인지를 고백해야 한다. 그러지 않고서는 천재들의 깨달음을 제대로 설명할 수 없기 때문이다. 여기에 대해서는 이렇게 정리하고 싶다. "천재들의 깨달음이라는 '달'이 있다. 어느 날 나는 그 달을 가리키는 손가락이 있다는 사실을 깨달았다. 그리하여 그 손가락에 대해 쓰기 시작했다. 바로 이 책이다."

인문고전 독서교육 이야기로 돌아가자. 퇴계 이황의 어머니는 홀로 퇴계를 키웠다. 그는 직접 농사를 짓고 누에를 쳐가면서 아들에게 인문고전 독서교육을 시켰다. 퇴계는 열두 살이 되던 해에 『논어』를 배웠다. 스승은 퇴계가 각 구절의 의미를 완벽하게 이해할 때라야 비로소 다음으로 넘어갔다. 그리고 첫째 권을 마치면 반드시 전부 외운 뒤에 둘째 권으로 넘어가게 했다. 둘째 권을 마치면 첫째 권부터 다시 전부 외우게 했다. 스승이 그런 독서를 시킨 이유는 오로지 퇴계의 '깨달음'을 위해서였다. 어느 날 퇴계는 책을 읽다가 '이理'라는 글자를 발견하고 사색에 들어갔다. 그리고 두뇌 속에서 깨달음의 빛이 섬광처럼 번쩍이는 것을 체험했다. 다음 날 퇴계는 스승에게 물었다.

"스승님, 무릇 모든 일에 있어서 마땅히 옳게 행해야 하는 것이 이理이지요?"

스승은 너무도 기쁜 나머지 무릎을 치면서 대답했다.

"맞느니라. 네가 마침내 글자의 의미를 깨달았구나. 너는 장차 큰 인물이 될 것이다. 더욱 열심히 독서하도록 하여라."

퇴계는 스승의 지도로 깨달음을 향한 독서를 계속했고, 후일 어린 시절의 깨달음은 비교가 되지 않는 위대한 '깨달음'을 얻었고, 조선을 대표하는 천재 중의 천재가 되었다.

다산 정약용은 인문고전 독서교육은 문심혜두文心慧竇를 여는 것, 즉 아이로 하여금 글쓴이의 마음을 깨닫게 해서 두뇌 속에 숨어 있는 지혜의 문을 활짝 열게 하는 것을 목적으로 해야 한다고 못 박았다. 또 만일 문심혜두를 열지 못한다면, 만 권의 책을 읽게 하더라도 헛된 것이라고 했다. 실제로 다산은 문심혜두를 여는 독서법을 통해 그 자신이 천재 중의 천재가 되었고, 제자들 역시 조선의 천재들로 키워냈다.

다시 천재들의 '깨달음'으로 돌아가자. 그냥 죽도록 '사색'만 한다고 해서 '깨달음'이 얻어지는 것은 아니다. 무엇보다 특별한 두 가지 '마음'이 있어야 한다. 바로 '위대함을 향한 열정'과 '사랑'이다.

프랑스 역사상 가장 위대한 대통령이었다는 평가를 받는 샤를 드골은 인문고전 독서교육의 전통을 수백 년 넘게 지켜온 명문가 중의 명문가에서 태어났다. 그는 다섯 살이 되기도 전부터 역사고전을 읽었고, 열 살부터는 플라톤, 칸트, 니체, 괴테 등이 저술한 철학·문학 고전을 읽었는데 마치 오늘날의 십 대들이 인터넷 게임에 빠져드는 것처럼 광적으로 독서했다. 십 대 시절에 가장 좋아했던 취미가 그리스 및 로마 원전의 구절을 암송하는 것이었다니 그의

리딩으로 리드하라

인문고전 사랑이 어느 정도였는지 짐작해볼 수 있다.

샤를 드골의 삶은 그가 남긴 "위대해지려고 각오한 자만이 위인이 될 수 있다"라는 말에서 볼 수 있듯이 '위대함을 향한 열정'으로 요약할 수 있다. 그는 생시르 육군사관학교를 병장으로 졸업했다.[37] 사관학교의 규칙을 대부분 무시하고 지키지 않았기 때문이다. 지나치게 많은 벌점을 받은 나머지 장교가 될 성적을 얻지 못했던 것이다. 그를 가르쳤던 교수는 후일 이렇게 말했다. "드골이 학교에서 제멋대로 행동했던 이유는 간단했지. 그 친구는 참모총장이 되는 것 말고는 전혀 관심이 없었거든." 그러니까 드골은 생시르 육군사관학교의 규칙들이 참모총장이 아닌 하급 지휘관을 기르기 위한 것이었기 때문에 지키지 않았던 것이다. 나는 이 일화가 샤를 드골의 위대함을 향한 열정을 가장 잘 설명해준다고 생각한다.

드골에게는 특별한 습관이 있었다. 그는 열 살 때부터 매일 밤 침대에 들기 전에 다음 의식을 치렀다. 일기장에 적어놓은 '하느님이시여, 나를 위대하게 사용하옵소서'로 요약되는 기도를 올리는 것과 주기도문을 외우는 것. 드골은 자신의 기도가 응답을 받았다고 믿었다. "나는 위대한 일을 하기 위해 태어났다"는 그의 믿음은 평생 단 한 번도 흔들리지 않았다. 아니, 날이 갈수록 더욱 굳건해졌다. 드골의 그런 믿음은 그의 인문고전 독서에 결정적인 영향을 미쳤다. 즉 샤를 드골의 '위대함을 향한 열정'이 위대한 고전을 남긴 천재들의 마음과 통했다. 그리고 그 '통함'이 그의 인생에 기적을 만들어냈다.

존 스튜어트 밀은 프랑스만을 생각한 샤를 드골보다 한 차원 높은, '위대함을 향한 열정'을 인류를 위해 불사른 인문고전 독서가였다. 그가 『자서전』에 남긴 고백을 들어보자.

"『입법론』의 마지막 페이지를 덮었을 때, 나는 전혀 다른 사람으로 변해 있었다. (…) 나는 그 책에 나오는 학설을 토대로 전 인류의 현재 상태를 개혁하겠다는 구상을 분명하게 그렸다."

"위대한 존재가 되고 싶은 나의 야망은 끝이 없었고, 인류의 미래를 위한 일에 대한 열정은 내가 가진 가장 강렬한 감정이었다."

"나는 전 인류의 운명을 마음속으로 늘 깊이 생각하고 있었다. 그 생각은 나 자신과 절대로 분리될 수 없는 것이었다."

다산 정약용의 마음은 인류가 거주하는 지구를 벗어나 우주를 넘나들었다. 그의 말을 들어보라.

"내 나이 스무 살 때 우주 사이의 모든 일을 고찰하여 깨달음을 얻은 뒤 그것을 정리하고 싶은 마음이 있었다. 그 마음은 서른, 마흔이 되어서도 변하는 일이 없었다."

"육자정陸子靜38은 '우주 사이의 일은 곧 내 일과 같고 내 일은 곧 우주 사이의 일과 같다'라고 했다. 대장부라면 매일 이런 마음으로 살아야 한다."

"사나이의 가슴속에는 언제나 가을 매가 하늘로 치솟아 오르는 듯한 기상과 하늘과 땅을 작게 여기고 우주가 내 손안에 있다고 생

리딩으로 리드하라

각하는 마음이 있어야 한다."[39]

나는 두 사람의 '위대함'에 대해서 어떤 설명도 하지 못하겠다. 그 경지가 상상이 안 되기 때문이다. 다만 이런 말을 하고 싶다. 전 인류의 운명과 우주를 담은 마음으로 하는 인문고전 독서가 역사에 이름을 남기는 위인을 배출하지 못한다면 과연 어떤 독서가 위인을 만들 수 있겠느냐고.

'사랑'은 세종대왕의 백독백습을 이야기할 때 이미 언급했다. 하지만 한 번 더 이야기하고 싶다. 사랑이야말로 인문고전 독서의 모든 것이기 때문이다.

왕수인은 인간의 한계를 초월한 사색 끝에 위대한 깨달음을 얻고 새로운 학문인 양명학을 창시했다. 그가 남긴 말 중에 이런 게 있다.

"나는 참으로 하늘의 신령한 도움을 받아 양지良知의 학문을 깨달았고 이를 통해 세상을 바로잡겠다고 마음먹었다. 힘없고 가난한 백성들이 고통 중에 있음을 생각할 때마다 마음이 심히 아팠기 때문이다. 하여 나는 나 자신을 돌보지 않고서 세상을 구하는 일에 뛰어들었다. 그런 나를 보고서 많은 사람들이 황당하게 생각했다. 나를 비웃고 무시하고 미워하고 따돌리더니 급기야는 미친 사람 취급했다. 하지만 내 어찌 거기에 신경 쓸 수 있겠는가. 백성들의 고통이 지금 이 순간 내 마음에 그대로 느껴지고 있는데, 내 부족한 능력을 백성을 구하는 일에 쓰기에도 바쁜데."

『동사강목』의 저자 순암 안정복과 『택리지』의 저자 청담 이중환 그리고 『목민심서』의 저자 다산 정약용에게 지대한 영향을 미친, 조선의 대표적인 천재 실학자들의 스승이었던 성호 이익은 기아에 허덕이는 농민들의 삶을 보고 아파하고 탄식하면서 이렇게 울부짖었다.

"천성이 글을 좋아하는 나는 하루 종일 온 힘을 다해 독서한다. 하지만 나는 실오라기 하나 곡식 한 톨 내 힘으로 만들어내지 못한다. 이런 내가 하늘과 땅 사이에 낀 좀벌레가 아니고 무엇이겠는가!"

두 사람의 글을 접하고 참으로 오랫동안 이렇게 자문했다. "만일 왕수인과 이익에게 약자를 향한 애타는 '사랑'의 마음이 없었다면, 과연 두 사람이, 왕수인의 말을 따른다면 하늘의 신령한 도움을 얻어야만 가능한[40] '깨달음'의 경지에 도달할 수 있었을까?"

대답은 언제나 "결코 그럴 수 없다"였다. 한편으로 나는 왕수인과 이익의 고백을 접하고 내가 왜 천재적인 깨달음을 얻지 못했는지, 그 근본적인 이유를 깨달았다. 나는 우리 사회의 약자들을 왕수인이나 이익처럼 사랑해본 적이 없다. 그 사랑의 크기가 너무도 미약했으니 나의 '깨달음'이란 것도 미약할 수밖에. 위대한 인문고전을 집필한 사람들은 비록 그 표현은 각기 달랐지만 마음은 똑같았다. 그들에게는 인류를 향한 천재적인 사랑이 있었다. 때문에 천재적인 깨달음을 얻을 수 있었고, 그들의 깨달음은 곧 인류의 새로운 역사가 될 수 있었던 것이다.

_____ 리딩으로 리드하라

사랑은 모든 것을 바꾼다. 잔악무도한 악인을 성자로 변화시키고, 서로 적이었던 사람들을 친구로 만들어주고, 분열된 가정을 하나 되게 한다. 그런 위대한 능력을 가진 사랑이 인간의 두뇌 하나 바꾸지 못하겠는가. 이렇게 보면 인문고전 독서교육도 무조건적인 사랑의 마음을 지닌 사람을 기르는 것을 목적으로 할 때 그 효과가 가장 클 것이다. 무조건적인 사랑의 마음으로 인문고전을 읽고, 필사하고, 사색하라. 그러면 보일 것이다. 문장 뒤에 숨은, 천재들의 인류를 향한 숭고한 '사랑'이. 그 사랑과 만나는 순간 당신의 심장은 위대한 전율을 느끼게 될 것이다. 동시에 당신의 두뇌 깊은 곳에서 황홀한 깨달음의 빛이 터져 나와서 당신을 송두리째 바꿔버릴 것이다. 그러니 사랑하라. 영혼 깊이 사랑하라.

인문고전 독서를 시작하는
모든 이를 위한 '자경문自警文'

. . .

공부는 죽은 뒤에야 끝나는 것이니
서두르지도 늦추지도 않는다.

율곡 이이, 「자경문」 중에서

16세기는 세계의 격동기였다. 티무르 제국, 킵차크한국, 아스테카 제국, 잉카 제국이 멸망했고 위그노 전쟁, 네덜란드 독립전쟁, 레판토 해전이 일어났다. 성聖 바르톨로메오의 대학살이 발생했고 교황 레오 10세의 면죄부 판매에 반발하여 마르틴 루터가 '95개조 반박문'을 내걸었다. 유럽에서는 엘리자베스 1세가 영국 여왕에 즉위해서 대영제국의 기반을 닦았고 러시아에서는 이반 4세가 러시아 제국을 확립했다. 일본에서는 도요토미 히데요시가 전국을 통일했고 중국에서는 청나라의 시조 누르하치가 활동을 시작했다. 이 시기에 활약한 역사적 인물로는 칼뱅, 츠빙글리, 레오나르도 다 빈치, 미켈란젤로, 코페르니쿠스, 갈릴레이, 콜럼버스, 바스코 다 가마,

마젤란, 마키아벨리, 토머스 모어, 셰익스피어, 노스트라다무스 등이 있다.

우리나라의 16세기는 망국^{亡國}의 그림자가 짙게 드리워진 시기였다. 갑자사화, 기묘사화, 을사사화, 임꺽정의 난, 정여립의 모반, 삼포왜란, 을묘왜변, 임진왜란, 정유재란이 모두 이때 일어났다. 그 슬프고도 고통스러웠던 시대를 살았던 한 인물에 대해 이야기하고자 한다.

그는 1536년 음력 12월 26일에 태어났는데 세 살 때부터 최고 수준의 인문고전 독서교육을 받았다. 그는 네 살 때 『사략』을 뗐고, 일곱 살 때 『논어』 『맹자』 『대학』 『중용』 등을 뗐다. 여기서 '뗐다'는 의미는 단순히 읽고 암송하는 수준이 아니라 두뇌 속에서 지혜의 문이 열리는 경지에 도달했다는 뜻이다. 덕분에 그는 열 살도 되기 전에 천재 시인으로 이름을 날릴 수 있었다. 고작 열세 살의 나이에 과거에 도전해서 장원급제를 했던 것을 보면, 대부분의 동양고전을 열두 살이 되기 전에 다 뗐던 것으로 보인다. 열세 살에 시작된 과거 응시는 스물아홉 살 때까지 계속되었다. 그는 총 아홉 번 도전했고, 모두 장원급제를 했다. 그리하여 사람들은 그를 구도장원공^{九度壯元公}이라 부르며 존경을 표했다. 하지만 그는 과거제도에 비판적이었다. 그리고 과거에 급제하기 위해 하는 독서를 인정하지 않았다. 또 과거에 장원급제했다는 소식을 듣고도 좋아하는 기색이 전혀 없었다.

그런데 그는 왜 아홉 번이나 과거에 응시했던 걸까? 정확한 이유는 알려진 바 없다. 다만 스물세 살 때 치른 별시別試 답안지로 제출한 「천도책天道策」이 과거시험관들을 지적 충격에 빠뜨리고 중국에까지 전파되어 명나라 지식인들을 큰 깨달음의 길로 인도했던 것을 보면, 아마도 과거란 단순히 출세하기 위해서가 아니라 진정한 독서를 통해서 얻은 위대한 깨달음을 공유하기 위해 치르는 것이라는 메시지를 전하고 싶었던 게 아닌가 싶다. 이렇듯 막강한 실력을 가진 그에게 성공의 문이 활짝 열린 것은 당연한 일이었다. 그는 호조좌랑을 시작으로 주요 관직을 두루 거쳤고 나중에는 대제학과 호조·이조·형조·병조판서까지 역임했다. 한편으로 그는 왕을 가르치는 스승이었고, 퇴계 이황의 영남학파와 쌍벽을 이루는 기호학파의 종장宗匠이었으며, 『동호문답』『성학집요』 같은 인문고전을 쓴 천재 저술가였다.

그는 바로 율곡 이이다.

나는 율곡 이이의 삶을 접하고 전율 어린 충격을 받았다. 인간의 삶이 어떻게 그처럼 아름답고 위대할 수 있는 것인지, 그는 참으로 다른 세계의 사람 같았다. 땅에서 태어났으되 하늘에 속했던 사람이었다고나 할까. 율곡의 삶은 '인문고전 독서가는 어떻게 살아야 하는가?'라는 질문에 분명한 답을 제시해준다.

1551년 5월, 율곡의 어머니 신사임당이 하늘로 돌아갔다. 열여섯 살이었던 율곡은 어머니의 무덤 앞에 묘막을 짓고 3년 동안 어머니의 영혼을 위해서 살았다. 아버지는 어머니의 유언을 따르지 않고 집에 새 여자를 들였다. 그리고 율곡이 스물여섯이던 해에 세상을 떠났다. 아버지의 새 여자 권 씨는 정식 후처가 아니라 첩이었다. 전하는 기록에 따르면 권 씨는 술을 좋아했고, 성격이 매우 괴팍했다고 한다. 조선 최고의 어머니였던 신사임당 밑에서 자랐던 율곡에게 권 씨의 존재는 재앙이었다. 열아홉 살 때 권 씨를 견디다 못해 집을 나와 금강산에 있는 절로 들어갔을 정도였다고 하니 그가 받았던 스트레스를 짐작할 수 있겠다. 권 씨는 그 후로도 오랫동안 율곡을 괴롭혔다. 여러 기록에 따르면 툭하면 방바닥을 두들겨대면서 시위하고, 빈 독에 머리를 처박고서 온 동네가 다 들도록 통곡했다. 집안 사람들이 제대로 대우해주지 않는다면서 말이다. 물론 괜한 트집이었다. 그때마다 율곡은 아무 잘못한 일이 없음에도 권 씨의 방문 앞에 꿇어앉아서 그의 마음이 풀릴 때까지 용서를 빌고 또 빌었다. 권 씨가 목을 매달고 자살소동을 벌이다가 그 후유증으로 사흘 동안 앓아누웠을 때도 마찬가지였다. 율곡은 마치 친어머니 신사임당에게 하듯이 손수 약을 달여 바치면서 권 씨를 극진히 간호했다. 율곡의 한결같은 사랑은 권 씨를 변화시켰다. 그는 서서히 착하고 아름다운 심성을 가진 사람으로 변화했고 나중에는 율곡의 덕을 사모한 나머지 율곡처럼 살고자 했다. 여기서 우리는 인문고전은 가족을 위해서 읽는 것이라는 율곡의 가르침을 접할 수 있다. 부모에게 효도하고 형제간에 우애하고 자녀를 존중하는 이 세

가지는 율곡을 비롯한 우리나라의 천재들이 온 힘을 다해서 실천했던 덕목이다. 이는 서양의 천재들에게서는 거의 찾아볼 수 없는, 우리나라 천재들이 가진 아름다운 전통이다.

율곡이 서른 살 때, 그러니까 조정에 들어간 지 1년쯤 지났을 때의 일이다. 영의정이자 왕의 외삼촌이었던 윤원형의 횡포가 극에 달하고 있었다. 그런데 누구 하나 윤원형의 일을 입 밖에 내지 못했다. 윤원형의 권세도 권세였지만 무엇보다 그가 조선에 피바람을 몰고 온 을사사화를 일으킨 장본인이었기 때문이다. 즉 그에 대해서 공개적으로 어떤 말을 한다는 것은 곧 자살행위나 마찬가지였다. 따라서 왕에게 정치의 옳고 그름에 대해서 간언하는 일을 맡은 사간원마저 침묵하고 있었다. 그때 율곡은 붓을 들어서 윤원형의 수족이었던 요승妖僧 보우와 윤원형의 죄를 통렬하게 비판하고 둘을 조정에서 쫓아내야 한다는 상소를 올렸다. 역적으로 몰려서 비참하게 죽을 것이라며 경고하는 사람들에게, 임금에게 바른말을 하지 못한다면 그는 이미 선비가 아니라고 하면서. 결과는 다행스럽게도 율곡의 승리였다. 요승 보우와 영의정 윤원형은 조정에서 쫓겨났다. 이런 식의 '정치 바로 세우기'는 율곡의 평생에 걸쳐서 계속됐다. 여기서 우리는 인문고전은 '바른 정치'를 위해 읽는 것이라는 율곡의 가르침을 접할 수 있다. 사실 이것은 우리나라의 진정한 인문고전 독서가들이 가지고 있었던 위대한 전통이었다. 그들은 설사 왕이라 할지라도 '바른 정치'에서 벗어나면 서릿발 같은 상소를 올렸다. 그 대가로 삭탈관직당하고 곤장을 맞고 유배를 가고 심지어는 사약을 마시게 될 수도 있다는 사실에 전혀 개의치 않고서 말이다.

율곡이 서른여섯의 나이로 청주 목사(牧使)(오늘날의 시장)에 임명되었을 때의 일이다. 그는 부임하자마자 다음 네 가지 규칙으로 이루어진 '향약'을 반포했다.

1. 서로에게 착한 일을 권합시다.
2. 잘못된 일은 서로 고쳐줍시다.
3. 서로 바른 예절로 사귑시다.
4. 어려운 일은 서로 도웁시다.

그리고 '백성이 지킬 열 가지 규칙'을 함께 반포했다.

1. 부모님께 효도합시다.
2. 나라에 충성합시다.
3. 형제간에 사이좋게 지냅시다.
4. 어른을 공경합시다.
5. 남녀 사이에 서로 존경합시다.
6. 친척과 이웃끼리 화목하게 지냅시다.
7. 자녀를 바르게 가르칩시다.

8. 가난해도 청렴하게 살고 부유해도 겸손하게 살면서 남의 재물을 탐내지 맙시다.

9. 맡은 일을 부지런히 합시다.

10. 약속을 잘 지킵시다.

그는 누구보다 자신이 앞장서서 '향약'과 '백성이 지킬 열 가지 규칙'을 지켰다. 서른아홉 살에 황해도 관찰사(오늘날의 도지사)가 되었을 때는 향약과 백성이 지킬 열 가지 규칙을 반포함과 동시에 거리 곳곳에 아래의 내용이 적힌 방을 크게 써 붙였다.

"억울한 일이 있는 사람은 언제든지 나를 찾아오시오. 도민이 잘 살기 위한 좋은 의견을 가진 사람도 언제든지 나를 찾아오시오. 나와 함께 이야기합시다. 관청에서 내가 쓰는 곳은 우리 도민을 위한 사랑방으로 열어놓았습니다. 그러니 다들 오셔서 큰일이든 작은 일이든 나와 함께 의논합시다."

그는 청주에서 그랬던 것처럼 향약과 백성이 지킬 열 가지 규칙을 솔선해서 지켰고 실제로 백성들의 이야기를 열심히 들었다. 그리고 모든 일을 백성의 입장에서 처리했다. 덕분에 황해도와 청주는 조선에서 가장 살기 좋은, 착한 마음과 아름다운 행실이 넘쳐나는 곳이 되었다. 여기서 우리는 인문고전은 세상에 아름답고 착한 일들이 넘쳐나도록 하기 위해서, 특히 사회적·경제적 약자들이 행복한 세상을 만들기 위해서 읽는 것이라는 율곡의 가르침을 접할 수 있다. 1576년 10월에 율곡은 해주 석담에 '청계당'을 지었다. 율곡이 여기서 인문고전을 강독하자 그 소식을 접한 나라 안의 선비들이 구름 떼처럼 모여들었다. 율곡은 그들을 수용하기 위해 '은병정사'를 새로 지었다. 율곡은 은병정사에서 자신의 사상을 강의하면서 사계 김장생, 중봉 조헌, 수몽 정엽, 묵재 이귀 같은 또 다른 천재들을 키워냈고, 불후의 시조 「고산구곡가」를 지어 우리나라 시문학의 발전에 크게 기여했다. 제자들을 가르치고 문학에 전념하는 와중에도 율곡은 백성을 보살피는 일에 열심이었다. 그는 해주에 향약을 전파했고, 가난한 백성에게 곡식을 꾸어주는 사창社倉을 세웠다. 이때 율곡은 대장간을 차렸는데 호미, 낫 같은 농기구를 스스로 만들어서 판매했다. 워낙 청렴하게 산 터라 그토록 높은 관직에 있었지만 집에 먹을 것이 없어서 밥은커녕 죽도 먹기 어려워지자 기쁜 마음으로 내린 결단이었다.

조선 최고의 학자이자 왕의 스승이자 천재 저술가인 사람이 사대부들이 천하다고 경멸하는 대장간에서 굵은 땀방울을 흘리면서 풀무질을 하고 쇠를 두들기고 벼리는 광경을 상상해보라. 그것도 기쁨과 행복과 감사에 젖어서 그렇게 하는 모습을 그려보라. 여기서 우리는 진정한 인문고전 독서가의 정신세계를 엿볼 수 있다. 그에게는 모든 것이 감사요, 기쁨이요, 사랑이다. 한편으로 우리는 여기서 인문고전은 자신의 학문을 최고의 경지에 이르게 하고, 제자들을 길러서 나라를 책임지는 인재로 만들고, 백성들을 보살피고,

가족을 위해서라면 설령 남들이 천하다고 하는 일도 기쁘고 감사한 마음으로 하는 사람이 되기 위해 읽는 것이라는 율곡의 가르침을 접할 수 있다.

1582년 정월에 율곡은 대제학 겸 이조판서가 되었다. 이어 형조판서와 의정부 우찬성 등을 거쳐 병조판서에 임명됐다. 어느 날 북방에서 여진족 2만 명이 함경도 종성을 침범했다는 급보가 날아들었다. 병조판서 율곡은 즉시 무관들을 소집해서 대책을 세웠다. 그는 해박한 군사 지식을 바탕으로 작전을 짜고 지휘관들을 이끌고 병사들을 통솔했는데, 그의 활약이 얼마나 대단했던지 장군들조차 감탄을 금치 못했다고 한다. 여진족의 난을 보기 좋게 평정한 율곡은 거기서 그치지 않고 중국과 일본의 정세를 면밀하게 관찰하고 분석했다. 그리고 오래지 않아 여진이나 왜의 대병력이 조선에 쳐들어올 가능성이 매우 높다는 사실을 발견했다. 율곡은 국가적인 차원의 대비책이 필요하다고 판단했고, 그 내용을「시무육조時務六條」에 담아서 왕에게 올렸다. 그리고 앞으로 10년 안에 큰 전란이 일어날 수 있으니 10만 명의 병사를 길러서 만일의 사태에 대비해야 한다고 주장했다.[41]

참고로 율곡은『성학집요』에서『논어』에 나오는 "『시경』의 시 300편을 다 외운다 해도 정치를 맡겼을 때 통달하지 못하고 사방에 사신으로 보냈을 때 단독으로 대처할 수 없다면 비록 시를 많이 외운다고 한들 그것이 무슨 쓸모가 있겠는가?"라는 구절을 인용해 현실에 도움이 되지 않는 독서는 무의미하다는 의견을 피력한 바 있다. 여기서 우리는 인문고전은 무슨 일이든 설령 자신의 전공과 전혀 상관없는 분야일지라도 최고 수준으로 해낼 수 있는 기본적인 두뇌능력을 갖추기 위해서, 그리고 그 능력을 조국의 위기를 극복하고 조국을 강대국들의 침탈로부터 지키는 데 쓰기 위해서 읽는 것이라는 율곡의 가르침을 접할 수 있다.

1584년 정월 14일, 왕으로부터 북방 순찰의 임무를 부여받은 순무어사巡撫御使 서익이 율곡의 집에 찾아와서 조언을 구했다. 병석에 누워 있던 율곡은 만류하는 가족과 제자들에게 "내 몸은 다만 나라와 백성들을 위한 것이니 나라의 대사가 달린 일을 그냥 지나칠 수 없다. 만일 이로 인해 내 병이 더 깊어진다면 운명으로 받아들이겠다"라고 대답하고는 마지막 남은 힘을 쥐어짜서 아우 우瑀에게 북방의 백성들을 편안하게 하고 나라를 구할 수 있는 방책이 담긴 「육조방략六條方略」을 불러주고 받아 적게 했다. 이로 인해 잠시 차도를 보였던 율곡의 병세는 돌이킬 수 없게 되고 말았다. 그 이튿날인 정월 16일, 율곡은 하늘로 돌아갔다. 차갑게 식은 율곡의 몸에는 놀랍게도 남에게 빌린 수의가 입혀져 있었다. 평생 청렴을 넘어서 녹봉까지 가난한 백성들에게 퍼주며 살았던 율곡인지라 수의를 살 돈이 없었기 때문이다.

다음은 율곡이 스무 살 때 자신을 경계하기 위해 지은 「자경문自警文」의 핵심을 정리한 것이다.

- 뜻을 크게 갖고서 성인聖人의 삶을 따른다.
- 마음이 안정된 사람은 말이 적으니, 말을 적게 한다.
- 마음이란 살아 있는 것이다. 마음이 어지러울 때는 정신을 한데 모으고 담담하게 그 어지러움을 살핀다. 그렇게 마음공부를 계속하다 보면 마음이 고요하게 안정되는 순간이 반드시 올 것이다.
- 홀로 있을 때 헛된 마음을 품지 않는다. 모든 악은 홀로 있을 때 삼가지 않음에서 비롯되니, 마음속에서 올바르지 않은 생각이 일어나는 것을 두려워하고 경계한다.
- 앉아서 글만 읽는 것은 쓸데없다. 독서는 일을 잘하기 위해서 하는 것이다. 일이 없으면 그만이겠지만, 일이 있을 땐 옳고 그름을 분간해서 합당하게 처리한 뒤 글을 읽는다.
- 부귀영화를 바라지 않는다. 일을 할 때 대충 편하게 하려는 마음을 갖지 않는다.
- 해야 할 일은 모든 정성을 다하고, 하지 않아야 할 일은 마음속에서부터 끊는다.
- 불의한 일을 단 한 번, 무고한 사람을 단 한 명 죽여서 천하를 얻을 수 있다 하더라도 결코 그렇게 하지 않는다.
- 누가 나에게 악을 행하면 나 자신을 깊이 반성하고 돌아본 뒤 그를 감화하기 위해 노력한다.
- 가족들이 착하고 아름답게 변화하지 않는 것은 내 성의가 부족해서 그런 것이니, 나 자신을 돌아본다.

- 몸에 질병이 있거나 밤에 잠자리에 드는 경우가 아니면 눕지 않는다. 비스듬히 기대지도 않는다.

- 공부는 죽은 뒤에야 끝나는 것이니 서두르지도 늦추지도 않는다.

율곡의 삶은 「자경문」을 삶의 지침으로 삼기 전과 후로 나뉘는 듯하다. 「자경문」 이전의 율곡은 그저 천재였을 뿐이다. 그러나 「자경문」 이후의 율곡은 성인聖人의 경지에 도달해 있다. 율곡의 「자경문」이 새롭게 인문고전 독서를 시작하는 모든 이의 '자경문'이 되기를 소망한다.

나오며

인문고전 독서 전통의
부활을 기대하며

• • •

집에 돌아오면 고요한 방에 책이 가득 쌓여 있다.
나는 책상을 당겨서 잠자코 앉아 마음을 하나로 모으고 이께를 사색한다.
때로 마음에 얻는 바가 있으면 흐뭇한 나머지 밥 먹는 것도 잊어버린다.

퇴계 이황(1501~1570, 조선 중기의 문신·학자)

그동안 스무 권이 넘는 책을 썼지만 이번처럼 힘들게 쓴 기억은 없다. 지난 3년 동안 매일 거인과 싸우는 기분이었다. 늘 포기하고 싶었고, 도망치고 싶었다. 하지만 그만큼 기쁨도 컸다. 책을 쓰는 동안 많은 일이 있었다. 눈에 넣어도 아프지 않을 만큼 예쁜 조카 다인이가 태어났고, 이사를 두 번 했고, UFO와 건담에 심취했고, 말세론과 세계정부 음모론에 깊이 빠져들었다. 운전면허를 딴 지 16년 만에 차를 샀고, 심플한 디자인이 돋보이는 자전거도 한 대 샀다. 날라리 신자를 벗어나고자 교회 정착 시도를 여러 번 해보았지만 나쁜 짓을 좀 더 많이 하고 싶다는 마음속의 유혹을 이기지 못했다. 기분이 주체 못할 정도로 울적해지면 이제는 기도를 하자, 라고 자신과 굳게 약속했건만 매번 술을 마시거나 애매한 사람들을 불러내서 괴롭히는 짓만 했다. 반성한다. 앞으로는 슈베르트의 〈세레나데〉처럼 살아야겠다.

책을 쓰면서 우리나라 인문고전 독서의 역사를 구체적으로 알게 됐고, 가슴이 몇 번 심하게 아팠다. 조선은 세계 최고 수준의 인문고전 독서가들이 활동했던 나라다. 하지만 세종, 정조 때를 제외하고는 그리 큰 조명을 받지 못했다. 어찌어찌 해서 겨우 조정에 등용되면 자신의 뜻을 펼치기도 전에 온갖 중상모략에 시달리다가 쫓겨났고 심지어는 유배되거나 처형되기까지 했다. 하지만 조선의 천재들은 그에 굴하지 않았다. 그들은 평상시에는 초야에 묻혀 살면서 위대한 사상을 전개해나갔고, 나라를 혁명적으로 변화시킬 수 있는 구체적인 방법을 제시했으며, 백성들의 인권과 행복을 위해 분투했다. 그리고 나라에 위급한 일이 닥쳤을 때는 모든 재산을 팔아 의병을 일으켰고, 나라와 백성을 구하는 일에 목숨까지 바쳤다. 인문고전 독서 전통이 사라진 오늘날 우리나라에 그런 천재, 그런 의인들이 있는가.

호남 최고 명문가 장흥 고高씨 가문의 제봉 고경명은 명종의 총애를 받았던 시인이자 고위 문관이었다. 그는 과거시험관으로도 일한 적이 있는데, 당시 그가 장원으로 뽑은 이가 송강 정철이다. 스물일곱 살에 과거에 장원급제한 뒤 사헌부 지평, 홍문관 교리, 순창 군수, 승문원 판교 등을 거쳐 동래부사로 일하다가 낙향하여 동양고전에 묻혀 살던 그에게 어느 날 왜적이 쳐들어왔다는 소식이 들려왔다. 군인들은 물론이고 왕까지 도망을 치던 그때, 제봉은 그 유명한 「마상격문馬上檄文」을 띄워 6000여 명의 의병을 모았다. 그러고는 가장 위험한 전쟁터로 달려가서 순국했다. 그때 그의 나이 예순이었다.

호남의 5대 시인이었던 제봉의 첫째 아들 준봉 고종후와 문과에 급제하고 벼슬을 하던 둘째 아들 학봉 고인후도 왜적과 싸우다가 순국했다. 제봉의 동생 고경신, 고경형도 순국했다. 정묘호란 때는 제봉의 손자 고부립이 의병을 일으켰다. 갑오경장 이후 일제의 침략이 본격화되자 이번에는 학봉 고인후의 11대손 녹천 고광순이 의병을 일으켰다. 그는 10년 넘게 위대한 전쟁을 치르다가 1907년, 제봉 고경명처럼 예순의 나이로 순국했다. 같은 일가인 청봉 고광수는 1000석이 넘는 재산을 팔아서 녹천의 의병 부대에 기부했고, 그 자신도 선봉장으로 활약했다.

임진왜란, 정묘호란, 조선 말기, 대한제국 시기, 일제 강점기 때 의병부대를 조직하고 의병장이 되어 왜적에 맞서 싸운 장흥 고씨 가문으로 대표되는 우리나라의 정의로운 명문가들의 공통점은 인문고전 독서교육의 전통이 있다는 것이다. 또 백범 김구, 단재 신채호, 우당 이회영, 약산 김원봉 같은 독립운동가들의 공통점도 인문고전 독서가라는 것이다. 즉 일제에 온몸으로 맞섰던 우리나라의 정의로운 명문가들과 독립운동가들의 위대한 정신은 동양고전에서 비롯되었다고 할 수 있다. 일제는 그 사실을 잘 알았던 것 같다. 1910년 무단통치를 시작하면서 가장 먼저 동양고전을 가르치는 성균관과 전국의 서당을 폐지했던 것을 보면 말이다. 그리고 프러시아 공교육 시스템을 따라 스스로 사고할 줄 모르는 저급 노동자를 양성하는 것이 목적인 '조선교육령'을 강제로 반포했던 것을 보면 말이다. 즉 그들은 자신들에게 반하는 정의로운 명문가들과 독립운동가들이 나타날 수 있는 가능성 자체를 없애고, 우리 민족을 통째로 자신들의 노예로 만들 수 있는 가장 좋은 방법은 다름 아닌 인문고전 독서교육을 없애고 대신 프러시아식 교육을 받게 하는 것이라고 판단했던 듯하다.

다행스럽게도 일제의 그 악한 시도는 실패로 돌아갔다. 일제의 패망과 함께, 비록 초중고교는 그렇지 못했지만 대학에서는 인문고전 독서의 전통이 되살아났기 때문이다. 1980년대까지만 하더라도 우리나라 대학생들은 인문고전을 읽었고 인문학을 사랑했다. 그들은 거기서 얻은 지혜를 바탕으로 우리나라에 민주주의가 정착하는 데 큰 역할을 했다. 이것은 서양이 '한강의 기적'이라고 부르는 경제 부흥 이상의 큰 기적이다. 우리나라가 1961년부터 1993년 2월까지 군인들이 통치하던 군사독재 국가였다는 사실을 생각해보면 말이다. 그런데 이제는 대학에서조차 인문고전 독서가 사라졌다. 이 암울한 사태를 뭐라고 표현해야 할지 모르겠다. 다만 바랄 뿐이다. 이 부족한 책이 우리나라에서 인문고전 독서의 전통이 되살아나는 데 제발 손톱만큼의 도움이라도 될 수 있기를.

퇴계 이황의 글로 마무리를 하고 싶다. 이 책의 독자들이 인문고전을 읽어서 두뇌가 변화하고 천재가 되고 위인이 되는 것도 좋겠지만 무엇보다 퇴계 이황처럼 여유롭고 자유로운 마음을 지닌 독서가가 되기를 바라는 마음에서다.

비록 산에서 살고 있지만 오랜 병을 앓고 있는 터라 책을 마음껏 읽지 못하고 있다.

마음이 울적하여 호흡을 조절하다 보면 몸이 가뿐해지고 정신이 상쾌해지는 때가 있다.

그럴 때는 우주를 굽어보고 우러러본다. 그러면 감개感慨가 저절로 일어난다.

나는 책을 덮고 지팡이를 손에 잡고 밖으로 나간다.

난간에 기대서 연못도 구경하고, 단壇에 올라 사社를 찾기도 하고, 동산을 돌아보며 약초를 심기도 한다.

혹은 돌 위에 앉아서 샘물을 희롱하기도 하고, 대臺에 올라서 구름을 바라보기도 하고, 여울에서 고기를 구경하기도 하고, 배에서 갈매기와 벗하기도 한다.

그렇게 발길 가는 대로 시름없이 노닐다가 또 좋은 경치를 만나면 흥에 취해 마음껏 즐긴다.

집에 돌아오면 고요한 방에 책이 가득 쌓여 있다.

나는 책상을 당겨서 잠자코 앉아 마음을 하나로 모으고 이理를 사색한다.

때로 마음에 얻는 바가 있으면 흐뭇한 나머지 밥 먹는 것도 잊어버린다.

혹여 얻지 못하면 친구에게 물어보고 그래도 알지 못하면 더욱 분발하여 사색한다.

하지만 억지로 통하려 하지 않고 마음 한쪽에 밀어두었다가 가끔 끄집어내서 허심탄회하게 사색하고 저절로 깨달아지기를 기다린다.

오늘도 이러하고 내일도 이러하다.

감사의 글

비록 날라리 신자지만 책을 쓰다가 절망스러운 벽을 만날 때마다 하나님께 기도드렸다. 책을 쓰면서 이토록 간절하게 기도를 해본 적은 이번이 처음이다. 내 앞을 가로막던 홍해들을 갈라주시고 텅 빈 원고지라는 광야 길을 불기둥과 구름기둥으로 인도해주신 하나님께 온 마음과 온 영혼으로 감사드린다. 내가 이 책으로 어떤 영광을 받는다면, 그것은 모두 하나님 아버지, 당신의 것입니다.

이 책을 위해 매일 나보다 더 뜨겁게 기도해주신 부모님께 감사드린다. 우리 아버지는 심지어 눈보라가 몰아치던 겨울에도 밤마다 산에 가서 기도하셨다. 어머니도 매일 아픈 몸을 이끌고 기도하셨다. 두 분에 대한 고마움은 이루 말할 수 없다.

메일과 쪽지 등으로 격려를 해주신 다음^{Daum} 팬카페 회원들과 싸이월드 미니홈피 일촌들 그리고 다음 블로그에서 연재를 할 때 격려의 댓글과 방명록 등을 남겨주신 분들께도 감사드린다. 특히 원고 쓰다가 죽겠다며 툴툴거릴 때마다 무한한 신뢰와 격려를 보내준 팬카페 회장 정회일, 다음 블로그에 연재 글이 올라갈 때마다 출력해서 예쁜 책으로 만드는 정성을 보여준 강지혜, 가끔 생각지도 못한 문자를 보내줘서 위대한 일을 하고 있다고 격려해준 황희철, 팬카페에 인문고전 독서법 블로그를 깜찍하게 홍보해준 초코밥 최연화에게 이 지면을 빌려 "Very very thank you!"라고 말하고 싶다. 또 팬카페 회장의 주도 아래 깜짝 응원파티를 열어줘서 나를 감동의 도가니에 빠지게 한 진하정, 박윤수, 양승옥, 현수정, 이희정, 이민주, 유성은, 정진석에게도 "Very very thank you!"를 전하고 싶다. 팬카페 특강이 열리는 날이면 만사를 제치고 달려와서 재능을 기부하는 최고의 마술사 함현진 선생님과 세계적인 가야금 연주자 주보라 그리고 언제나 나를 멋지게 변신시켜주는 청담동 최고의 헤어디자이너 김필선에게도 깊은 감사를 드린다.

2010년 8월
서울 약수동 집필실에서

나는 열아홉 살이던 1992년부터 인문고전을 읽기 시작했다. 그리고 스물여덟 살이던 2001년부터 공교육 현장에서 인문고전 독서교육을 시작했다. 나는 인문고전을 읽을 때마다 두뇌가 열리는 경험을 했다. 그리고 인문고전 독서교육을 할 때마다 아이들이 변화하는 것을 목격했다.

나는 인문고전 독서와 인문고전 독서교육의 힘을 세상에 알리고 싶었다. 하여 2003년에 출간된 『학원·과외 필요 없는 6·3·1 학습법』에 그 내용을 담았다. 하지만 이 책은 1년 동안 8000부 정도 판매되다가 이내 절판되고 말았다. 이때의 참담한 기분이란. 이후 나는 열세 권의 책을 썼다. 하지만 이 책들 역시 세상의 관심을 끌지 못했다.

2007년에 『여자라면 힐러리처럼』이라는 책을 쓰다가 절반쯤 완성된 원고를 스무 곳의 출판사에 보냈다. 반응이 폭발적이었다. 없던 욕심이 생겼다. 그래서 책의 말미에 '존 스튜어트 밀식 독서법'을 추가했다. 평범한 두뇌의 소유자였던 존 스튜어트 밀이 인문고전 독서를 통해 천재 사상가로 우뚝 서게 되었다는 내용을 담고 있었다.

『여자라면 힐러리처럼』은 출간되자마자 대형 베스트셀러가 되었다. 덕분에 수십만 명의 독자가 인문고전 독서의 힘에 대해서 알게 되었다. 아마도 2007년 말이었을 거다. 문학동네 편집자 변경혜 씨가 찾아왔다. 그녀는 '존 스튜어트 밀식 독서법'을 한 권의 책으로 써줄 수 없겠냐고 했다. 나는 일주일 정도 고민하다가 출판 계약서에 사인을 했다.

내가 새 책을 계약했다는 소식은 출판계에 빠르게 퍼졌다. 그런데 반응이 부정적이었다. 인문학에 관한 책을 누가 읽겠냐는 식이었다. 소위 출판계의 전설이라 불리는 사람들의 반응은 더욱 부정적이었다. 그들은 이구동성으로 예언(?)했다. 잘해야 1만 명 정도의 독자들이 읽을 것이라고 말이다. 그들의 예언(?)은 정확한 판매 데이터에 근거한 것이었다. 그들 중 한 명은 이런 조언까지 했다. 주말 오후에 대형서점에 가서 인문학 코너를 한 시간만 관찰해보라고, 당신의 주 독자인 이십 대는 얼씬도 하지 않을 거라고, 노인들만 몇

명 서 있을 거라고, 그런데 그들은 책을 들춰보기만 하고 구입하지는 않을 거라고. 이런 말을 들을 때마다 나는 이렇게 대답했다.

"글쎄요. 저는 그렇게 생각하지 않는데요. 저는 최소 30만 명, 최대 300만 명의 독자가 읽을 거라고 생각하는데요."

믿음을 현실로 만들기 위해서는 두 가지 전략이 필요한 법이다. 마음의 전략과 행동의 전략. 나는 마음속으로 그림을 그리기 시작했다. 『리딩으로 리드하라』가 독자들의 심장을 뒤흔들고 우리나라 독서계를 바꿔놓는 그림 말이다. 나는 도서관과 서점의 인문학 코너를 거의 매일 방문, 왜 인문학 서적이 독자들의 외면을 받는지 그 이유를 분석했다. 또 어떻게 하면 독자들을 매혹시킬 수 있는 인문학 서적을 쓸 수 있을지를 연구했다. 그렇게 1년 6개월이 흘렀고, 마침내 『리딩으로 리드하라』의 목차가 탄생했다. 나는 이 목차를 기반으로 1년 6개월 동안 책을 썼다. 이때의 고통과 환희란!

세상에 나온 『리딩으로 리드하라』는 내 마음속의 그림대로 되었다. 60만 명 가까운 독자들에게 선택받고, 정치·사회·교육·종교계 리더들과 재벌가와 대기업 CEO들의 필독서가 되고, 언론으로부터 '대한민국에 인문학 열풍을 불러온 책'이라는 평가를 받고, 전국에 인문고전 독서모임이 생기고, 대학에 '인문고전 100권 읽기' 교육과정이 생기고, 부모들과 교사들이 인문고전 독서교육을 시작하고…… 그렇다. 내가 마음속으로 그린 그림들은 모두 현실이 되었다.

그런데 나는 다른 그림들도 그리고 있었다. 그것은 『리딩으로 리드하라』의 주제인 '사랑'을 실천하는 일이었다. 이 역시 현실이 되었다. 나는 2011년 초부터 내 팬카페인 폴레폴레^{cafe.daum.net/wfwijs} 자원봉사자들과 전국 저소득층 공부방 아이들을 대상으로 인문학 교육 봉사활동을 시작했고, 국제구호단체인 한국기아대책과 해외 빈민촌 마을에 학교와 병원을 지어주는 드림프로젝트^{Dream Project}를 시작했다. 5년째인 지금, 이 두 프로젝트는 활발히 진행되고 있다. 특히 드림 프로젝트는 해외 빈민촌 20여 곳에 학교와 병원 등을 건축했다. 현재 드림 프로젝트를 통해 밥과 교육을 제공받는 빈민 아동의 숫자는 1만 명에 육박하고 있다.

『리딩으로 리드하라』는 총 6장으로 구성되어 있다. 제1장부터 제4장까지는 인문고전 독서의 힘을, 제5장은 작가의 인문고전 독서를, 제6장은 인류의 역사를 새롭게 쓴 천재들의 인문고전 독서법을 이야기한다. 제6장의 말미에 나오는 '사색'과 '깨달음'은 이 책의 주제이자 결론이다. 그렇다면 도대체 무엇을 사색하고 깨닫는다는 것인가. '사랑'이다. 성서의 「고린도전서」에 나오는 말씀처럼 '사랑'의 깨달음과 실천이 없다면 인문고전 독서는 지극히 헛된 것이다. 고대 중국에서 인문학을 가장 치열하게 했던 군주인 진시황의 사례에서 볼 수 있듯이 두뇌만 단련하는 인문고전 독서는 결국 자기 자신과 모두를 파멸의 길로 이끌 수 있다.

나는 우리나라의 인문학 열풍을 보면서 큰 안타까움을 느꼈다.

'사색'도 '깨달음'도 '사랑'의 실천도 없는, 책 읽기와 강의 듣기가 중심인, 조선 시대의 주자학 공부나 오늘날의 입시 공부와 본질적으로 크게 다를 것이 없는 지식 위주의 인문학 열풍이었기 때문이다. 이런 인문학은 세상을 진보시키지 못한다. 도리어 퇴보시킨다. 우리나라에 무려 5년 넘게 인문학 열풍이 불었지만 교육, 문화, 예술, 정치, 경제, 경영 등 거의 모든 면에서 진보는커녕 퇴보만 있었던 이유다.

이런 시대에 작가가 할 수 있는 일은 책을 쓰는 것뿐이다. 하여 나는 산속에 들어가서 『리딩으로 리드하라』의 후속작인 『생각하는 인문학』을 썼다. 여기서 후속작 이야기를 꺼내는 것은 이 책 속에 『리딩으로 리드하라』를 보다 잘 읽기 위한 필수 지침들이 들어 있기 때문이다. 그 지침들은 다음과 같다.

- 고대 그리스에는 이상적인 인간을 기르는 교육이 있었다. 그리스인들은 자신들의 특별한 교육을 '파이데이아παιδεία'라고 칭했다. 고대 그리스의 교육은 성공적이었다. 고대 그리스 문명, 즉 헬레니즘은 헤브라이즘과 더불어 서양 문명의 뿌리가 되었다. 파이데이아는 고대 로마로 넘어가서 '후마니타스humanitas'가 되었다. 그리고 '후마니타스'는 찬란한 로마 문명을 꽃피웠다. '파이데이아'를 우리말로 바꾸면 '교육'이고 '후마니타스'를 우리말로 바꾸면 '인문학'이다. 즉 인문학은 교육이다.

- 고대 그리스 철학자들에게 '영혼이 하는 진짜 생각', 즉 '사색'은 영원히 변하는 일 없이 영원히 존재하는 진리의 세계를 인식하는 행위였다. 그들은 이 행위를 일러 '노에시스^{vónoις}'라 칭했다. 그리고 오직 철학하는 사람만이 노에시스를 할 수 있다고 선언했다. 그렇게 그들은 노에시스를 통해 찬란한 고대 그리스 문명을 건설했다.

- 고대 로마의 아우구스티누스는 고대 그리스의 '노에시스'에 해당하는 '코기토^{cogito}', 즉 철학적 사고를 통해 약 1000년에 달하는 중세 유럽 문명의 문을 열었고, 데카르트 역시 코기토를 통해 근대 유럽 문명의 문을 열었다. 그리고 라틴어 코기토에 해당하는 영어의 'think'는 현대 유럽 문명과 현대 미국 문명을 만들었다. 인문학적 의미의 think는 단순한 생각이 아니다. 새로운 인류 문명을 창조하거나 기존의 인류 문명을 개선하는 행위다.

- 동서양 합^슴 5000년 역사를 새롭게 쓴 천재들에게는 열 가지 사색공부법이 있었다. 첫째, 사색의 목적을 세우는 입지^{立志}를 하라. 둘째, 사람과 사물을 지극히 공손하고 경건한 마음으로 대하는 상태인 경^敬에 거하면서 사색하라. 셋째, 우주 만물의 원리를 이성적으로 사고하고 과학적으로 탐구하여 진리를 발견하라. 넷째, 소크라테스처럼 육체의 욕망과 어리석음에서 벗어나서 사색하라. 다섯째, 천재들의 영혼과 만날 수 있는 유일한 언어인 원어로 사색하라. 여섯째, 인문고전의 반열에 오른 해설서로 사색하라. 일곱째, 아인슈타인과 괴델처럼 평생 한 권의 인문고전에 몰두하라. 여덟째, 인문

고전의 목차로 사색지도를 그려라. 아홉째, 연표로 사색하라. 열째, 그랜드
투어하라.

• 순우리말 '생각하다'의 고어^{古語}는 '괴다'이다. '괴다'는 '사랑하다'라는 의미
를 가지고 있다. 즉 '생각하다'는 '사랑하다'이다. 영어 'think'의 기원인 그
리스어 노에시스는 철학, 즉 '필로소피아^{φιλοσοφία}'를 의미한다. 필로소피아
는 '지혜를 사랑하다'라는 의미를 가지고 있다. 즉 think는 사랑이다. 당신
의 생각은 사랑으로 충만한 것이어야 한다. 인문학의 목적은 사람을 사랑
하는 것이기 때문이다.

『리딩으로 리드하라』를 쓰고 인문학의 세계에 더욱 깊이 빠져들
게 되면서 성서의 예수 그리스도를 더 자주, 더 깊이 묵상하게 되었
다. 예수는 인간을 창조한 하나님임에도 불구하고 인간의 몸을 입고
세상에 내려와서 인간을 사랑으로 섬겼다. 예수는 인간에 의해 십자
가에 못박히고, 숨이 끊어지는 순간에도 인간을 사랑했다. 무덤에서
부활한 뒤에도 인간을 사랑했고, 하늘로 올라간 뒤에도 인간을 사랑
했다. 더 놀라운 사실은 인간을 향한 그 무한한 사랑이 현재진행형
이라는 것이다. 하여 인문학으로 번역되는 라틴어 후마니타스^{Humanitas}
에는 '예수그리스도의 인성^{人性}'이라는 뜻이 함께 들어 있다.

나는 때때로 스스로에게 묻는다. 네가 추구하는 인문학에 인간을
향한 섬김과 사랑이 있느냐고. 대답은 늘 서글프다. 먼 미래에는 서

글픈 대답을 하고 싶지 않다. 하여 나는 성서와 인문고전을 계속 손에 잡을 것이다. 그리고 나 자신과 내가 속한 세상을 바꾸기 위한 작은 실천을 계속해나갈 것이다. 그러니까 나는 리딩^{Reading}으로 리드^{Lead}할 것이다. 당신도 리딩^{Reading}으로 리드^{Lead}하라.

2016년 3월

용인 집필실에서

1

부모와 아이를 위한
인문고전 독서교육 가이드

전통적인 인문고전 독서교육은 스승의 지도 아래 인문고전을 읽고 필사하고 암송하고 토론하는 것이다. 여기에 더해 인문고전의 무대였거나 인문고전의 저자가 활동했던 지역을 답사하기도 한다.

미국·유럽의 명문 사립 중고교나 미국의 기독교 고전학교에서 주로 이루어지고 있는 현대의 인문고전 독서교육 또한 이 전통적인 틀에서 크게 벗어나지 않는다.

미국·유럽의 명문 사립 중고교 학생들의 학업성취도와 명문 대학 진학률이 세계 최고 수준이라는 것은 익히 알려진 사실이니, 미국의 기독교 고전학교에 대해서 알아보자. 미국에는 기독교 고전학교 연합ACCS, Association of Classical & Christian Schools l 이라는 단체가 있다. 초중고 12년 동안『성경』과 인문고전을 공부하는 게 주 교육과정인 기독교 고전학교 150곳과 기독교 고전교육 홈스쿨링CCH, Classical Christian Homeschooling2 연합 25곳이 가입해 있다.3 이 연합을 졸업한 학생들의 대학입시 성적은 SAT 상위 10~15퍼센트 이내다. 특히 정규 고전학교 졸업생들은 SAT 상위 5퍼센트 안에 드는 성적을 자랑한다.4

그러나 미국·유럽의 명문 사립 중고교와 미국의 기독교 고전학교에서 실시되고 있는 인문고전 독서교육에도 단점이 있다. 천재들의 인문고전 독서법의 핵심인 '사색'과 '깨달음'이 없다는 것이다. 물론 이 두 가지는 가르칠 수 없는 것이지만, 그래도 교육과정에 언급 자체가 되어 있지 않은 것을 보면 중대한 결함이 있는 독서교육이라고 할 수 있다. 어쩌면 미국의 금융제국주의와 패권주의는 '사색'과 '깨달음'이 없는 인문고전 독서교육을 받은 사립 명문 중고교 출신의 인재들이 만들어낸 것이라고 볼 수도 있을 것이다.

이러한 점을 염두에 두고 뒤이어 제시할 '인문고전 독서교육 참고 도서'를 통해 기본적인 개념을 익힌 뒤, '이지성의 인문고전 독서교육 단계별 추천도서'를 아이들에게 읽히기를 권한다. 단계별 추천도서는 1) 서울대학교 선정 '동서양 고전 200권' 2) 연세대학교 필독도서 '고전 200선' 3) KAIST 인문사회과학연구소 선정 '과학도가 읽어야 할 인문교양서 83' 4) 세인트존스 대학교 선정 '위대한 고전 100권' 5) 시카고 대학교 선정 '시카고 플랜 고전 100권'

6) 예일 대학교 지도 연구 프로그램 도서목록[5] 7) 스탠퍼드 대학원 '문학과 문명' 세미나 선정 '세계의 결정적 책 15권'[6] 8) 그레이트북스 재단 선정 '세계의 위대한 고전 144권' 9) 중국의 지성 5인이 뽑은 고전 200선[7] 10) 미국 대학위원회 선정 '고등학생 권장도서 101권' 등을 참고해서 만든 것이다. "어른들도 읽기 힘든 책을 아이에게 읽으라고 하는 것은……" 식의 문제제기에 대해서는 이렇게 답변하고 싶다.

1. 전통적인 인문고전 독서교육은 보통 열 살 전후의 아이를 대상으로 했다.

2. 이지성의 인문고전 독서교육 추천도서는 대부분 수능 필독서다.

3. 이지성의 인문고전 독서교육 추천도서는 미국 명문 사립 중고교의 필독서 수준이다.

4. 르네상스 시대의 천재 페트라르카는 자신이 받은 인문고전 독서교육에 대해 이렇게 말했다.
   "아주 어린 시절 다른 소년들이 (…) 이솝을 공부하고 있을 때 나는 온통 키케로에 빠졌다. (…) 그때 나는 내가 읽은 것을 제대로 이해하지도 못했다. 그런데도 단어들이 조화롭게 배치된 것에서 크나큰 즐거움을 느꼈고 다른 책을 읽거나 낭송하는 것은 품위가 없고 조화롭지 못한 소리로만 들렸다. (…) 키케로를 향한 사랑이 매일매일 커가는 것을 보고 나의 아버지는 놀라워하시며 나의 미숙한 성향을 부모의 사랑으로 격려해주셨다."[8]

리딩으로 리드하라

5. 우리 시대의 천재 이어령은 이렇게 말했다.

    "나는 어린이들에게 (고전) 다이제스트본을 읽히는 것은 권하고 싶지 않아요. 모차르트는 네댓 살 때 피아노 교향곡을 치고 작곡도 하고 그랬어요. 천재는 따로 있는 게 아니라 조기 독서교육을 시키면 됩니다. 아이들은 유치한 내용만이 아니라 고급정보도 소화할 수 있어요. 내용이 어려우면 상상하게 됩니다. 나는 내가 지닌 독창성과 상상력의 원천은 어려운 책들을 읽으면서 모르는 부분을 끊임없이 메우려는 거에서 생겨났다고 봅니다."[9]

인문고전 독서교육
참고도서

- 구자억,『양계초와 교육』, 원미사, 1998.
  ———,『중국교육사』, 책사랑, 1999.
- 기무라 큐이치,『칼 비테 영재교육법』, 임주리 옮김, 푸른육아, 2006.
- 김덕삼·이경자,『중국의 전통 가정교육』, 경인문화사, 2005.
- 김문식·김정호,『조선의 왕세자 교육』, 김영사, 2003.
- 데시데리위스 에라스뮈스,『에라스무스의 아동교육론』, 김성훈 옮김, 한국학술정보, 2007.
- 도널드 L. 핀켈,『침묵으로 가르치기』, 문희경 옮김, 다산초당, 2010.

- 랜들 D. 하트, 『흔들리지 않는 고전교육의 뿌리를 찾아서』, 황병규 옮김, 꿈을이루는사람들, 2007.
- 로렌 포프, 『내 인생을 바꾸는 대학』, 김현대 옮김, 한겨레출판, 2008.
- 빌헬름 딜타이, 『고대 그리스와 로마의 교육』, 손승남 옮김, 지만지, 2009.
- 앤서니 T. 크론먼, 『교육의 종말』, 한창호 옮김, 모티브북, 2009.
- 얼 쇼리스, 『희망의 인문학』, 고병헌 외 옮김, 이매진, 2006.
- 오인탁, 『파이데이아』, 학지사, 2001.
- 올리버 벤 드밀, 『토마스 제퍼슨의 위대한 교육』, 김성웅 옮김, 꿈을이루는사람들, 2010.
- 왕징룬, 『중국의 황태자 교육』, 이영옥 옮김, 김영사, 2007.
- 원윤수·류진현, 『프랑스의 고등교육』, 서울대학교출판부, 2002.
- 육수화, 『조선시대 왕실교육』, 민속원, 2008.
- 이경자, 『중국 고등교육사』, 한국학술정보, 2008.
- 이기문·김진희, 『조선왕실 천재교육』, 오성출판사, 2003.
- 이해명, 『이제는 아버지가 나서야 한다』, 동아일보사, 2007.
- 존 스튜어트 밀, 『존 스튜어트 밀 자서전』, 배영원 옮김, 범우사, 1998.

- 최효찬,『5백년 명문가의 자녀교육』, 예담, 2005.
  ─── ,『세계 명문학교 1% 인재들의 공부법』, 예담, 2008.
  ─── ,『세계 명문가의 독서교육』, 바다출판사, 2010.
- 카를 비테 주니어,『공부의 즐거움』, 남은숙 옮김, 베이직북스, 2008.
- 캐서린 레비슨,『살아 있는 책으로 공부하라』, 임신희 옮김, 꿈을 이루는 사람들, 2006.
- 크리스토퍼 A. 페린,『고전적 교육 입문』, 황병규 옮김, 꿈을 이루는 사람들, 2007.
- 하비 & 로리 블루돈,『기독교적 고전교육』, 김선화 옮김, 꿈을 이루는 사람들, 2008.
- 황용길,『부자 교육 가난한 교육』, 조선일보사, 2001.

리딩으로 리드하라

이지성의 인문고전 독서교육
단계별 추천도서

초등학교 5학년

- 유득공, 『발해고渤海考』, 송기호 옮김, 홍익출판사, 2000.
- 최치원, 『새벽에 홀로 깨어』, 김수영 편역, 돌베개, 2008.
- 이규보, 『동명왕의 노래東明王篇』, 김상훈 옮김, 보리, 2005.
- 이이, 『격몽요결擊蒙要訣』, 이민수 옮김, 을유문화사, 2003.
- 공자, 『논어論語』, 김형찬 옮김, 홍익출판사, 2005.
- 플라톤, 『소크라테스의 변명Apologia Sokratous』, 황문수 옮김, 문예출판사, 1999.
- 윌리엄 워즈워스, 『무지개A Rainbow』, 유종호 옮김, 민음사, 2002.

초등학교 6학년

- 김부식, 『삼국사기三國史記』, 이강래 옮김, 한길사, 1998.
- 이황, 『자성록自省錄』, 최중석 옮김, 국학자료원, 2003.
- 정약용, 『유배지에서 보낸 편지』, 박석무 옮김, 창비, 2009.
- 김시습, 『금오신화金鰲新話』, 이지하 옮김, 민음사, 2009.
- 맹자, 『맹자孟子』, 박경환 옮김, 홍익출판사, 2005.
- 호메로스, 『일리아스Ilias』, 천병희 옮김, 숲, 2007.
- 빌헬름 뮐러, 『겨울 나그네Die Winterreise』, 김재혁 옮김, 민음사, 2001.

중학교 1학년

- 허균, 『홍길동전』, 김현양 옮김, 문학동네, 2010.
- 김만중, 『구운몽九雲夢』, 송성욱 옮김, 민음사, 2003.
- 허난설헌, 『허난설헌 시집』, 허경진 편역, 평민사, 2008.
- 노자, 『노자老子』, 최재목 옮김, 을유문화사, 2006.
- 주희 엮음, 『대학大學·중용中庸』, 김미영 옮김, 홍익출판사, 2005.
- 사마천, 『사기본기史記本紀』, 김원중 옮김, 민음사, 2010.
- 나관중, 『삼국지三國志演義』, 황석영 옮김, 창비, 2003.
- 호메로스, 『오뒷세이아Odysseia』, 천병희 옮김, 숲, 2006.
- 소포클레스, 『오이디푸스왕Oedipus the King』, 강대진 옮김, 민음사, 2009.

- 플루타르코스, 『플루타르크 영웅전*Ploutarchou Bioi Paralldoi*』, 이성규 옮김, 현대지성사, 2000.
- 윌리엄 셰익스피어, 『햄릿*Hamlet*』, 최종철 옮김, 민음사, 2001.

중학교 2학년

- 이이, 『성학집요聖學輯要』, 김태완 옮김, 청어람미디어, 2007.
- 이순신, 『난중일기亂中日記』, 노승석 옮김, 민음사, 2010.
- 작자 미상, 『춘향전』, 송성욱 옮김, 민음사, 2004.
- 박지원, 『열하일기熱河日記』, 김혈조 옮김, 돌베개, 2009.
- 장자, 『장자莊子』, 김학주 옮김, 연암서가, 2010.
- 사마천, 『사기열전史記列傳』, 김원중 옮김, 민음사, 2007.
- 구우, 『전등신화剪燈新話』, 정용수 옮김, 지만지, 2008.
- 헤로도토스, 『역사*Historiae*』, 천병희 옮김, 숲, 2009.
- 플라톤, 『국가·정체*Politeia*』, 박종현 옮김, 서광사, 2005.
- 푸블리우스 베르길리우스 마로, 『아이네이스*Aeneis*』, 천병희 옮김, 숲, 2007.
- 미겔 데 세르반테스, 『돈키호테*Don Quixote*』, 민용태 옮김, 창비, 2005.
- 로트레아몽, 『말도로르의 노래*Les Chants de Maldoror*』, 이동렬 옮김, 민음사, 1997.

중학교 3학년

- 이익,『성호사설星湖僿說』, 최석기 옮김, 한길사, 1999.
- 박제가,『북학의北學議』, 박정주 옮김, 서해문집, 2003.
- 김립,『김립 시선』, 허경진 편역, 평민사, 2010.
- 묵적,『묵자墨子』, 박재범 옮김, 홍익출판사, 1999.
- 한비,『한비자韓非子』, 김원중 옮김, 글항아리, 2010.
- 시내암,『수호지水滸誌』, 이문열 옮김, 민음사, 1991.
- 아리스토텔레스,『정치학Politika』, 천병희 옮김, 숲, 2009.
- 단테 알리기에리,『신곡La Divina Commedia』, 박상진 옮김, 민음사, 2007.
- 요한 볼프강 폰 괴테,『파우스트Faust』, 이인웅 옮김, 문학동네, 2009.
- 에드워드 기번,『로마제국 쇠망사The History of the Decline and Fall of the Roman Empire』(전6권), 윤수인 외 옮김, 민음사, 2008~2010.
- 아르튀르 랭보,『지옥에서 보낸 한 철Une Saison en Enfer』, 김현 옮김, 민음사, 2000.

고등학교 1학년

- 류성룡,『징비록懲毖錄』, 김흥식 옮김, 서해문집, 2003.
- 정약용,『목민심서牧民心書』, 민족문화추진회 옮김, 솔, 1998.

- 매창, 『매창 시집』, 허경진 편역, 평민사, 2007.
- 순자, 『순자荀子』, 김학주 옮김, 을유문화사, 2008.
- 이백, 『이백 시선』, 이원섭 옮김, 현암사, 2003.
- 오승은, 『서유기西遊記』, 임홍빈 옮김, 문학과지성사, 2010.
- 아리스토텔레스, 『니코마코스 윤리학*Ethica Nicomachea*』, 이창우 외 옮김, 이제이북스, 2006.
- 마르쿠스 툴리우스 키케로, 『의무론*De Officiis*』, 허승일 옮김, 서광사, 2006.
- 르네 데카르트, 『방법서설*Discours de la methode*』, 이현복 옮김, 문예출판사, 1997.
- 조너선 스위프트, 『걸리버 여행기*Gulliver's Travels*』, 신현철 옮김, 문학수첩, 2010.
- 스탕달, 『적과 흑*Le Rouge et le Noir*』, 이규식 옮김, 문학동네, 2009.
- 제인 오스틴, 『오만과 편견*Pride and Prejudice*』, 윤지관·전승희 옮김, 민음사, 2003.
- 존 버니언, 『천로역정*The Pilgrim's Progress*』, 김창 옮김, 서해문집, 2006.
- 빅토르 위고, 『레미제라블*Les Misérables*』, 방곤 옮김, 범우사, 1993.
- 샤를 피에르 보들레르, 『악의 꽃*Les Fleurs du mal*』, 김붕구 옮김, 민음사, 2001.

고등학교 2학년

- 정철, 『송강가사^{松江歌辭}』, 김갑기 옮김, 지만지, 2008.

- 유길준, 『서유견문^{西遊見聞}』, 허경진 옮김, 서해문집, 2004.

- 이중환, 『택리지^{擇里志}』, 이익성 옮김, 을유문화사, 2002.

- 신채호, 『조선상고사^{朝鮮上古史}』, 박기봉 옮김, 비봉출판사, 2006.

- 손무, 『손자병법^{孫子兵法}』, 유동환 옮김, 홍익출판사, 2002.

- 오긍, 『정관정요^{貞觀政要}』, 김원중 옮김, 글항아리, 2010.

- 두보, 『두보 시선』, 이원섭 편역, 현암사, 2003.

- 주희 외, 『근사록^{近思錄}』, 이기동 옮김, 홍익출판사, 1998.

- 아우렐리우스 아우구스티누스, 『고백록^{Confessiones}』, 김기찬 옮김, 현대지성사, 2000.

- 토머스 모어, 『유토피아^{Utopia}』, 나종일 옮김, 서해문집, 2005.

- 존 로크, 『통치론^{Two Treatises of Government}』, 강정인 옮김, 까치, 2007.

- 장 자크 루소, 『사회계약론^{Du Contrat Social}』, 정성환 옮김, 홍신문화사, 2007.

- 장 칼뱅, 『기독교 강요^{Institutio Christianae Religionis}』, 원광연 옮김, 크리스챤 다이제스트, 2003.

- 레프 니콜라예비치 톨스토이, 『부활^{Voskresenie}』, 박형규 옮김, 민음사, 2003.

- 월트 휘트먼, 『풀잎^{Leaves of Grass}』, 유종호 옮김, 민음사, 2001.

고등학교 3학년

- 곽재우 외,『임진년 난리를 당하매』, 오희복 옮김, 보리, 2005.

- 조식,『남명집南冥集』, 경상대학교 남명학연구소 옮김, 한길사, 2001.

- 강항,『간양록看羊錄』, 김찬순 옮김, 보리, 2006.

- 작자 미상,『숙향전·숙영낭자전』, 이상구 옮김, 문학동네, 2010.

- 이지,『분서焚書』, 김혜경 옮김, 한길사, 2004.

- 왕양명,『전습록傳習錄』, 정인재·한정길 옮김, 청계, 2007.

- 오경재,『유림외사儒林外史』, 홍상훈 외 옮김, 을유문화사, 2009.

- 율리우스 카이사르,『갈리아 전쟁기Commentarii de Bello Gallico』, 김한영 옮김, 사이, 2005.

- 블레즈 파스칼,『팡세Pensees』, 이환 옮김, 민음사, 2003.

- 존 밀턴,『실낙원Paradise Lost』, 조신권 옮김, 문학동네, 2010.

- 니콜로 마키아벨리,『군주론Principe』, 강정인·김경희 옮김, 까치, 2008.

- 프랜시스 베이컨,『학문의 진보The Advancement of Learning』, 이종흡 옮김, 아카넷, 2002.

- 이마누엘 칸트,『순수이성비판Kritik der reinen Vernunft』, 백종현 옮김, 아카넷, 2006.

- 토머스 홉스,『리바이어던Leviathan』, 신재일 옮김, 서해문집, 2007.

- 존 스튜어트 밀, 『자유론*On Liberty*』, 박홍규 옮김, 문예출판사, 2009.
- 이븐 할둔, 『역사서설*Muqaddimah*』, 김호동 옮김, 까치, 2003.
- 표도르 미하일로비치 도스토옙스키, 『까라마조프 씨네 형제들*Brat'ya Karamazovy*』, 이대우 옮김, 열린책들, 2009.

2

성인을 위한 인문고전
독서 가이드

예일 대학교와 하버드 대학교 대학원을 수석 졸업하고 매사추세츠 공과대학 교수로 일하다가 노벨상을 수상한 인물이 한국을 방문했는데, 놀랍게도 당신을 만나서 대화를 나누고 싶어한다고 하자. 어떻게 하겠는가? 그 천재를 무시하고 친구들을 만나서 커피나 술을 마시겠는가 아니면 집에서 TV를 보겠는가? 제정신이 있는 사람이라면 "무슨 소리, 당장 만나러 가야지!"라고 대답할 것이다. 하지만 과연 그럴까? 잠시 지난 삶을 돌아보라. 위에서 언급한 노벨상 수상자는 감히 비교도 못할 위대한 업적을 이룬 진정한 천재들과 대화를 나눌 수 있는 기회를 당신은 친구들과의 수다 또는 TV 시청 등으로 없애오지 않았던가? 당신의 삶에서 인문고전 독서가 친구들과의 잡담 또는 TV 시청보다 더 큰 자리를 차지했던 적이 과연 몇 번이나 있었는가? 아마도 당신은 인문고전을 외면하고 무시해왔을 것이다. 아니 인문고전이 존재하는지조차 몰랐을 수도 있다. 즉 당신은 위에서 언급한 노벨상 수상자의 만남 요청을 발로 차버린 것보다 더한 실수를 계속 저질러왔다고 할 수 있다. 당신의 지난 삶에 어떤 혁명적인 변화도 없었던 이유는 어쩌면 그 때문이 아닐까?

『아리스토텔레스가 제너럴모터스를 경영한다면』의 저자 톰 모리스는 이렇게 말했다. "플라톤과 아리스토텔레스 시대부터 현재까지 많은 철학자들은 우리에게 거액의 예금이 들어 있는 은행통장과 같은 지혜의 보고를 남겨주었다. 우리는 그곳에서 우리의 비즈니스와 삶에 적용할 수 있는 지혜를 꺼내 쓸 수 있다. 그리고 이 지적 자본을 현재 우리의 사업과 삶에 투자하여 이 새로운 지혜의 대가로 엄청난 보상을 받을 수도 있다. 따라서 만일 우리가 역사상 위대한 철학자들을 우리 사고思考의 안내자로 삼는다면 그래서 우리 자신이 그들과 같은 철학자로 변모한다면 사업과 가정과 삶에 탁월한 능력을 발휘하고 번영과 화목을 이루고 만족스런 성공도 거둘 수 있을 것이다." 우리 시대 최고의 부자 중 한 명인 워런 버핏과 점심 한 끼를 먹으려면 30억 원이 넘는 돈을 지불해야 한다. 스티브 잡스는 소크라테스와 밥을 먹을 수만 있다면 전 재산을 바쳐도 좋다고 말한 바 있다. 인문고전 독서가 찰스 멍거를 스승으로 두고 있는 독서광

워런 버핏도 마찬가지 심정일 것이다.

이쯤에서 묻고 싶다. 만일 당신에게 워런 버핏과 스티브 잡스의 진짜 스승이라고 할 수 있는 사람을 단돈 만 원에 만날 수 있는 기회가 주어진다면? 사실 그 기회는 지금 당신 손에 있다. 당장 인터넷에 접속해서 서점으로 가보라. 우리 시대의 최고 리더들이 그토록 만나고 싶어 하는 인문고전 저자들의 정수가 겨우 몇천 원, 몇만 원에 당신에게 팔리기를 기다리고 있다. 커피, 치킨, 피자, 담배, 술 등 일시적인 육체적 만족을 위해 당신이 쓴 돈을 생각해보라. 그리고 인문고전 독서를 위해 쓴 돈과 비교해보라. 그 차이가 바로 당신의 미래다. 자신, 가족, 조직, 사회, 국가의 미래를 위해 단돈 몇천 원, 몇만 원 쓰기도 힘들어하는 안타까운 사람이 되지 않기를 바란다. 물론 그렇다고 다음에 제시한 '이지성의 인문고전 독서 단계별 추천도서'를 전부 구입하라는 의미는 아니다. 처음에는 두세 권만 구입하라. 그 책들을 다 뗀 뒤에 다른 책들을 구매하기 바란다. 처음부터 무리하게 욕심을 부려 100권 넘게 구입해놓고 난감해하는 사람을 여럿 보았기에 하는 말이다.

단계별 추천도서는 다음 목록을 바탕으로 만들어졌다. 1) 서울대학교 선정 '동서양 고전 200권' 2) 연세대학교 필독 도서 '고전 200선' 3) KAIST 인문사회과학연구소 선정 '과학도가 읽어야 할 인문교양서 83' 4) 세인트존스 대학교 선정 '위대한 고전 100권' 5) 시카고 대학교 선정 '시카고 플랜 고전 100권' 6) 예일 대학교 지도 연구 프로그램 도서목록 7) 스탠퍼드 대학원 '문학과 문명' 세미나 선정 '세계의 결정적 책 15권' 8) 그레이트북스 재단 선정 '세계의 위대한 고전 144권' 9) 중국의 지성 5인이 뽑은 고전 200선.

'이지성의 인문고전 독서 단계별 추천도서'는 어려운 책들로 가득하지만 사실 그중 많은 수가 우리나라 대입 수능 필독서이자 미국 대입 수능 필독서다. 즉 고등학생 이상의 독서능력을 가진 사람이라면 충분히 소화할 수 있는 책들이라는 의미다. 그러니 어렵다는 편견을 깨고 도전하기 바란다. '어렵다'는 느낌은 어쩌면 당신이 그동안 너무 쉬운 책만 읽어왔다는 방증일 수도 있으니 말이다.[10] 그렇다고 여기서 제시한 추천도서에 얽매이지는 마라. 가능하면 '인문고전 독서 참고도서'를 바탕으로 자신만의 독서목록을 만들기 바란다. 그게 자신에게 가장 좋을 것이다.

이 책을 읽는 모든 사람이 위대한 깨달음을 얻어 인류의 역사를 새로 쓰는 천재가 되기를 소망한다. 그 경지에는 이르지 못하더라도 최소한, 아리스토텔레스의 『형이상학』 같이 두껍고 어려운 책을 왜 읽느냐는 질문에 "책을 읽으니 닫혀 있던 뇌가 터지는 기분이 들던데요"라고 답한 세계 최고의 비보이팀 갬블러의 리더 장경호처럼 두뇌가 열리는 경험을 하게 되기를 바란다.[11]

조선 중기의 명장 권율은 나이 마흔에 인문고전 독서를 시작했다.[12] 그리고 마흔다섯에 세상에 나갔다. 그는 승문원 정자, 전라도 도사, 예조 정랑, 호조 정랑, 경성 판관, 의주 목사를 역임하고 한가로운 시간을 보내다가 임진왜란 발발 소식을 접했다. 1593년 2월 12일,[13] 그는 2800여 명의 병사를 이끌고 행주산성을 지키고 있었다. 그날 새벽 3만여 명의 왜적이 쳐들어왔다. 마침내 전투가 끝났을 때 산성 밑에는 2만 4000여 구의 시신이 쌓여 있었다. 모두 왜적의 것이었다. 놀랍게도 권율의 군대는 거의 피해를 입지 않았다. 역사는 그날의 승리를 한산대첩, 진주대첩과 더불어 임진왜란 3대 대첩으로 기록하고 있다. 권율은 나이 마흔이 되도록 보잘것없는 한량으로 살았다. 하지만 목숨을 건 5년간의 인문고전 독서를 마친 뒤 위인의 잠재력을 가진 인물로 변화했고, 실제로 위인이 되었다. 이 사례가 주는 교훈은 간단하다.

"늦었다고 생각할 때가 가장 빠른 때다. 인문고전 독서, 지금 당장 저질러라!"

인문고전 독서
참고도서

- 강명관,『책벌레들 조선을 만들다』, 푸른역사, 2007.
- 교수신문 엮음,『최고의 고전 번역을 찾아서』, 생각의나무, 2006.
- 김건우,『옛사람 59인의 공부 산책』, 도원미디어, 2003.
- 김삼웅,『책벌레들의 동서고금 종횡무진』, 시대의창, 2008.
- 김영수 역해,『제자백가』, 동서문화사, 2009.
- 다치바나 다카시,『나는 이런 책을 읽어왔다』, 이언숙 옮김, 청어람미디어, 2001.
  ─────────,『도쿄대생은 바보가 되었는가』, 이정환 옮김, 청어람미디어, 2002.

- 러시아과학아카데미연구소 엮음, 『세계철학사』(전12권), 중원문화, 2010.
- 리쩌허우, 『중국 고대 사상사론』, 정병석 옮김, 한길사, 2005.
- 미키 기요시, 『독서와 인생』, 최현 옮김, 범우사, 2007.
- 박종홍, 『한국의 명저』(전3권), 현암사, 1986~1990.
- 박희병, 『선인들의 공부법』, 창비, 1998.
- 사사키 다케시 외, 『절대지식 세계고전』, 윤철규 옮김, 이다미디어, 2010.
- 신병주, 『조선 최고의 명저들』, 휴머니스트, 2006.
- 아르투르 쇼펜하우어, 『쇼펜하우어 문장론』, 김욱 옮김, 지훈, 2005.
- 알베르토 망구엘, 『독서의 역사』, 정명진 옮김, 세종서적, 2000.
- 알베르트 슈바이처, 『나의 생애와 사상』, 천병희 옮김, 문예출판사, 1999.
- 윤희진, 『제왕의 책』, 황소자리, 2007.
- 이광주, 『교양의 탄생』, 한길사, 2009.
- 이이, 『격몽요결擊蒙要訣』, 이민수 옮김, 을유문화사, 2003.
- 이재정, 『조선출판주식회사』, 안티쿠스, 2008.
- 임형택, 『우리 고전을 찾아서』, 한길사, 2007.
- 정문택·최복현, 『도서관에서 찾은 책벌레들』, 휴먼드림, 2009.

- 정약용,『유배지에서 보낸 편지』, 박석무 옮김, 창비, 2009.
- 지만지 편집부,『고전해설』, 지만지, 2009.
- 최영성,『한국유학통사』, 심산, 2006.
- 풍우란,『중국철학사』, 박성규 옮김, 까치, 1999.
- 한길사 편집부,『가자, 고전의 숲으로』, 한길사, 2008.
- 한정주·엄윤숙,『조선 지식인의 독서노트』, 포럼, 2008.
- 헤르만 헤세,『헤르만 헤세의 독서의 기술』, 김지선 옮김, 뜨인 돌, 2006.

이지성의 인문고전 독서
단계별 추천도서

기본과정, 심화과정(★), 특별과정(★★)으로 구성되어 있다.

1년차

- 유득공, 『발해고渤海考』, 송기호 옮김, 홍익출판사, 2000.

- 최치원, 『새벽에 홀로 깨어』, 김수영 편역, 돌베개, 2008.

- 이이, 『성학집요聖學輯要』, 김태완 옮김, 청어람미디어, 2007.

- 사마천, 『사기본기史記本紀』, 김원중 옮김, 민음사, 2010.

- 관중, 『관자管子』, 김필수 외 옮김, 소나무, 2006.

- 황견 엮음, 『고문진보 전집古文眞寶前集』, 이장호 외 옮김, 을유문화사, 2007.

  ────, 『고문진보 후집古文眞寶後集』, 이장호 외 옮김, 을유문화사, 2007.

- 호메로스, 『일리아스*Ilias*』, 천병희 옮김, 숲, 2007.

- 헤로도토스, 『역사*Historiae*』, 천병희 옮김, 숲, 2009.

- 탈레스 외, 『소크라테스 이전 철학자들의 단편 선집』, 김인곤 외 옮김, 아카넷, 2005.

★ 북애, 『규원사화揆園史話』, 고동영 옮김, 한뿌리, 2005.

★★ 유향 엮음, 『전국책戰國策』, 임동석 옮김, 동서문화사, 2009.

★★ 태공망·황석공, 『육도六韜·삼략三略』, 유동환 옮김, 홍익출판사, 2002.

★★ 플라비우스 베게티우스 레나투스, 『군사학 논고*De Re Militari*』, 정토웅 옮김, 지만지, 2009.

2년차

- 김부식, 『삼국사기三國史記』, 이강래 옮김, 한길사, 1998.

- 이황, 『자성록自省錄』, 최중석 옮김, 국학자료원, 2003.

- 박인량, 『수이전殊異傳』, 이동근 옮김, 지만지, 2008.

- 노자, 『노자老子』, 최재목 옮김, 을유문화사, 2006.

- 사마천, 『사기열전史記列傳』, 김원중 옮김, 민음사, 2007.

- 유의경, 『세설신어世說新語』, 안길환 옮김, 명문당, 2006.

- 호메로스, 『오뒷세이아*Odysseia*』, 천병희 옮김, 숲, 2006.

- 투키디데스, 『펠로폰네소스 전쟁사*History of the Peloponnesian War*』, 박광순

옮김, 범우사, 2001.

- 플라톤,『소크라테스의 변명$^{Apologia\ Sokratous}$』, 황문수 옮김, 문예출판
사, 1999.

★★ 손무,『손자병법^{孫子兵法}』, 김광수 옮김, 책세상, 1999.

★ 도연명,『도연명 전집』, 이치수 옮김, 문학과지성사, 2005.

★★ 플라톤,『국가·정체^{Politeia}』, 박종현 옮김, 서광사, 2005.

★★ 오긍,『정관정요^{貞觀政要}』, 김원중 옮김, 글항아리, 2010.

3년차

- 김종서 외,『고려사절요^{高麗史節要}』, 민족문화추진회 옮김, 신서원,
2004.

- 이규보,『동명왕의 노래^{東明王篇}』, 김상훈 옮김, 보리, 2005.

- 이인로,『파한집^{破閑集}』, 구인환 옮김, 신원문화사, 2002.

- 조식,『남명집^{南冥集}』, 경상대학교 남명학연구소 옮김, 한길사,
2001.

- 공자,『논어^{論語}』, 김형찬 옮김, 홍익출판사, 2005.

- 시내암,『수호지^{水滸誌}』, 이문열 옮김, 민음사, 1991.

- 증선지,『십팔사략^{十八史略}』, 임동석 옮김, 동서문화사, 2009.

- 아리스토텔레스,『범주론^{Categoriae}·명제론$^{De\ Interpretatione}$』, 김진성 옮김,
이제이북스, 2005.

- 푸블리우스 베르길리우스 마로, 『아이네이스*Aeneis*』, 천병희 옮김, 숲, 2007.
- 플루타르코스, 『플루타르크 영웅전*Ploutarchou Bioi Paralldoi*』, 이성규 옮김, 현대지성사, 2000.
- ★ 오기, 『오자병법*吳子兵法*』, 김경현 옮김, 홍익출판사, 1998.
- ★ 왕유, 『왕유 시 전집』, 박삼수 옮김, 현암사, 2008.
- ★★ 왕숙, 『공자가어*孔子家語*』, 이민수 옮김, 을유문화사, 2003.
- ★★ 아리스토텔레스, 『정치학*Politika*』, 천병희 옮김, 숲, 2009.

4년차

- 이수광, 『지봉유설*芝峰類說* 정선』, 정해렴 옮김, 현대실학사, 2000.
- 신채호, 『조선상고사*朝鮮上古史*』, 박기봉 옮김, 비봉출판사, 2006.
- 장자, 『장자*莊子*』, 김학주 옮김, 연암서가, 2010.
- 작자 미상, 『안자춘추*晏子春秋*』, 임동석 옮김, 동서문화사, 2009.
- 나관중, 『삼국지*三國志演義*』, 황석영 옮김, 창비, 2003.
- 율리우스 카이사르, 『갈리아 전쟁기*Commentarii de Bello Gallico*』, 김한영 옮김, 사이, 2005.
- 마르쿠스 툴리우스 키케로, 『의무론*De Officiis*』, 허승일 옮김, 서광사, 2006.
- 푸블리우스 나소 오비디우스, 『변신 이야기*Metamorphoses*』, 천병희 옮

_____ 리딩으로 리드하라

김, 숲, 2005.

- 윌리엄 워즈워스, 『무지개*A Rainbow*』, 유종호 옮김, 민음사, 2002.

★ 열자, 『열자*列子*』, 김학주 옮김, 을유문화사, 2000.

★ 율리우스 카이사르, 『내란기*Commentarii de Bello Civili*』, 박광순 옮김, 범우사, 2005.

★ 이백, 『이백 시선』, 이원섭 옮김, 현암사, 2003.

★★ 진수, 『정사 삼국지*三國志*』, 김원중 옮김, 민음사, 2007.

★★ 마르쿠스 툴리우스 키케로, 『최고선악론*De Finibus Bonorum et Malorum*』, 김창성 옮김, 서광사, 1999.

5년차

- 이제현, 『역옹패설*櫟翁稗說*』, 박병익 옮김, 보고사, 2008.

- 박은식, 『한국통사*韓國痛史*』, 김승일 옮김, 범우사, 1999.

- 묵적, 『묵자*墨子*』, 박재범 옮김, 홍익출판사, 1999.

- 오승은, 『서유기*西遊記*』, 임홍빈 옮김, 문학과지성사, 2010.

- 푸블리우스 코르넬리우스 타키투스, 『연대기*Annales*』, 박광순 옮김, 범우사, 2005.

- 아우렐리우스 아우구스티누스, 『고백록*Confessiones*』, 김기찬 옮김, 현대지성사, 2000.

- 단테 알리기에리, 『신곡*La Divina Commedia*』, 박상진 옮김, 민음사,

2007.

- 안셀무스, 『모놀로기온*Monologion* · 프로슬로기온*Proslogion*』, 박승찬 옮김, 아카넷, 2002.
- 빌헬름 뮐러, 『겨울 나그네*Die Winterreise*』, 김재혁 옮김, 민음사, 2001.
- ★ 푸블리우스 코르넬리우스 타키투스, 『게르마니아*Germania*』, 이광숙 옮김, 서울대학교출판부, 1999.
- ★ 두보, 『두보 시선』, 이원섭 옮김, 현암사, 2003.
- ★★ 플라비우스 요세푸스, 『요세푸스*Josephus*』, 김지찬 옮김, 생명의 말씀사, 2000.
- ★★ 토마스 아퀴나스, 『신학대전*Summa Theologiae*』, 정의채 옮김, 바오로딸, 1995~.

6년차

- 정도전, 『삼봉집三峯集』, 정병철 옮김, 한국학술정보, 2009.
- 김시습, 『금오신화金鰲新話』, 이지하 옮김, 민음사, 2009.
- 맹자, 『맹자孟子』, 박경환 옮김, 홍익출판사, 2005.
- 공자 외, 『대학大學 · 중용中庸』, 유교문화연구소 옮김, 성균관대학교출판부, 2007.
- 구우, 『전등신화剪燈新話』, 정용수 옮김, 지만지, 2008.

- 장 칼뱅, 『기독교 강요$^{Institutio\ Christianae\ Religionis}$』, 원광연 옮김, 크리스챤 다이제스트, 2003.
- 조반니 보카치오, 『데카메론^{Decameron}』, 한형곤 옮김, 동서문화사, 2007.
- 니콜로 마키아벨리, 『군주론^{Principe}』, 강정인·김경희 옮김, 까치, 2008.
- 윌리엄 셰익스피어, 『햄릿^{Hamlet}』, 최종철 옮김, 민음사, 2001.
  ──────, 『오셀로^{Othello}』, 최종철 옮김, 민음사, 2001.
  ──────, 『맥베스^{Macbeth}』, 최종철 옮김, 민음사, 2004.
  ──────, 『리어 왕$^{King\ Lear}$』, 최종철 옮김, 민음사, 2005.
- 미겔 데 세르반테스, 『돈키호테$^{Don\ Quixote}$』, 민용태 옮김, 창비, 2005.
★ 구양수, 『구양수 시선』, 권호종 옮김, 문이재, 2002.
★ 프랜시스 베이컨, 『학문의 진보$^{The\ Advancement\ of\ Learning}$』, 이종흡 옮김, 아카넷, 2002.
★★ 토머스 홉스, 『리바이어던^{Leviathan}』, 신재일 옮김, 서해문집, 2007.
★★ 존 로크, 『통치론$^{Two\ Treatises\ of\ Government}$』, 강정인 옮김, 까치, 2007.

7년차

- 이순신, 『난중일기^{亂中日記}』, 노승석 옮김, 민음사, 2010.

- 허균,『홍길동전』, 김현양 옮김, 문학동네, 2010.

- 이익,『성호사설星湖僿說』, 최석기 옮김, 한길사, 1999.

- 이중환,『택리지擇里志』, 이익성 옮김, 을유문화사, 2002.

- 순자,『순자荀子』, 김학주 옮김, 을유문화사, 2008.

- 오경재,『유림외사儒林外史』, 최승일 외 옮김, 여강, 2006.

- 블레즈 파스칼,『팡세Pensees』, 이환 옮김, 민음사, 2003.

- 르네 데카르트,『방법서설Discours de la methode』, 이현복 옮김, 문예출판사, 1997.

- 토머스 모어,『유토피아Utopia』, 나종일 옮김, 서해문집, 2005.

- 조너선 스위프트,『걸리버 여행기Gulliver's Travels』, 신현철 옮김, 문학수첩, 2010.

- 에드워드 기번,『로마제국 쇠망사The History of the Decline and Fall of the Roman Empire』(전6권), 윤수인 외 옮김, 민음사, 2008~2010.

- 아르튀르 랭보,『지옥에서 보낸 한 철Une Saison en Enfer』, 김현 옮김, 민음사, 2000.

★ 류성룡,『징비록懲毖錄』, 김흥식 옮김, 서해문집, 2003.

★ 소동파,『소동파 사선詞選』, 조규백 옮김, 문학과지성사, 2007.

★ 미셸 에켐 드 몽테뉴,『수상록Essais』, 손우성 옮김, 문예출판사, 2007.

★★ 유안,『회남자淮南子』, 안길환 옮김, 명문당, 2001.

★★ 바뤼흐 스피노자, 『에티카^{Ethica}』, 강영계 옮김, 서광사, 2007.

8년차

- 매창, 『매창 시집』, 허경진 옮김, 평민사, 2007.
- 홍대용, 『의산문답^{醫山問答}』, 김태준·김효민 옮김, 지만지, 2008.
- 한비, 『한비자^{韓非子}』, 이운구 옮김, 한길사, 2002.
- 장 자크 루소, 『사회계약론^{Du contrat social}』, 정성환 옮김, 홍신문화사, 2007.
- 애덤 스미스, 『국부론^{The Wealth of Nations}』, 김수행 옮김, 비봉출판사, 2007.
- 존 버니언, 『천로역정^{The Pilgrim's Progress}』, 김창 옮김, 서해문집, 2006.
- 볼테르, 『캉디드^{Candide}』, 김미선 옮김, 을유문화사, 1997.
- 요한 볼프강 폰 괴테, 『파우스트^{Faust}』, 이인웅 옮김, 문학동네, 2009.
- 빅토르 위고, 『레미제라블^{Les Misérable}』, 방곤 옮김, 범우사, 1993.
- 로트레아몽, 『말도로르의 노래^{Les Chants de Maldoror}』, 이동렬 옮김, 민음사, 1997.
- ★ 정조, 『일득록^{日得錄}』, 남현희 옮김, 문자향, 2008.
- ★ 작자 미상, 『숙향전·숙영낭자전』, 이상구 옮김, 문학동네, 2010.
- ★ 요한 볼프강 폰 괴테, 『빌헬름 마이스터의 수업시대^{Wilhelm Meisters}

★★ 바뤼흐 스피노자, 『에티카^{Ethica}』, 강영계 옮김, 서광사, 2007.

8년차

- 매창, 『매창 시집』, 허경진 옮김, 평민사, 2007.
- 홍대용, 『의산문답^{醫山問答}』, 김태준·김효민 옮김, 지만지, 2008.
- 한비, 『한비자^{韓非子}』, 이운구 옮김, 한길사, 2002.
- 장 자크 루소, 『사회계약론$^{Du\ contrat\ social}$』, 정성환 옮김, 홍신문화사, 2007.
- 애덤 스미스, 『국부론$^{The\ Wealth\ of\ Nations}$』, 김수행 옮김, 비봉출판사, 2007.
- 존 버니언, 『천로역정$^{The\ Pilgrim's\ Progress}$』, 김창 옮김, 서해문집, 2006.
- 볼테르, 『캉디드^{Candide}』, 김미선 옮김, 을유문화사, 1997.
- 요한 볼프강 폰 괴테, 『파우스트^{Faust}』, 이인웅 옮김, 문학동네, 2009.
- 빅토르 위고, 『레미제라블$^{Les\ Misérable}$』, 방곤 옮김, 범우사, 1993.
- 로트레아몽, 『말도로르의 노래$^{Les\ Chants\ de\ Maldoror}$』, 이동렬 옮김, 민음사, 1997.
- ★ 정조, 『일득록^{日得錄}』, 남현희 옮김, 문자향, 2008.
- ★ 작자 미상, 『숙향전·숙영낭자전』, 이상구 옮김, 문학동네, 2010.
- ★ 요한 볼프강 폰 괴테, 『빌헬름 마이스터의 수업시대$^{Wilhelm\ Meisters}$

Lehrjahre』, 안삼환 옮김, 민음사, 1999.

★★ 상앙,『상군서^{商君書}』, 김영식 옮김, 홍익출판사, 2000.

★★ 샤를 몽테스키외,『법의 정신^{L'Esprit des lois}』, 이명성 옮김, 홍신문화사, 2006.

★★ 데이비드 흄,『오성에 관하여^{A Treatise of Human Nature}』, 이준호 옮김, 서광사, 1994.

9년차

- 허난설헌,『허난설헌 시집』, 허경진 편역, 평민사, 2008.
- 정철,『송강가사^{松江歌辭}』, 김갑기 옮김, 지만지, 2008.
- 박제가,『북학의^{北學議}』, 박정주 옮김, 서해문집, 2003.
- 박지원,『열하일기^{熱河日記}』, 김혈조 옮김, 돌베개, 2009.
- 주희 외,『근사록^{近思錄}』, 이기동 옮김, 홍익출판사, 1998.
- 존 밀턴,『실낙원^{Paradise Lost}』, 조신권 옮김, 문학동네, 2010.
- 스탕달,『적과 흑^{Le Rouge et le Noir}』, 이규식 옮김, 문학동네, 2009.
- 오노레 드 발자크,『고리오 영감^{Le pere Goriot}』, 박영근 옮김, 민음사, 2000.
- 앙투안 앙리 조미니,『전쟁술^{The Art of War}』, 이내주 옮김, 책세상, 1999.
- 표도르 미하일로비치 도스토옙스키,『죄와 벌^{Prestuplenie i nakazanie}』, 홍

대화 옮김, 열린책들, 2009.

- 레프 니콜라예비치 톨스토이, 『부활*Voskresenie*』, 박형규 옮김, 민음
  사, 2003.

- 샤를 피에르 보들레르, 『악의 꽃*Les Fleurs du mal*』, 김붕구 옮김, 민음
  사, 2001.

★ 표도르 미하일로비치 도스토옙스키, 『까라마조프 씨네 형제
  들*Brat'ya Karamazovy*』, 이대우 옮김, 열린책들, 2009.

★ 레프 니콜라예비치 톨스토이, 『안나 카레니나*Anna Karenina*』, 박형규
  옮김, 문학동네, 2009.

★★ 이지, 『분서*焚書*』, 김혜경 옮김, 한길사, 2004.

★★ 이마누엘 칸트, 『순수이성비판*Kritik der reinen Vernunft*』, 백종현 옮김, 아
  카넷, 2006.

10년차

- 김만중, 『구운몽*九雲夢*』, 송성욱 옮김, 민음사, 2003.

- 정약용, 『목민심서*牧民心書*』, 민족문화추진회 옮김, 솔, 1998.

- 김립, 『김립 시선』, 허경진 편역, 평민사, 2010.

- 황현, 『매천야록*梅泉野錄*』, 허경진 옮김, 서해문집, 2006.

- 왕양명, 『전습록*傳習錄*』, 정인재·한정길 옮김, 청계, 2007.

- 존 스튜어트 밀, 『자유론*On Liberty*』, 박홍규 옮김, 문예출판사,

2009.

- 아르투르 쇼펜하우어, 『의지와 표상으로서의 세계*Die Welt als Wille und Vorstellung*』, 홍성광 옮김, 을유문화사, 2009.
- 쇠렌 오뷔에 키르케고르, 『불안의 개념*Begrebet Angest*』, 임규정 옮김, 한길사, 1999.
- 카를 폰 클라우제비츠, 『전쟁론*Vom Kriege*』, 유제승 옮김, 책세상, 1998.
- 이븐 바투타, 『이븐 바투타 여행기*Rihlatu Ibn Batytah*』, 정수일 옮김, 창비, 2001.
- 이븐 할둔, 『역사서설*Muqaddimah*』, 김호동 옮김, 까치, 2003.
- 월트 휘트먼, 『풀잎*Leaves of Grass*』, 유종호 옮김, 민음사, 2001.
- ★ 김만중, 『서포만필西浦漫筆』, 심경호 옮김, 문학동네, 2010.
- ★ 정약용, 『경세유표經世遺表』, 이익성 옮김, 한길사, 1997.
- ★★ 카를 마르크스, 『자본*Das Kapital*』, 강신준 옮김, 길, 2010.
- ★★ 게오르크 빌헬름 프리드리히 헤겔, 『정신현상학*Phanomenologie des Geistes*』, 임석진 옮김, 한길사, 2005.

3

대표적인 인문고전
독서가들

•

철학

플라톤 BC 428/427~BC 348/347. 고대 그리스의 철학자

아테네 명문 귀족 가문에서 태어나 최고의 인문교육을 받았다. 스무 살부터 스물여덟 살까지 그리스 철학 자체라고 할 수 있는 소크라테스로부터 직접 교육을 받았다. 스물아홉 살부터 마흔 살까지는 세계를 여행하면서 메가라의 철학자들, 키레네의 학자들, 이탈리아의 피타고라스 학파, 이집트 사제들로부터 철학, 수학 등을 심도 있게 배웠다. 피타고라스, 파르메니데스, 헤라클레이토스에게도 깊은

영향을 받았다.

아리스토텔레스 BC 384~BC 322, 고대 그리스의 철학자

아버지가 마케도니아 왕의 주치의였다. 열일곱 살 때 철학을 본격적으로 공부하기 위해 아테네로 유학을 갔다. 플라톤이 원장으로 있었던 아카데메이아에서 20년 가까이 철학을 공부하고 연구했다. 플라톤은 그 20년 동안 걱정과 찬탄 사이를 오갔다. 건강을 해칠 정도로 철학에 매진하는 그의 노력과 하루가 다르게 성장하는 철학 실력 때문이었다. 플라톤은 그를 '아카데메이아의 정신'이라고 불렀다.

니콜로 마키아벨리 1469~1527, 이탈리아의 정치사상가

돈만 생기면 인문고전을 구입했을 정도로 인문고전 독서광이었던 아버지의 주도로 최고 수준의 인문고전 독서교육을 받았다. 일곱 살 때 라틴어를 배우고 로마 고전을 처음 접한 뒤 이내 빠져들었다. 루크레티우스, 티불루스, 베르길리우스, 오비디우스, 단테, 페트라르카, 보카치오 등을 애독했다.[14] 사십 대에는 리비우스를 비롯한 역사고전을 치열하게 읽었다.

미셸 몽테뉴1533~1592, 프랑스의 사상가

부모의 주도면밀한 계획 아래 인문고전 독서교육을 받았다. 두 살 때부터 라틴어 학자에게 개인지도를 받았다. 여섯 살 때 중학교에 들어갔는데, 그때 이미 학자들이 놀랄 정도의 라틴어 실력을 갖추고 있었다. 열여섯 살에 대학에 입학할 때까지 학교 공부보다는 철학고전에 빠져 살았다. 삼십 대에 공직에서 사퇴하고 인문고전에 둘러싸여 살았다.

토머스 홉스1588~1679, 영국의 철학자

여덟 살 때부터 그리스어와 라틴어를 배워, 열세 살 때는 그리스 고전을 라틴어로 번역할 정도의 실력을 갖췄다. 열다섯 살에 옥스퍼드 대학에 입학해서 아리스토텔레스와 스콜라철학을 집중적으로 배웠다. 대학을 졸업한 뒤 온종일 인문고전만 읽고 연구하는 시기를 보냈다. 홉스 연구자들은 그때를 '홉스의 인문주의 시기'라 부른다.

르네 데카르트1596~1650, 프랑스의 철학자·수학자·물리학자

열 살 때 예수회 명문 학교 라 플레슈에 입학해서 8년간 공부했다. 여기서 그리스어와 라틴어를 배웠고, 플라톤, 키케로, 베르길리우스, 호라티우스, 오비디우스, 아리스토텔레스 등을 집중적으로 공부했다. 이십 대에 친구들을 피해 프랑스의 외딴 시골에 은둔하면서

철학·수학·과학을 공부했다. 삼십 대에는 사상의 자유가 보장된 네덜란드로 가서 20여 년간 은둔하며 철학·수학·과학을 공부했다.

장 자크 루소 1712~1778, 프랑스의 작가·사상가

어린 시절 자신을 그리스, 로마 사람처럼 여겼을 정도로 그리스 로마 고전에 푹 빠져 있었다. 특히 일곱 살 때 읽은 플루타르코스의 책에서 큰 영향을 받았다. 젊은 시절 철학고전 위주의 독서 커리큘럼을 짜서 치열하게 읽고 사색했다. 그는 데카르트를 읽을 때는 데카르트에만 집중하고 다른 철학자들의 의견이나 자신의 의견을 섞지 않는 방법을 취했는데, 사고思考의 발전에 큰 도움이 되었다고 한다.

●

문학

윌리엄 셰익스피어 1564~1616, 영국의 극작가·시인

라틴어 학교에서 오비디우스, 베르길리우스, 키케로, 호라티우스 등을 원전으로 읽었다. 이미 십 대 시절에 오늘날 아이비리그에서 인문학을 전공한 사람들보다 더 깊은 고전 지식을 갖추고 있었다.[15] 평생 인문고전을 애독했고 거기서 영감을 받아 많은 작품을 썼다. 플루타르코스에게 영향을 받은 『줄리어스 시저』, 세네카에게 영향

을 받은 『타이터스 앤드러니커스』 등이 대표적이다.[16]

요한 볼프강 폰 괴테 1749~1832, 독일의 시인·소설가·극작가

여덟 살 때부터 집에서 인문고전 교육을 받았다. 열 살 때부터는 호메로스, 베르길리우스, 오비디우스 같은 그리스 로마 고전을 원전으로 읽었다. 히브리어 『성경』을 직접 번역하기도 했다. 이십 대 초반에 요한 헤르더를 스승으로 삼아 그리스 로마 고전을 깊이 있게 공부했다. 삼십 대 후반에 이탈리아를 여행하면서 인문고전의 무대가 된 지역을 샅샅이 훑었는데, 그때 정신적으로 새롭게 태어났다고 고백했다.

프리드리히 폰 실러 1759~1805, 독일의 시인·극작가

라틴어 학교를 다녔다. 이후 카를스슐레 사관학교에서 법학과 의학을 공부했으나 그보다는 호메로스, 셰익스피어, 괴테 같은 작가들의 책에 푹 빠져 살았다. 『도적 떼(군도)』 같은 작품들로 작가로서 대성공을 거둔 뒤 집필을 중단하고 스스로 짠 인문고전 교육 프로그램을 10년간 실천했다. 특히 칸트의 철학을 4년 넘게 파고들었다.

라빈드라나트 타고르 1861~1941, 인도의 시인·사상가

인도의 최고 명문가에서 태어났다. 히말라야에서 아버지와 함께 아버지가 엄선한 인도 및 서양 인문고전을 읽었다. 십 대 초반에 학자들의 전유물이었던 인도 고전 원전을 읽었고 십 대 중반에 단테, 괴테 등에 관한 논문을 잡지에 발표했다. 철학에도 관심이 많아 신문·잡지 등에 철학 관련 글을 많이 발표했다.

앙드레 지드 1869~1951, 프랑스의 소설가

학창 시절 시험을 볼 때마다 꼴찌에 가까운 성적을 기록했다. 스무 살 때 철학고전을 본격적으로 읽기 시작했다. 특히 데카르트, 라이프니츠, 스피노자, 니체, 쇼펜하우어 등에 심취했다. 이후 평생 인문고전을 애독했다. 그가 남긴 일기를 보면 거의 매일 인문고전 독서를 했음을 알 수 있는데, 6장 「세상을 지배하는 0.1퍼센트 천재들의 인문고전 독서법」에서 언급한 '황홀한 기쁨'에 젖은 독서 경험담이 자주 등장한다.

헤르만 헤세 1877~1962, 독일의 소설가·시인

소년 시절부터 호메로스, 헤로도토스, 소포클레스, 에우리피데스, 플라톤, 플루타르코스, 호라티우스, 베르길리우스, 오비디우스 등 그리스 로마 고전은 물론이고 아우구스티누스, 보카치오, 페트라르카, 몽테뉴, 라블레, 괴테 같은 서양고전에 둘러싸여 살았다. 『논어』 『맹자』『노자』『장자』『열자』 같은 동양고전들도 애독했다.

알베르 카뮈|1913~1960, 프랑스의 소설가·극작가

소년 시절부터 도서관에 출입하면서 스스로 인문고전을 찾아 읽었다. 문학·철학 고전은 필사하면서 읽었다. 고교 시절 그리스 고전을 주제로 에세이를 쓰고 베르그송을 비평할 정도로 인문고전에 조예가 있었다. 대학에서는 철학에 심취했다. 도스토옙스키와 프루스트를 주제로 논문을 썼고 플로티노스와 아우구스티누스를 깊이 연구했다. 논리학·철학·철학사에 탁월한 실력을 보였다.[17]

●

과학

갈릴레오 갈릴레이|1564~1642, 이탈리아의 천문학자

십 대 시절 피렌체의 유명한 학자로부터 라틴어와 로마 고전을 집중적으로 배워 인문학에 조예를 갖추게 되었다. 대학에서 전공인 의학은 외면하고 유클리드, 아르키메데스 등 고대 학자들의 저작에 열중했다. 단테의 『신곡』을 철학적·수학적 관점에서 정밀하게 분석한 결과를 주제로 삼아 강연한 적이 있다. 대학에서 아리스토텔레스, 에우클레이데스, 아르키메데스 등을 강의했다.[18]

장 앙리 파브르 1823~1915, 프랑스의 곤충학자

열 살 때부터 그리스 로마 고전을 원전으로 읽었다. 성인이 된 뒤 당시 기준으로 엄청나게 많은 책을 소장했는데 그중 상당수가 호메로스, 아리스토텔레스, 베르길리우스, 호라티우스 같은 그리스 로마 고전이었다. 파스칼, 라이프니츠, 뉴턴 같은 자연철학자들의 책이 그 뒤를 이었고 라퐁텐, 몽테뉴, 볼테르, 라블레, 빅토르 위고 등 인문고전이 그 뒤를 이었다.[19] 존 스튜어트 밀의 친구였다.

제임스 맥스웰 1831~1879, 영국의 물리학자

십 대 시절 그리스 로마 고전을 원전으로 읽었다. 셰익스피어, 칸트, 밀턴에 심취했다. 데카르트를 읽으면서 그와 직접 교류한다는 느낌을 받았다. 열여섯 살에 에든버러 대학에 들어가 그리스어와 라틴어, 문학·역사·철학 고전을 보다 깊이 공부했다. 이미 열아홉 살에 당시 최고의 교육을 받은 사람들이 평생 읽은 것보다 더 많은 책을 읽었다. 상대성 원리의 바탕이 된 전자기 이론을 창시했다.[20]

루트비히 볼츠만 1844~1906, 오스트리아의 이론물리학자

학창 시절 시력이 나빠질 정도로 독서에 몰두했다. 십 대 초반에 동생과 데이비드 흄의 철학과 지식의 본성에 대해 토론했다. 칸트의 철학을 깊이 연구했다. 독일의 대문호 실러의 열광적인 팬이었다.

빈 철학협회에서 철학 강의를 했다. 철학자 프란츠 브렌타노를 멘토로 두고 철학에 대해 주기적으로 조언을 받았다. 칼 포퍼와 비트겐슈타인에게 영향을 미쳤다.[21]

마리 퀴리 1867~1934, 폴란드 태생의 프랑스 물리화학자

십 대 시절부터 프랑스 인문고전은 프랑스어로, 독일 인문고전은 독일어로, 러시아 인문고전은 러시아어로, 폴란드 인문고전은 폴란드어로 읽었다. 대표적으로 라퐁텐, 하이네, 도스토옙스키, 르낭 등을 원전으로 읽었다. 허버트 스펜서의 『사회학』역시 원전으로 읽었다. 폴란드식 실증주의 철학에 기초한 사고를 했고, 이를 물리학 이론을 정립하는 데 활용했다.[22]

베르너 하이젠베르크 1901~1976, 독일의 이론물리학자

이미 고등학교 시절 소크라테스 이전 철학자들의 학설과 플라톤의 『티마이오스』를 두고 친구들과 대학교수 수준의 토론을 벌였을 정도로 고대 그리스 철학에 조예가 깊었다. 그의 대표작인 『물리학과 철학』은 물리학의 철학적 배경을 논하고, 『부분과 전체』는 고대 그리스 철학에 관한 이야기들로 가득하다. 행렬역학과 불확정성의 원리를 정립했다.

로버트 오펜하이머 1904~1967, 미국의 이론물리학자

열 살 무렵에 호메로스와 플라톤을 그리스어 원전으로 읽었고, 카이사르, 베르길리우스, 호라티우스 등을 라틴어 원전으로 읽었다. 고등학생 때 고전학자가 될 생각을 했을 정도로 고전언어와 고전에 깊은 지식을 갖고 있었다. 하버드 대학에서 철학·문학·역사를 공부하면서 인문고전에 다시 한 번 깊이 빠져들었다. 이십 대에는 힌두교 경전인 『바가바드 기타』와 단테를 원전으로 읽었다.[23]

•

수학

피타고라스 BC 580?~BC 500?, 고대 그리스의 철학자·수학자

어린 시절 최초의 철학자라 불리는 탈레스에게 직접 교육을 받았다. 나중에는 이집트, 바빌로니아처럼 당시에 학문이 가장 발달한 나라들을 찾아다니면서 철학과 수학 등을 공부했다. "만물의 근원은 수이다"라는 말을 남겼고, 자연수와 정수에 관한 법칙들과 '피타고라스 정리' 등을 발견했다.

유클리드 BC 330?~BC 275?, 고대 그리스의 수학자

당시 가장 학문이 발달한 도시국가였던 아테네에 유학해서 철학,

수학 등을 체계적으로 배웠다. 후일, 알렉산더 대왕의 부하였던 프톨레마이오스 1세가 세운 알렉산드리아 도서관이 있는 이집트 알렉산드리아로 거처를 옮겨 철학과 수학 등을 더욱 심도 있게 연구하고 강의했다. 서양 철학자와 수학자 들에게 거대한 영향을 미친 『기하학 원론』을 집필했다.

레온하르트 오일러 1707~1783, 스위스의 수학자 · 물리학자

아버지의 주도로 체계적인 인문고전 독서교육을 받았다. 열세 살부터는 바젤 대학에서 철학 수업을 들으면서 철학고전을 심도 있게 공부했다. 열일곱 살에 석사과정을 마쳤는데, 졸업식 기념행사에서 데카르트와 뉴턴의 저서를 주제로 라틴어로 강의했다. 평생 인문고전을 애독했는데 베르길리우스의 『아이네이스』를 암송하는 게 취미였다.

카를 프리드리히 가우스 1777~1855, 독일의 수학자

십 대 초반에 인문고전 원전 독서에 필수적인 그리스어와 라틴어에 통달했다. 열다섯 살에 이미 라틴어로 논문을 썼다. 대학에 입학해서는 뉴턴의 『프린키피아』를 집중적으로 연구했다. 철학고전은 물론이고 셰익스피어와 에드워드 기번을 비롯한 문학·역사 고전에 심취했다. 수학의 왕이라 불린다.

앨프리드 화이트헤드 1861~1947, 영국의 철학자·수학자

아버지가 명문 사립학교 교장이었다. 열다섯 살에 1200년의 역사를 지닌 셔번 학교에 입학해서 깊이 있는 인문고전 독서교육을 받았다. 그리스 로마 고전을 비롯한 많은 인문고전을 원전으로 읽었다. 워즈워스와 셸리의 시를 애송했고 역사 서적도 애독했다. 스승, 동료, 제자들과 플라톤식 토론을 하는 게 취미였다. 하버드 대학 철학과 교수였다. 20세기 최고의 수학자 중 한 명이다.[24]

다비트 힐베르트 1862~1943, 독일의 수학자

철학자들, 특히 칸트를 흠모한 어머니 밑에서 칸트의 말을 가슴에 새기면서 자랐다. 왕립학교에서 인문고전 독서교육을 받았다. 그리스어와 라틴어 실력이 뛰어났다. 스무 살 연하인 철학자 레오나르트 넬손과 친구로 지냈고 '수학·철학·논리학이 만나는 분야'에 대해 자주 깊게 토론했다. 아리스토텔레스와 그의 후계자들이 만든 논리학에 정통한 논리학자였다. 현대 수학의 아버지라 불린다.[25]

쿠르트 괴델 1906~1978, 오스트리아 태생의 미국 수학자

"철학에 몰입하는 것은 매우 유익하다" "오직 칸트만이 중요하다" 등의 말을 남긴 것에서 볼 수 있듯이 그는 차라리 철학자에 가까웠다. 가장 열중했던 취미가 철학토론을 벌이는 것이었는데, 아인슈타

인이 훌륭한 토론 동료였다. 그가 스물세 살 때 발견한 '불완전성의 원리'는 아인슈타인의 '상대성 원리', 하이젠베르크의 '불확정성의 원리'와 함께 20세기의 가장 위대한 과학적 발견으로 꼽힌다.

•

음악

요한 제바스티안 바흐 1685~1750, 독일의 작곡가

여덟 살에 라틴어 학교에 입학해서 인문고전을 배웠다. 라틴어 학교를 마친 뒤에는 귀족 자제들을 위한 리터 아카데미에 입학해서 문학고전, 신학, 라틴어, 그리스어, 프랑스어, 수사학, 논리학을 배웠다.[26] 1747년에 수학·철학에 능통한 음악가만이 가입할 수 있는 음악협회의 회원이 되었다. 참고로 헨델은 1745년에 이 협회에 가입했다.[27]

루트비히 판 베토벤 1770~1827, 독일의 작곡가

호메로스, 플라톤, 셰익스피어, 괴테에 심취했고 이들의 작품을 평생 반복해서 읽었다. 젊은 시절 작곡에 몰두해도 부족할 시간을 쪼개서 본 대학에 청강생으로 등록해 문학고전 강의를 들었다. 친구들은 그를 "플루타르코스, 호메로스, 플라톤, 아리스토텔레스에 둘

러싸여 사는 사람"이라고 평했다. 의사로부터 "건강을 위해서 책을 그만 읽어라"라는 경고를 받았다.[28]

프란츠 페터 슈베르트 1797~1828, 오스트리아의 작곡가

빌헬름 밀러 같은 시인들의 시에 곡을 붙이고 자신이 직접 지은 시를 가곡으로 쓸 정도로 시를 사랑했다. 많은 시인과 작가 가운데서도 특히 괴테로부터 절대적인 영향을 받았다. 베토벤, 슈만, 리스트, 차이콥스키 등 괴테의 작품에 곡을 붙인 작곡가들 중 괴테의 정신세계를 가장 충실히 구현했다는 평가를 받고 있다.

야코프 멘델스존 1809~1847, 독일의 작곡가·피아니스트·지휘자

독일 최고의 계몽주의 철학자 가문에서 태어났다. 덕분에 어릴 때부터 저명한 지식인들을 일상적으로 접할 수 있었다. 열두 살 때 괴테와 친분을 맺었는데 그 관계는 괴테의 각별한 관심 속에 평생 유지됐다. 열여덟 살 때 베를린 대학에 입학해서 역사, 기하학, 헤겔 미학을 공부했다. 괴테의 작품을 접하고 놀라운 음악적 영감을 받은 것으로 알려져 있다.

프레데리크 쇼팽 1810~1849, 폴란드의 작곡가·피아니스트

바르샤바 최고의 지식인들이 수시로 드나드는 집에서 태어났고, 소년 시절부터 그들과 대화하는 행운을 누렸다. 십 대 시절 폴란드 문학·역사 고전에 몰두했다. 음악가보다 작가 친구가 더 많았다. 여자 친구 조르주 상드는 인문고전 독서교육을 받은 작가였다. 바르샤바에서 파리로 옮긴 뒤 대학에서 문학을 청강했고, 폴란드 문학인 모임에 가입해서 활동했다.

구스타프 말러 1860~1911, 오스트리아의 작곡가·지휘자

대학에서 음악, 역사, 철학을 공부했다. 칸트, 쇼펜하우어, 니체, 도스토옙스키로부터 큰 영향을 받았으며 자신의 음악적 토대는 괴테와 실러의 낭만주의라고 고백했다. 니체와 괴테의 글을 교향곡에 사용했는가 하면 이태백, 맹호연, 왕유 같은 중국 문학고전 저자들의 작품으로 교향곡을 만들기도 했다.

이고르 페도로비치 스트라빈스키 1882~1971, 제정 러시아 태생의 미국 작곡가

볼셰비키 혁명 뒤 국가 도서관으로 지정되었을 정도로 많은 책을 소장한 집에서 자랐다. 아버지는 도스토옙스키와 친구였다. 십 대 시절 그리스 로마 고전과 단테, 셰익스피어, 하우프트만, 마크 트웨인, 찰스 디킨스, 월터 스콧 같은 문학고전에 푹 빠져 살았고, 이를 작곡의 자양분으로 삼았다. 대학에서는 전공인 법학은 제쳐놓고 문학고전에 빠져 살았다. 장 콕토, 앙드레 지드, 폴 발레리의 친구였다.[29]

미술

미켈란젤로 부오나로티 1475~1564, 르네상스기 이탈리아의 조각가·화가·건축가·시인

십 대 시절 피렌체의 지배자 로렌초 데 메디치의 저택에서 그의 아들과 함께 생활하면서 고대 그리스 미술과 철학에 흠뻑 젖어들었다. 청년 시절 철학자 플로티노스에게 깊은 영향을 받아 신플라톤주의자들과 지적 교류를 할 정도로 철학을 사랑했다. 단테에 심취한 문학 애호가이자 평생 시를 쓴 시인이었다.

외젠 들라크루아 1798~1863, 프랑스의 화가

아홉 살 때 학교에서 인문고전을 처음 접한 뒤 인문고전 독서광이 되었다. 로마 최고의 고전인 『아이네이스』를 쓴 베르길리우스를 비평할 정도로 그리스 로마 고전에 대한 탁월한 지식을 갖추고 있었다. 이탈리아어로 쓰인 단테와 영어로 쓰인 셰익스피어를 읽고 감동한 나머지 직접 번역을 했을 정도로 문학고전을 사랑했다. 문학고전 『몽테크리스토 백작』 등을 쓴 알렉상드르 뒤마의 가장 친한 친구였다.

장 프랑수아 밀레 1814~1875, 프랑스의 화가

소년 시절부터 독서광으로 유명했다. 십 대 시절에는 주로 시집과 신학 서적을 읽었다. 이십 대 시절에는 독서의 범위가 다방면으로 넓어졌는데 셰익스피어, 바이런, 밀턴, 괴테, 실러, 빅토르 위고 등 문학고전에 깊이 빠져들었다. "왜 그렇게 열심히 독서하느냐?"는 질문에 "위대한 화가가 되기 위해서는 위대한 책을 읽어야 한다"[30] 라고 대답한 바 있다.

폴 세잔 1839~1906, 프랑스의 화가

중학교 때 라틴어로 시와 극을 썼을 정도로 라틴어에 통달했고, 그리스 로마 고전과 프랑스 문학에 깊은 지식을 갖추고 있었다. 미술은 회화의 모든 전통을 철저하게 거부할 정도로 새로운 것을 추구했지만 책은 신간보다는 인문고전을 주로 읽었다. 『나는 고발한다』 등의 인문고전을 쓴 에밀 졸라와 약 30년간 우정을 나누었다. 피카소로부터 "나의 유일한 스승"이라는 찬사를 받았다.

오귀스트 로댕 1840~1917, 프랑스의 조각가

십 대 시절 미친 듯이 미술을 공부하던 와중에도 수시로 도서관에 들러서 호메로스, 베르길리우스 등 그리스 로마 고전과 빅토르 위고, 알프레드 뮈세 등 프랑스 문학가들의 글과 쥘 미슐레 같은 역사가들의 책을 읽었다. 한때 그의 비서로 일했던 시인 릴케에 따르면 로댕의 미술 세계는 단테와 보들레르로부터 거대한 영향을 받았다.[31] 발자크와 빅토르 위고에 매혹당한 나머지 그들의 조각상을 만들기도 했다.

빈센트 반 고흐 1853~1890, 네덜란드의 화가

호메로스, 소포클레스, 아이스킬로스 같은 그리스 로마 고전부터 셰익스피어, 롱펠로, 빅토르 위고, 찰스 디킨스, 발자크, 에밀 졸라, 톨스토이, 모파상 등 문학고전과 볼테르 같은 철학고전을 즐겨 읽었다. 쥘 미슐레의 『프랑스혁명』이나 스트렉푸스의 『세계사』 등 역사서적도 진지하게 읽었다. 보티첼리, 단테, 페트라르카, 보카치오에 관한 논문을 읽고 감동한 적도 있다. 동생 테오에게 보낸 편지를 보면 미술 다음으로 책 이야기가 많이 나온다.

파블로 피카소 1881~1973, 에스파냐 출신의 프랑스 화가·조각가

스무 살 때 파리에서 시인 막스 자코브를 만나 랭보, 베를렌, 보들레르의 세계에 깊이 빠져들었다. 이후 시인, 작가 들과 깊이 교제했다. '운문과 산문'이라는 문학동인 회원들이 정기모임을 가졌던 맥줏집 '백합의 정원'에서 문학가들과 아침까지 토론을 벌이다가 주인에게 쫓겨나는 일이 빈번했을 정도로 문학을 사랑했다.[32] 400편 넘는 시와 3편의 희곡을 쓴 시인이자 극작가이기도 했다.

백남준 1932~2006, 비디오 아티스트

비디오 아트의 창시자이다. 도쿄 대학에서 미학, 미술사, 음악사를
공부하다가 어느 날 교수로부터 예술을 잘하려면 반드시 철학을 공
부해야 한다는 말을 들었다. 그때부터 철학고전 독서를 시작했다.
당시 그의 독서는 오직 철학과 음악에 집중되어 있었다.

●

정치

마르쿠스 툴리우스 키케로 BC 106~BC 43, 로마의 정치가·철학자

지금까지도 로마 최고의 정치가로 추앙받는 키케로는 로마 최고의
인문고전 독서가이자 저자이기도 하다. 젊은 시절, 플라톤이 설립한
아카데메이아의 원장이자 대철학자였던 필론의 제자가 되어 그리
스 철학을 배웠고, 또 다른 대철학자 디오도토스의 문하생이 되어
스토아 철학을 배웠다.

율리우스 카이사르 BC 100~BC 44, 로마의 군인·정치가

키케로와 쌍벽을 이루는 로마 최고의 정치가로 역시 최고의 인문고

전 독서가이자 저자였다. 어린 시절 가정교사로부터 인문고전 독서
교육을 받았고 젊은 시절에는 그리스의 로도스 섬으로 유학 가서
철학과 수사학을 배웠다.

클레오파트라 BC 69~BC 30, 고대 이집트의 여왕

이집트 출신이 아닌 마케도니아 왕가 출신으로 인문고전 독서가 주
교육과정인 그리스식 엘리트 교육을 받았다. 그리스어와 라틴어를
모국어처럼 사용했고, 대부분의 그리스 로마 고전을 원전으로 읽었
다. 카이사르를 비롯한 로마의 지식인들이 그녀에게 열광했던 것은
미모가 아니라[33] 인문고전 독서를 통해 다져진 지적 매력 때문이었
다는 것이 상식이다.

조조 155~220, 중국 삼국시대 위나라의 시조

많은 사람이 그를 책과 거리가 먼 인물로 오해하고 있다. 하지만 그
것은 사실이 아니다. 그는 중국 역사상 가장 열정적인 인문고전 독
서가이자 위대한 시인이었다. 또 그는 세계에서 최초로 『손자병법』
에 주석을 단 인물이기도 하다. 위·촉·오 삼국三國 중 가장 강력한 국
가를 건설했던 그의 잠재력의 근원은 인문고전 독서에 있었다.

왕안석 1021~1086, 중국 북송의 정치가·학자

어릴 때부터 인문고전을 손에 쥐고 살았다. 스물두 살에 과거에 합격해 관리가 되어서는 하루에 한두 시간 자면서 인문고전을 읽었다. 관청의 일을 보느라 독서할 시간이 부족했기 때문이다. 그는 이같은 초인적인 독서를 바탕으로 송*의 가장 혁신적인 정치가로 성장했다.

토머스 제퍼슨 1743~1826, 미국의 제3대 대통령

아홉 살 때부터 그리스어, 라틴어를 공부했다. 십 대 시절에 플라톤을 비롯한 그리스 철학자들의 책을 그리스어로, 키케로를 비롯한 로마 철학자들의 책을 라틴어로, 세르반테스를 스페인어로, 몽테스키외를 프랑스어로 읽는 저력을 보여주었다. 열일곱 살에 대학에 들어가 서양철학 고전을 심도 있게 공부했는데 보통 하루 열다섯 시간 이상 책상 앞에 앉아 있었다고 한다.

에이브러햄 링컨 1809~1865, 미국의 제16대 대통령

위대한 대통령이자 위대한 인문고전 독서가였던 그는 젊은 시절 친구와 동업한 가게를 파산시킨 적이 있다. 독서에 너무 깊이 빠져든 나머지 가게를 돌보지 못했기 때문이다. 특히 셰익스피어에 심취했는데 암살당하기 바로 전날에도 친구들에게 두 시간 동안이나 셰익스피어를 읽어주었다고 한다.

김구 1876~1949, 항일독립운동가·정치가

서당에서 동양고전을 배웠다. 중국 병법 고전은 독학했다. 스무 살 무렵 성리학자 후조 고능선을 만나 인문고전 읽는 법을 제대로 배웠다. 감옥에서 탈옥하고 거지가 되었을 때도 『손자병법』과 『삼략』을 암송하면서 다녔다. 자서전 『백범일지』를 보면 그가 동양고전은 물론이고 서양고전에도 정통했음을 알 수 있다.

●

경제

앤드루 카네기 1835~1919, 영국 태생의 미국 실업가

공장 노동자로 일하면서도 앤더슨 대령의 도서관에서 대출한 인문고전을 읽었고, 문학동아리에 가입해 독서토론을 했고, 신문에 글을 기고했다. 평생 인문고전을 옆에 끼고 살았다. 『논어』, 셰익스피어, 워즈워스, 루소, 월터 스콧, 로버트 번스, 찰스 램 등을 애독했다. 미국 전역에 도서관 2500곳, 종합대학 12곳, 교회 5000곳을 지었다.

리자청1928~, 중국의 기업가

인문고전 독서교육을 받았다. '잠들기 전 30분 독서' 원칙을 평생 지켜오고 있는데, 주로 역사·철학·경제 서적을 읽는다. 매주 일요일마다 자녀들에게 고전을 읽어주고 함께 토론한 것으로 유명하다. 그의 아들은 이렇게 말한 바 있다. "아시아 재벌 1위인 아버지는 비즈니스로 돈을 버는 법을 가르쳐주지 않았다. 대신 『논어』와 『맹자』 같은 고전을 통해 인간관계를 맺는 법을 가르쳐주었다."

워런 버핏1930~, 버크셔해서웨이 회장

인문고전 독서가인 찰스 멍거를 스승으로 두고 있다. 어렸을 때 아버지를 통해 에머슨을 접했고, 이후 에머슨의 작품들은 그의 평생 애독서가 됐다. 공식 전기 『스노볼』 집필자에게 발자크의 『고리오 영감』을 인용해서 집필을 부탁한 바 있다. 매일 깨어 있는 시간의 3분의 1을 독서하며 보내는 것으로 유명하다.

사이토 히토리1945~, 일본의 기업가

9년 동안 약 1381억 9100만 원의 세금을 낸 일본 최고액 개인 납세자다. 초등학교 때부터 동양고전을 원전으로 읽었다. 인문고전 독서는 사회에 나와서도 계속됐다. 그의 제자 중 한 명은 대형 트럭 조수에서 일본 최고액 개인 납세자로 성장한 그의 비결을 인문고전 독서를 통해서 얻은 비상한 두뇌능력에서 찾았다.

빌 게이츠 1955~, 마이크로소프트 창업자

세계 최고의 부자이자 1만 4000여 권에 달하는 장서를 보유한 독서광인 그는 언론 인터뷰에서 이렇게 말한 바 있다. "인문학이 없었다면 컴퓨터가 없었을 것이고, 당연히 나도 없었을 것이다." 마이크로소프트의 시장 독점 및 특허 소송 위기에 부딪혔을 때 『손자병법』에서 지혜를 구한 바 있다.

손정의 1957~, 재일교포 3세 기업인

젊은 시절 만성간염에 걸려 약 3년간 병원에 입원한 적이 있는데 그때 약 4000권의 책을 읽었다. 그중 상당수가 인문고전이었다. 『손자병법』을 읽고 강렬한 영감을 받았고, 자신만의 경제병법인 '제곱병법'을 창시했는데, 이를 통해 가난한 사업가에서 일본 최고의 부자가 되었다.

마크 저커버그 1984~, 페이스북 창업자

'페이스북'을 창설해 약 5조 원에 달하는 재산을 일군 세계 최연소 억만장자다. 미국 명문 사립학교 중 최고라는 필립스 엑스터 아카데미를 졸업했고, 하버드 대학교를 중퇴했다. 이미 학창 시절에 학교 교육과정을 통해 대부분의 고전을 섭렵한 그의 취미는 그리스 로마 고전을 원전으로 읽는 것이다.

•

경영

임대홍 1920~, 미원(현 대상그룹) 창업자

독서광으로 철학·역사·심리·경영 관련 서적을 애독했다. 자녀들에게도 자신이 읽은 책들을 읽히고 반드시 독후감을 쓰게 했다. 자녀들이 제출한 독후감을 세심하게 읽고 분석·평가한 뒤 함께 이야기를 나누는 시간을 반드시 가졌다. 임창욱 대상그룹 명예회장은 이것이 단순한 독서교육이 아닌 철저한 독서훈련이었다고 회고했다.

윤종용 1944~, 기업인

서울대 전기공학과를 졸업하고 삼성에 입사했다. 샐러리맨으로 시작해서 삼성전자, 삼성전기, 삼성전관 등의 CEO를 역임했고, 이건희와 함께 '삼성 신경영'을 주도했다. 동양고전, 역사, 미술사에 해박한 지식을 갖추고 있는데 여기서 경영의 지혜를 얻는다고 알려져 있다. 수시로 도서관을 찾는 독서광이자 메모광으로 유명하다.

정준양 1948~, 포스코 회장

인문고전 독서광이다. 회사 내에 '수요 인문학 강좌'를 개설해서 임직원들에게 인문고전 독서를 시키고 있다. 포스코 직원들은 여기서 소크라테스, 아리스토텔레스 등 그리스 철학자부터 시작해서 마키아벨리, 칸트, 니체 등을 공부한다. 『논어』 『손자』 『장자』 등의 동양고전과 『사기』 『역사』 같은 역사고전은 서양철학 고전 다음에 배운다.

황창규 1953~, 기업인

스탠퍼드 대학 책임연구원과 미국 인텔 사 상무를 거쳐 삼성전자 CEO를 지냈다. 반도체 메모리 용량에 관한 '황의 법칙'으로 세계 반도체 분야의 지존이 되었다. 전기공학을 전공한 엔지니어 출신이지만 경영자로서도 성공한 그는 경영의 지혜를 역사에서 찾는다고 밝힌 바 있다. 가장 감명 깊게 읽은 책은 『택리지』 『성호사설』 『지봉유설』 등이다.

칼리 피오리나 1954~, 미국의 기업인

스탠퍼드 대학에서 역사와 철학을 전공하고 메릴랜드 대학 경영대학원에서 MBA를 받았다. 대학 시절 인문고전을 일주일에 몇백 장씩 읽고 이를 두 페이지로 요약하는 훈련을 받았다. 휴렛패커드의

CEO로 일할 때 대학 시절의 철학 공부, 특히 헤겔의 사상이 회사를 경영하고 성장시키는 데 큰 도움이 되었다고 밝혔다.

제인 멘딜로 1958~, 미국의 기업인

세계 최대 규모의 사학私學 펀드로 불리는 하버드 대학 HMC Harvard Management Company의 최고경영자다. 웰즐리 여대에서 5년간 일하면서 10억 달러 규모의 사학 펀드를 17억 달러로 늘린 바 있다. 경영의 영감을 문학고전 독서에서 얻는다고 밝혔다. 특히 예일 대학교 재학 시절 전공한 셰익스피어에서 가장 큰 영감을 받는다고 한다.

기타 미국의 CEO들

USA투데이에 따르면 『포춘』 선정 미국 300대 기업 CEO들의 87퍼센트가 경영학을 전공하지 않았다. 『뉴욕타임스』는 미국에서 성공한 CEO들은 하나같이 집에 커다란 개인 서재를 갖추고서 독서에 열중하며 그들의 서재에는 경영학 서적은 별로 없고 대신 문학·역사·철학 고전을 비롯한 인문서와 전기, 자서전, 평전 등이 가득 차 있다고 보도했다.

기타

신채호 1880~1936, 사학자 · 독립운동가 · 언론인

여섯 살 때부터 열일곱 살 때까지 할아버지의 지도 아래 인문고전 독서교육을 받았다. 아홉 살 때 『자치통감』을 뗐고, 열두 살 때 사서삼경, 『조선명신록』 『조선왕조실록』 등을 뗐다. 성균관에서 3년 동안 공부하면서 동양고전과 서양 서적을 광적으로 읽었다. 종로의 서점들을 돌아다니면서 선 채로 책을 읽었고, 심지어는 필사까지 했다. 중국으로 망명한 뒤에도 대학과 서점을 돌면서 선 채로 책을 읽고 필사했다.[34]

헬렌 켈러 1880~1968, 미국의 저술가 · 사회사업가

열네 살 때 라틴어를 배워 카이사르의 『갈리아 전쟁기』를 원전으로 읽기 시작했다. 열여섯 살 때는 독일어를 배워 『빌헬름 텔』을 원전으로 읽었다. 하버드 대학교 부속 래드클리프 칼리지에 입학해 그리스어와 라틴어를 깊이 있게 공부하고 호메로스, 플루타르코스, 베르길리우스 등을 원전으로 읽었다. 프랑스어와 독일어도 더 깊이 배워 몰리에르, 뮈세, 괴테, 실러 등을 원서로 읽었다.[35]

아널드 J. 토인비1889~1975, 영국의 역사가·문명비평가

인문고전 독서교육을 받았다. 인문고전을 원전으로 읽으면서 떠오른 생각들을 노트에 정리하는 습관과 인문고전의 무대가 된 지역을 답사하는 습관을 평생 유지했다. 처음에는 그리스 로마 고전을 위주로 읽었지만 점차 비잔틴, 이슬람, 동양 고전으로 독서 영역을 확대했다. 출간되자마자 고전의 반열에 오른『역사의 연구』의 저자이다.

말런 브랜도1924~2004, 미국의 영화배우

『타임』과의 인터뷰에서 "영화배우라는 것은 전혀 중요하지 않다. 프로이트, 간디, 마르크스…… 이런 사람들이 중요하다"[36]라고 하면서 인문고전 독서를 통해 위대한 사상가들을 만나는 게 무엇보다 중요하다는 신념을 피력한 바 있다. 제임스 딘이 영화에서 자신을 흉내내는 것을 보고 "너 자신이 되어야지!"라는 조언을 던져주었던 할리우드 최고의 영화배우이다. 〈대부〉〈지옥의 묵시록〉 등이 대표작이다.

이소룡1940~1973, 미국의 영화배우

워싱턴 주립대학교에서 철학을 전공했다. 철학자들의 생애와 사상을 깊이 연구한 철학도이자 인류, 자유, 사랑, 평화, 깨달음 등의 주제에 대해 자신만의 철학을 정립한 철학자였다. 소크라테스식 질문

법으로 제자들에게 무술철학을 가르쳤다. 수백 권에 달하는 철학서를 읽으면서 얻은 깨달음을 담은 『이소룡 자신감으로 뚫어라*Striking Thoughts*』가 사후에 출판되었다.[37]

4

인문학으로
자기계발을 한다는 것

이지성 인터뷰 1

인문학이 삶을 변화시킨다고 말하면서 정작 자신의 삶은 변하지 않는 사람들. 말과 글로 그럴싸하게 사회를 이야기하면서 그와 닮은 부분 없는 삶을 사는 사람들. 많은 사람들이 살아내고 있는 치열한 삶, 피로한 생활을 알지 못하면서 그들을 섣불리 위로하는 사람들. 많이 있다. 많지만 사람들은 그들의 달콤한 글에 현혹되고 그들만의 인문학에 현혹된다. 조금이라도 삶이 나아질까 기대를 안고 애처롭게 매달려본다.

글의 무게감을 생각하는 사람은 자신의 삶이 먼저 변화할 수밖에 없다. 자신의 글을 읽는 사람들이 행여 자신의 삶을 들여다보았을 때 실망하는 일이 없도록 하려면 매순간 자신을 벼릴 수밖에 없을 것이다. 글이 자신의 행동과 다른 부분을 가리키고 있지는 않은지 긴장하고, 꾸준히 각오를 새로이 할 것이다. 그래서 글보다 삶이 더 높은 곳에 다다랐을 때 그들을 우리는 '어른'이라고 부르게 되는 것이 아닐까.

『여자라면 힐러리처럼』『꿈꾸는 다락방』으로 자기계발서의 대표 저자로 이름을 알린 이지성. 작가는 이후『리딩으로 리드하라』를 통해 인문고전 읽기의 중요함을 말했고, 최근작『생각하는 인문학』에서는 인문학이 어떻게 생각을 고양시키고 삶을 변화시키는지, 생각하는 힘을 가지는 것이 얼마나 중요한 일인지를 짚어냈다.

> 위대한 작가들과 위대한 사상가들과 위대한 예술가들과 위대한 건축가들의 공통점은 자연에서 영감을 받았다는 것이다. 그러니 수시로 도시를 벗어나 자연 속으로 들어가라. 그리고 당신의 내면을 만나라. (…) 그때 비로소 당신은 내면에 하늘과 대지, 산과 숲, 바다와 강을 담을 수 있다. 위대함의 시작, 당신이 위대해지기 시작하는 것이다. 여기서 말하는 위대함은 자신의 내면에 충실하게 되는 것을 의미한다.
>
> _『생각하는 인문학』, 91쪽.

작가는 무척 편안해보였다. 결혼을 앞둔 새신랑이었으니 세상 누구보다 행복한 순간이기도 했을 것이다. 그러나 그것만은 아닌 것 같았다. "제 글은 계속 제 삶을 따라가는 것"이라고 한 작가의 말에서 이유를 찾을 수 있는데, 작가는 자신을 지지하는 독자들, 자신의 책을 읽고 삶이 바뀐 독자들을 직접 만나면서 자신이 쓰는 글에 대해 무거운 책임감을 느끼고 있는 듯했다. 당연한 일이다. 글과 다른 삶은 거짓말이 아닌가. 때문에 작가는 말뿐이 아닌 삶, 실천하는 삶을 살기 위해 노력한다고 힘주어 말했다. 그는 마음 맞는 사람들과 함께 저소득층 공부방 아이들에게 인문학 교육 봉사활동을 하고, 해외 빈민촌에 학교를 건립한다. 무엇보다 이런 활동들이 '재미있기 때문'이다. 이를 두고 '영혼의 즐거움'이라고 표현한 작가는 평생 이 일들을 잘해나가고 싶다고 말한다. 그런 작가에게서 삶에 대한 강한 애정과 믿음을 보았다고 하면 혼자만의 착각일까. 판단은 여러분에게 맡긴다.

인문학에는 '사랑'이 빠져선 안 돼

'생각하는 힘'에 대한 근거로 철학·역사·경제와 컴퓨터 산업의 발전사까지 다양한 사례를 다루고 있습니다. 방대한 영역을 다루면서 독자에게 꼭 전하고 싶었던 메시지가 무엇이었나요?

제대로 된 생각을 하면 좋겠다, 그 생각의 방향이 따뜻해지면 좋겠다는 정도였어요. 대답이 너무 짧은가요.(웃음)

『리딩으로 리드하라』에서도 그렇고, 이 책 역시 '사랑'을 많이 강조하셨거든요. 방금 말씀하신 '따뜻함'과 맥이 닿아 있을 것 같아요. 작가에게 사랑이란 무엇일까요?

대표적으로 진시황은 정말 인문학을 사랑한 사람이에요. 한비자, 법가 사상을 기반으로 중국을 통일했죠. 진시황은 한비자와 한번 만나서 대화하는 것이 소원이었다고 해요. 그것을 위해 전쟁을 일으킬 정도로 인문학에 깊이 빠진 사람이었어요. 문제는 이 사람의 인문학이 자신의 두뇌를 단련하는 정도에 그쳤던 거예요. 쉽게 말해 오늘날 월스트리트 사람들이겠죠. 그 사람들도 아이비리그 출신들이고, 인문학을 열심히 한 사람들이잖아요. 그 인문학에는 '사랑'이 빠져 있었던 거예요. 사랑이라고 하면 저도 낯간지러운데요.(웃음) 남녀 간의 사랑을 뜻하는 게 아니고요. 인문학의 기본 정신이 낮은 자리에 있는 사람들을 어떻게 도울 수 있을까, 어떻게 행복하게 만들어줄 수 있을까를 생각하는 것이잖아요. 인류 역사 속에서 인문학을 한 사람들의 흐름이기도 하고요. 그런 의미의 사랑이에요.

그러나 요즘 사회에서 '인문학'은 달리 소비되고 있어요.

물론 요즘 한국 사회에서 인문학이라고 하면 그런 것보다는 개인의 행복 쪽으로 많이 흘러가고 있죠. 그것도 중요하지만 큰 흐름을 놓고 봤을 때 생각해야 할 부분이 있어요. 저는 인문학, 역사를 공부하면서 이 개념을 깊게 생각하지 않으면 안 된다고 생각했어요. 사랑이란 것을 적극적으로 실천하긴 어렵더라도 말이죠. 진시황이 천하통일의 꿈을 이뤘지만 결국 14년 만에 나라도 망하고, 자식들도 다 죽었던 것이 역사적 사실이잖아요. 인문학에 사랑이 빠져 있으면 그렇게 될 수 있을 것 같아요.

인문학 역시 도구잖아요. 칼일 수 있단 말이죠. 칼은 많은 사람을 배부르게 하는 요리의 도구도 될 수 있지만 다른 사람을 위협하고, 찌르는 용도가 될 수도 있어요. 조선시대를 봐도 탐관오리라고 하는 사람들 모두 인문학을 열심히 한 사람들이에요.(웃음) 어떻게 보면 인문학의 개념은 위험한 것일 수 있으니까 사랑이라는 개념을 좀 집어넣어야겠다고 생각한 거죠.

꾸준히 '사회 안의 나'를 생각하시는 거군요.

요즘 유행하는 말 있잖아요. 사회구조에 대한 이야기요. 그런 말들은 당연한 것인데 왜 그렇게 이슈가 되어야 하는지 잘 모르겠지만요. 인문학이라는 것은 요즘 유행하는 말로 하자면 '사회참여', 사회구조를 변화시키는 일인 거죠. 자기계발도 당연히 그렇고요. 그런 책들의 저자 메시지는 모두 그곳을 향해 있어요. 상식이고 기본이죠. 그것이 대단한 것처럼 된 상황이 안타까워요. 그냥 조용히 하는 거니까요. 그렇게 생각하고 있고요.

사회구조를 바꾸는 노력에 대해 그동안 책에서는 강하게 말한 적이 별로 없어요. 상식적인 부분인데 굳이 말할 필요가 없다고 생각했거든요. 정치하시는 분들은 그걸 직업으로 하시는 분들인데 그분들이 잘하지 못했기 때문에 지금의 상황까지 오게 된 거잖아요. 그분들이 사회참여에 대해 말과 글로 크게 이야기하는 부분들이 너무 많으니까 저는 늘 고민을 했던 것 같아요. 나까지 말하고 글을 쓸 필요가 있을까 하고요. 진짜 사회참여란 무엇일까 생각했고, 실천하는 것이라고 결론을 내렸어요. 그래서 5년 전부터 두 가지 프로젝트를 진행하고 있습니다. 국내 저소득층 공부방 아이들에게 인문학 교육을 하고 있고요, 해외 빈민촌에 학교를 짓고 있어요. 앞으로도 계속 할 거고요.

말과 글보다는 실천이라는 말씀이 와닿아요.

제가 저소득층 공부방과 같은 곳에 관심을 이렇게 갖는 이유가 있어요. 이런 말은 조심스럽지만 강력 범죄를 저지르는 사람들 중 어린 시절 가정환경이 좋지 않거나 소외되었던 경우가 많이 있다고 해요. 봉사활동을 통해 우리가 그런 상황에 있는 아이들의 삶을 바꿔주는 것, 그것이 진정한 사회참여라고 생각했어요. 그것이야말로 미래를 바꾸고, 사회구조를 바꾸는 일이라고요. 이것이 제가 할 수 있는 사회참여인 거죠. 이것만큼은 말과 글보다 실천으로 하고 싶었어요.

특별히 실천을 강조하시는 이유가 있을 것 같습니다.

실천을 해야 결국 대중도 감동을 받고, 함께하더라고요. 사람들은 말과 글로만 하는 것에 대한 피로감이 너무 많이 있어요. 그냥 꾸준히, 평생 실천하는 모습을 보여드리면 많은 분들이 함께하실 거라고 믿어요. 그렇게 되면 사회가 결국 바뀌는 게 아니겠는가, 그런 생각을 갖고 있습니다. 지난 5년 동안 이 일을 해왔지만 거의 알리지 않았거든요. 행여 순수성을 의심받을 수도 있을까봐서요. 이번에 『생각하는 인문학』을 출간하면서 이제는 알려야 할 때라고 생각했어요. 이지성이란 작가가 그동안 전해왔던 자기계발, 인문학 메시지가 말과 글만이 아니라 현실에서 어떻게 구체화되었는가를 이야기하고, 많은 사람들과 함께 이 일을 끌고 나가야 할 때라는 판단을 내렸던 거죠. 그 때문에 책에도 과감히 쓰고, 요즘 이런 이야기를 많이 하고 있어요.

가슴이 뛰고 재미있는 일

베스트셀러 작가로 성공한 이후의 이러한 행보가 흥미롭습니다. 저소득층 공부방 봉사, 세계 빈민촌 학교 건립까지, 작가의 지향점이 궁금해요.

그냥 재미있는 걸 하자는 생각이에요. 유혹적인 제안도 많았지만 그런 것들은 거절해왔거든요. 저도 물론 돈을 좋아하지만요, 그러기엔 인생이 너무 짧다고 생각해요. 지금 하는 일들은 사실 늘 위기이고, 이게 또 재미있단 말이에요, 하루하루가.(웃음) 또 독자분들이 변화되어 오셔서 봉사하시는 걸 보면 가슴이 뛰고 재미있어요. 그래서 하는 거예요. 거창한 건 없어요. 많은 걸 해봤는데 이게 제일 재미있어서 하고 있어요. 영혼의 즐거움이라고 할 수 있겠죠. 때문에 주변에도 말하곤 해요. 재미없으면 떠나라고요.

소크라테스가 인문학이란 결국 죽음을 준비하는 것이라고 했는데요. 아무리 제가 오래 산다고 해도 50년을 더 살긴 어렵겠죠. 지난 40년을 돌아봐도 금방 갔거든요. 그렇게 많은 고생을 하며 살아왔어도 진짜 하룻밤 같은데, 이후 40년 역시도 하룻밤 같겠죠. 그러니 치열하게 즐거움을 추구하면서 살자, 그래야 후회하지 않겠다, 그 생각이 가장 큰 것 같아요. 그다음에 봉사에 대한 어떤 의무감, 작가로서의 사회적 책임 이런 게 있을 수 있겠죠. 하지만 그것들은 다

부록이에요. 그것만 가지고 어떻게 살아요.(웃음) 저는 자선사업가가 아니라 다만 즐겁고, 함께하시는 분들도 즐겁다고 하니까 이 일을 하는 거예요.

재미있으면서도 가치 있는 일, 혹은 가치 있는 일에 재미를 갖는 것, 참 중요하다고 생각합니다.

『논어』 「학이」 편에도 그런 말이 있잖아요. 學而時習之, 不亦說乎 (학이시습지, 불역열호)라고 해서 '배우고 때때로 익히면 즐겁지 아니한가'라고요. 여기서 '배움'이 '修身齊家治國平天下(수신제가치국평천하)'를 배우는 거고, 그것을 실천하라는 건데요. 그 말처럼 제가 즐겁고 주변 분들이 즐거워졌다면 시간이 지났을 때도 더 많은 분들이 즐거워질 수 있을 거예요. 한국 사회의 즐거움이란 게 술 마시는 것, 영화 보는 것, 말초적이고 소비적인 것들, 영혼을 병들게 하는 즐거움인데요. 보여주고 싶어요. 이런 것들이 진정한 인생의 즐거움일 수 있다는 것을 말이에요. 즐거움에 관한 새로운 문화가 구축이 되면 좋겠어요.

'자기계발 같은 건 하지 말라느니 인문학은 경제를 이야기해서는 안 된다느니 하는 말은 제발 삼갔으면'(75쪽)이라고 강하게 의사표현을 하셨는데요. 그간 받아온 편견에 대해서도 어떤 생각을 갖고 계신지 궁금해요.

말도 안 되는 이야기예요. 일단 그건 누군가를 비난하는 거잖아요. 그런 나쁜 세력들이 있어요. 어떤 것이 이슈가 되면 다함께 선한 쪽으로 힘을 모아서 나아가야 하는데, 그 안에 자기 집단의 사익을 집어넣어 비난하는 사람들이 있거든요. 인문학은 무조건 이래야 한다며 비난하는 사람들은 그 안에 그 사람들의 사익이 숨어 있다고 봐요. 사익이 없다면 함부로 비난할 수 없거든요. 사회구조 이야기할 때도 그렇잖아요. 진짜 진심으로 사회구조를 바꾸고, 사회참여를 하는 사람들이 있는 반면 그런 이야기를 하면서 사람들을 분열시키고 거기서 이익을 취하는 무리들이 있다고 봐요. 그들이 너무 싫고, 그들의 말도 안 되는 거짓된 논리에 선량한 사람들이 희생당하는 게 안타까운 거죠.

이런 얘기를 한 궁극적인 이유는 그런 논리에 희생당하는 사람들을 봤기 때문이에요. 정의를 앞세우지만 사실은 사익 추구가 목적인 집단에 가서 오히려 수탈을 당하고, 철저하게 이용만 당하고, 버림받는 것을 많이 봤거든요. 말이 안 되는 거죠. 자기계발을 하면서 자기만 계발을 하고, 자기만 잘 먹고 잘 산다면 그게 무슨 자기계발이에요? 그건 거짓말이에요. 반대로 사회 이야기를 하시는 분들 중 자기계발을 비난하는 분들이 일부 있는데요. 정말 좋은 사회는 자기를 철저하게 존중해주는 사회지, 자기를 없애야 하고 자기계발은 나쁘다고 하는 게 아니에요. 개인의 꿈을 짓밟고 무시하는 그런 사람들의 이야기가 너무 싫어요.

그 역시 실천이 바탕이 되지 않은, 말과 글뿐인 삶에 대한 경계네요. 진짜 사회참여를 하시고 사회구조를 바꾸려고 노력하는 분들은 또 그렇게 안 하시더라고요. 오히려 더 존중하시고요. 정말 인문학 열심히 하시고 사회참여 열심히 하시는 분들은 제게도 정말 지지 많이 해주시고, 어떻게 하면 같이할 수 있을까를 고민하시기도 해요. 그런 분들 정말 많으시거든요. 그런 분들을 놓고 보니까 새로운 프리즘이 보이더라고요. 자기계발을 무조건 비난하는 사람들이 잘못되었구나 생각하게 됐고요.

저는 링컨의 이 말을 정말 좋아해요. "나는 당신들의 말과 글을 보지 않는다. 당신들의 삶을 본다."라는 말이에요. 삶은 거짓말을 하지 않기 때문이에요. 말과 글은 가장 정의롭지만 삶을 보니 거짓말이라고 한 링컨의 비판이 그 말에 나오거든요. 저도 그 사람의 삶을 들여다보고 말과 글뿐이라면 한번 경계를 하게 되는 거죠.

독자가 작가를 섬기면 안 돼

글로 현혹하는 경우가 정말 많아요. 그래서 사람들도 그 글이 낀 색

안경을 같이 끼게 되기도 하고요. 반복적으로 '인문학은 저자가 아
닌 나 자신을 위해 하는 것'이라고 말씀하신 이유도 그 때문이죠?

그럼요. 이 땅에 존재하는 모든 저자들은 독자를 섬기기 위해 있는
거라고 생각해요. 독자가 작가를 섬기면 안 되거든요. 다른 작가 분
들은 어떻게 생각하실지 모르지만요. 저는 늘 독자를 섬기는 작가
라고 생각하고, 글로 거창하게 말하는 것이 아니라 어떻게든 대중
적인 언어로 대중을 섬기는 방법에 대해 치열하게 고민하는 사람이
에요. 때문에 이분들이 책을 읽은 후 제 삶까지 들여다봤을 때 실망
하지 않으시도록 하려고 노력해요. 저는 그렇게 살아왔고, 평생 대
중을 섬기는 작가로 살고 싶어요. 제 책을 읽고 감동받으시는 분들
이 저보다 더 소중한 분들이라고 생각하고요. 매일 각오를 다시 하
고 있어요. 건방져지지 말아야겠다, 가르치려고 하지 않고 철저하게
섬기는 쪽으로 살자, 이것이 저의 큰 모토예요.

> 우리나라 10대들이 입시지옥으로 내몰리고, 20대들이 비정규직을 전전하고,
> 30대들이 출산을 기피하고, 40대들이 돌연사 하고, 50대들이 퇴직금을 날리고,
> 60대 이상의 노인 자살률이 OECD 최고를 기록하는 것이다. 이 모든 게 다 돈,
> 돈 때문이다.
>
> _같은 책, 75쪽.

이런 생각을 갖게 된 어떤 계기, 크게 도약한 순간이 있었던 건가요?

저는 그냥 좀 스타일이 달라요. 보통 우리나라에서 글 쓰시는 분들, 특히 비문학 쪽으로 글 쓰시는 분들은 대부분 자기 분야의 전문가예요. 쉽게 말해 우리 사회의 엘리트들이시죠. 상위 1퍼센트 분들이세요. 저는 정말 밑바닥에서 15년간 무명작가 생활을 해왔고, 도시 빈민 생활을 10년 넘게 했어요. 책을 통해 경제·금융 이야기를 많이 했는데요. 저는 부모님의 보증 빚 때문에 15년을 피눈물을 흘리면서 산 사람이기 때문에 정말 그분들과 삶의 차원이 완전히 달라요. 일반적으로 한국의 지식인이라고 하면 경제적으로도 일반 서민들에 비해 크게 걱정할 필요가 없을 텐데 저는 15년을 빚 때문에 가슴 졸이며 너무나 비참하게 살아왔기 때문에 알거든요. 기본적으로 사람이 생활하는 데 필요한 돈이 없다는 게 어떤 것인지 말이에요. 가난이 어떻게 가정을 분열시키는지 곁에서 지켜봤어요. 인근 대형 교회에서 수도세와 전기세를 내주는 동네에서 10년을 살았으니까요. 거기서 서민들의 피눈물을 보면서 살았기 때문에 항상 경제 이야기를 하는 거예요. 경제가 제대로 서지 않으면 아무것도 안 되니까요. 그런데 이런 얘기를 한다고 비판하는 사람들을 보면 황당하죠. 빚 때문에 울어본 적 있는지, 10년씩 고통받은 적 있는지, 가정이 뜯기는 경험을 한 적이 있는지 오히려 질문을 던지고 싶어요. 이게 제 삶이었기 때문에 제 글은 계속 그런 제 삶을 따라가는 거예요. 그런 고통을 겪어보지 못한 분들에게는 제 글이 굉장히 당황스러웠겠죠. 무슨 작가가 그렇게 돈 얘기를 하냐는 말이 나오는데, 저는 제 삶이에요. 그것이 제 밑바탕에 깔려 있다는 것이 대중들과 공감을 일으켜서 많은 분들이 제 책을 많이 사랑해주시는 게 아닌가 생각해요.

글이 삶을 따라간다고 하신 부분은 교육 문제를 지적한 대목에서도 함께 읽혀요. 우리 인문학 교육의 단절을 근현대사에서 찾으며 역사적 진단을 하셨는데요.

이것도 제가 교사생활을 해봤기 때문에 아는 거예요. 학교가 아이들을 다 로봇으로 만들고 있더라고요. 그나마 스스로 생각을 하는 아이의 생각마저 파괴시키고, 질문도 못하게 만들어요. 그렇다고 교사나 교육청을 탓하고 싶진 않아요. 그들도 피해자예요. 정말 아이를 잘 가르치고 싶어 교육 현장에 갔더니 그 학교가 역사적으로 잘못 설계된 구조로 인해 철저하게 인간성을 말살시키고, 아이들을 부품으로 찍어내고 있었던 거죠. 지금도 학생들이 하루에 한 명씩 자살하잖아요. 그런 교육구조인데 이걸 바꾸지 않고서는 희망이 없다는 거예요.

인문학 하시는 지식인들이 교육에 관심을 많이 가지셨으면 좋겠어요. 시민, 사회를 바꿔야 한다고 말씀들 하시지만 유치원부터 대학까지 부품처럼 찍혀서 사회에 나오는 이상 사회는 절대 안 바뀌거든요. 교육은 최우선으로 바꾸어야 할 문제예요. 저는 현장에서 이 사회구조를 봤던 거예요. 왜 이 사회가 불합리할까, 학교에서부터 철저하게 구조화되어 나가는구나, 그렇다면 학교를 바꿔야 한다, 이것이 깨달음이었고 그런 얘기를 책에 하게 된 거죠.

개인이 생각하는 힘을 갖게 되면 이러한 역사적 절벽들이 극복될 것이라고 생각하시나요?

학교에서 부모님과 어떤 관계를 맺을 것인가, 선생님과 어떤 관계를 맺을 것인가, 친구를 어떻게 대할 것인가, 이런 교육을 받지 않잖아요. 그 친구들이 사회 나가서 어떻게 되나요. 세상과 단절이 되고, 인터넷만 하잖아요. 교육이 달라진다면 친구와 친해지느라 바쁘겠죠. 인터넷 할 시간이 없을 거예요.(웃음) 사람을 사귀는 법을 알게 되고, 사람을 사귀는 게 긍정적인 방향으로 흘러간 상태로 사회 구성원이 되면 그 사회는 지금보다 아름다워지겠죠.

꿈에서나 가능할 것 같은 이야기네요. 꼭 이루어졌으면 좋겠다고 상상하는 꿈이요.

지인에게 독일 사회에 관한 얘기를 들었어요. 이민을 가서 중소도시 마을에 정착했는데 이삿짐을 푼 첫날 오후에 누가 찾아와서 보니까 마을 할머니였대요. 자기가 대학교수 출신인데 와서 독일어를 가르쳐주겠다고요. 그렇게 세 번이나 마을 사람의 방문을 받았대요. 외국에 정착하느라 힘들 텐데 도와주겠다고요. 이미 그런 나라들이 많단 말이죠. 그곳은 교육이 다르죠. 가정교육이 다르고, 마을 공동체가 다르니까 그곳의 아이들도 자연스럽게 배우는 거죠. 우리는 그런 교육을 받아본 적이 없으니까, 교육을 바꿔야 한다는 거예요. 우리가 경험한 교육은 친구를 적으로 만드는 교육, 돈이 많으면 이기는 교육이었죠. 돈을 많이 들여 족집게 과외를 받아 남들보다 더 좋은 대학을 간다, 이건 비겁한 거잖아요. 그렇지만 그런 걸 가르치는 거죠. 또 어떻게 합니까? 교사를 무시하게 만들어요. 학원선생님을 더 존중하게 만들고요. 학원 선생님을 더 존중하는 이유가 뭐예요? 나를 더 좋은 대학에 보내준다는 거잖아요. 인격이 더 좋다거나 사회적으로 훌륭한 분이어서가 아니라 말이죠. 정말이지 인간을 병들게 하는, 영혼을 파괴하는 교육구조예요. 이걸 바꾸지 않고 사회가 바뀌길 바랄 수는 없어요. 뿌리를 바꾸지 않고 꽃 색깔만 바꿀 수는 없으니까요.

'조급하면 지게 된다'(200쪽)고 한 이야기는 많은 사람들에게, 우리 사회에 꼭 필요한 이야기라는 생각도 들었어요. 우리 사회는 늘 서두르고, 결과를 빨리 찾으려고 하잖아요.

해보자는 거예요. 최소한 10년 정도는 해보고, 바꾸려는 노력은 해
보자고요. 결과에 집착하는 습성도 학교 교육에서 나온 거예요. 조
급한 결과로 평가받는 교육이었기 때문에요. 그래서 교육을 바꿔야
한다는 거예요.

참 편안해 보이세요.

네. 저도 예전에는 주변 사람들 만나면 날이 서 있는 것 같다는 말
을 많이 들었어요. 생존을 위해 몸부림치며 살았던 거죠. 하지만 사
람은 계속 성장해야 하니까요. 다행히 주님께서 성장을 시켜주셨고
(웃음) 늘 재미있어요. 좋아요.

신연선 기자 | 채널예스 인터뷰(2015년 6월)

인문학의 시작,
스스로를 인간 대우하는 것

이지성 인터뷰 2

만일 지금 이 글을 읽고 있는 당신이 평범한 사람이라면 참으로 좋은 일이다. 그것은 이미 당신이 인문학을 할 수 있는 자질을 충분히 갖추었다는 의미이기 때문이니 말이다. 그러니 편안한 마음으로 인문학의 우주를 항해하라. 물론 늘 쉽고 재미있지만은 않을 것이다. 때론 막막하기 짝이 없는 감정에 휩싸이곤 할 것이다. 하지만 그때마다 기억하라. 인문학의 본질인 '생각'은 인문학의 목적인 '행복'을 위한 것이라는 사실을. 그러면 다시 마음이 편안해질 것이다. 그리고 깨닫게 될 것이다. 인문학의 우주는 책이 아닌 당신의 내면에 있음을.

_ 『생각하는 인문학』 88쪽.

대학을 갓 졸업한 청년이 있다. 졸업 당시 평점은 4.5 만점에 겨우

2.2. 내세울 만한 자격증은 물론이고 그럴듯한 영어 점수 하나 없었다. 스펙이라고 부를 만한 것은 그야말로 제로. 게다가 아버지의 사업 부도로 인해 물려받은 보증 빚만 20억 원 가까이였다. 가족들과는 뿔뿔이 흩어졌고, 서른을 앞둔 나이에 달동네 옥탑방 생활을 전전했다. 앞날이 보이지 않았다. 주변 사람들의 멸시가 소름 끼치도록 싫었다. 하지만 청년은 매일 마음을 다잡고 독서에 열중했다. 전투를 치르듯 책을 읽으며 목숨 걸듯 글을 썼다. 청년은 그렇게 15년 가깝게 무명작가로서 비참한 생활을 했다. 국내 인문학 분야 최고의 베스트셀러 작가 이지성의 이야기다.

"도시 빈민으로 10년을 살았어요. 집이 쫄딱 망했었거든요. 아버지 사업으로 인해 스물세 살부터 보증을 지기 시작했는데 스물일곱 살이 되니 그 빚이 20억쯤 되어 있더라고요. (…) 지금도 길을 가다가 괜스레 등이 아득해지는 느낌이 들 때가 있어요. 그 길을 따라가다 보면 거기 꼭 눕기 편한 벤치가 하나 놓여 있어요. 제가 대학 생활의 절반 이상을 벤치에서 보냈거든요.(웃음) (…) 집에서 글을 쓰다 쫓겨나면 아버지가 무서워 집에 못 들어갔어요. 당시에 부모님은 제가 선생님이 되어 집을 일으켜주길 원하셨죠. 임용고시가 내일 모레인데 매일 방에서 글만 쓰고 있으니 아버지께서 불같이 화를 내셨어요. 그게 대학교 4학년 때의 일이니 부모님께서도 많이 참으셨던 거죠. 어느 날은 아버지와 싸운 뒤 무작정 밖으로 뛰쳐나왔는데 맨발에 슬리퍼 차림이었어요. 한겨울이었는데 점퍼도 안 입은 채로요. 결국 학교 동아리 방을 찾아가서 그곳에서 잤어요. 학교에 걸려 있는 플래카드를 주워서 덮고요. 그런 삶을 계속 견뎠어요. 젊은 시절 대부분을 투쟁하듯 보낸 거죠."

그의 대학 졸업 학점은 실제로 2.2에 불과했다. 하지만 이지성 작가는 오히려 이를 다행(?)으로 여겼다. 만약 수석으로 졸업했다면 지금쯤 굉장히 나쁜 교사가 되었을 거라면서 말이다. 이 사회의 잘못된 시스템에 적응하기 위해 온갖 노력을 다한 뒤, 교육 현장에 나가 또다시 우리나라의 교육 시스템에 순응하기 위해 애쓰는 것이 결코 좋은 방향이 아니라는 뜻에서였다. 아이들을 기계적으로 대하고, 매일 쪽지시험을 보면서 성적을 올리고, 학교에서 시키는 대로 순응했다면 마치 최고의 교사가 된 것처럼 보일 수도 있었을 것이다. 하지만 이지성 작가는 대한민국의 미래와 아이들의 영혼을 생각했을 때 그러한 교사가 인정받는 현 교육체계는 '암적인 시스템'이라고 잘라 말했다. 자본주의 사회가 요구하는 길이 정상으로 보이지만 그 이면을 살펴보면 결국 자신의 영혼을 파괴하는 길이라는 것이다.

지금까지 스무 권이 넘는 책을 출간한 이지성 작가는 『꿈꾸는 다락

방』을 시작으로 『여자라면 힐러리처럼』 『스물일곱 이건희처럼』을 통해 본격적으로 이름을 알리며 베스트셀러 작가 반열에 올랐다. 지난 2010년 출간했던 『리딩으로 리드하라』는 국내 인문학 열풍을 주도했으며 지금까지 그의 책들은 미국과 일본, 중국 등에서 번역 출간되며 초대형 베스트셀러로 자리매김했다. 이런 그가 최근 '5000년 역사를 만든 동서양 천재들의 사색공부법'이라는 주제로 『생각하는 인문학』을 출간했다.

『생각하는 인문학』의 가장 큰 밑거름이 되었던 것은 바로 그의 전작 『리딩으로 리드하라』였다. 이지성 작가는 『리딩으로 리드하라』를 준비할 당시 출판사와 계약을 맺고 집필에 들어가기까지 1년 6개월이 넘는 시간을 보냈다. 인문고전이 있는지조차 모르는 요즘, 대중들에게 '인문고전을 읽자'라고 주장하는 자신의 메시지가 어떻게 받아들여질지 고민스러웠다. 그는 하루가 멀다 하고 서점이나 도서관을 찾아 인문교양서를 펼쳐 보면서 왜 그것들이 대중의 관심을 받지 못하는지, 한국 사회에 인문학을 알리기 위해 어떤 식으로 접근해야 할지 끝없이 고민했다. 이지성 작가는 오랜 사색 끝에 '교육'에서 그 해답을 찾았다. 그가 『생각하는 인문학』에서 수많은 페이지에 걸쳐 인문학과 교육을 함께 논한 이유가 바로 여기에 있었다.

고대 그리스에는 이상적인 인간을 기르는 교육이 있었다. 그리스인들은 자신들의 특별한 교육을 '파이데이아'라고 칭했다. 고대 그리스의 교육은 성공적이었다. 고대 그리스 문명, 즉 헬레니즘은 헤브라이즘과 더불어 서양 문명의 뿌리가 되었다. '파이데이아'는 고대 로마로 넘어가서 '후마니타스'가 되었다. '후마니타스'는 찬란한 로마 문명을 꽃피웠다. '파이데이아'를 우리말로 바꾸면 '교육'이고 '후마니타스'를 우리말로 바꾸면 '인문학'이다. 즉 인문학은 교육이다.

_같은 책, 100쪽.

『리딩으로 리드하라』가 출간된 지 5년이 흘렀다. 이 책으로 인해 지식인들의 책꽂이에만 머물렀던 국내 인문학이 대중들 사이에서 선풍적인 관심을 받으며 본격적인 대중화의 길을 걷기 시작했다. 이 지성 작가는 주변으로부터 뜨거운 찬사와 아낌없는 칭찬을 들었다. 하지만 인문학 열풍 속에서 그는 조용히 물러나 있었다. 자신의 할 일은 다 마쳤다고 생각해서였다. 그러나 사회의 흐름이 좋지 않은 방향으로 흘러갔다. 『리딩으로 리드하라』를 통해 인문학에만 빠지면 위험할 수 있다고 경고했지만 많은 이들이 지식 위주의 인문학을 따랐다. 『논어』나 플라톤에 해박한 이가 강단에 나와 해석을 하면 대중들은 그것을 듣고 공부했지만 그걸로 끝이었다. 열심히 강의를 듣고 책을 읽으며 '역시 칸트야, 역시 플라톤이군, 그래 공자야' 하고 생각을 하면서도 일상 속에서는 언제든 스마트폰과 TV에 열중했다. 인문학이라는 것은 실천을 위한 것임에도 불구하고 사람들은 인문학을 논하는 그 순간에만 열중했다. 이지성 작가는 또다시 고민하기 시작했다. 『생각하는 인문학』이 탄생한 계기였다.

"제가 인문학을 통한 '실천'이라는 메시지를 던졌을 때 글을 쓰는 저 자신의 실천이 없다면 제 메시지는 거짓말일 뿐이겠죠. 그래서 일부 지식인들이 의도치 않은 사기(?)를 쳐요.(웃음) 책은 정말 훌륭하게 써놓고, 말도 청산유수이지만 그에 대한 어떠한 실천 없이 자기만 유명해지고 끝나는 거죠. 그로 인해 혜택을 받는 사람은 아무도 없게 되고요. 저 역시 그런 지식인들의 길을 걸어가고 있지 않은가 하는 생각이 들더군요. 말은 대단한데 실제의 삶에서는 아무런 인문학적 실천이 없는 그런 삶이요. 마침 제가 저소득층 인문학 교육 봉사를 2년 넘게 해왔었고, 해외 빈민촌에 학교 짓는 일을 하던 때라 다른 일을 실천할 것 없이 그냥 하던 일을 더욱 잘해보자는 마음이 컸어요. 그렇게 해서 나온 것이 바로 『생각하는 인문학』이에요."

전작인 『리딩으로 리드하라』의 결론을 '사랑'으로 맺었다. 내가 인문학에서 발견한 가장 아름답고 위대한 가치, 그것이 '사랑'이었기 때문이다. (…) 하지만 사랑을 깨닫고 실천하기에 앞서 해결해야 할 과제가 있다. 그것은 사랑을 깨닫기

위한 '생각', 우리가 처한 현실을 직시할 수 있는 '생각', 앞으로 어떻게 살아야

할지에 대한 '생각'. 그렇다. 바로 '생각'이다.

_같은 책, 12~13쪽.

이지성 작가가 『생각하는 인문학』을 통해 처음부터 끝까지 강조하는 '생각'은 '치열한 사색'과 '위대한 깨달음'이라는 말과 바꿔도 무방할 것이다. 하지만 우리는 광복 이후 지난 70여 년 동안 인류의 문명을 진보시키고 역사를 바꾼 인문학 대신 지식의 강제적 주입, 맹목적 암기, 기계적 문제풀이, 친구와의 무의미한 경쟁을 이어왔다. 이러한 교육 뒤에는 친일파와 독재정권이 숨어 있었고, 결국 이는 '스스로 생각할 줄 모르는 인간'을 길러내고 말았다.

사람은 교육받은 대로 생각하고 행동한다. 인간은 '생각'하고 '대화'해야 행복한 존재다. 당신은 생각할 줄도, 대화할 줄도 모른다. 당신은 '생각'과 '대화'로 풀어야 할 삶의 문제를 TV, 게임, 술, 공허한 수다 등으로 푼다. 당신도 모르게 사회에서 그렇게 교육받았기 때문이다. (…) '언젠가는 나아지겠지'라는 근거 없는 자기 최면에 빠져 있다. 놀랍게도 이 모든 게 당신이 받은 교육의 결과다. 당신은 아무 '생각' 없이 교육받은 대로 살았다.

_같은 책, 78쪽.

"우리 사회를 보면 학교를 다니고 직장을 다니는 데 있어 스스로를 위하는 것이 하나도 없어요. 학교를 다니는 이유는 부모님 때문에, 회사를 다니는 이유는 배우자와 자식들 때문이죠. 사람들에게 은퇴 후 뭐 할 거냐고 물어보면 전원에 집 짓고 살겠다고 그래요. 왜 그런지 이유를 물어보면 TV에 그렇게 하는 게 많이 나와서 그렇대요. 결국에는 '자기'가 하나도 없는 거죠. 논어를 백 번, 천 번 읽는다 한들 자기에 대한 '생각'과 '사랑'이 없다면 무슨 소용이 있을까요? 또한 우리나라 사람들은 너무 '희생'하는 것에 기울어 있어요. 가족을 위해, 회사를 위해, 사회를 위해 하고 있는 지금의 헌신이 진짜 희생일까요? 제가 초등학교 교사 시절 한 아이에게 '너 커서 뭐가 될래?'라고 물었죠. 그랬더니 의사가 되고 싶대요. 왜냐고 물으니 "엄마가 하래서요"라고 답해요. 그 아이가 엄마를 진짜로 사랑하는 것일까요? 그렇게 해서 실제로 의대에 들어간 제자들이 있어요. 하지만 결국 불행하죠. 공부 열심히 해서 의사가 됐지만 부모님께 불행하다는 말을 못 해요. 그러한 것이 진정한 효도일까요? 의사 자체를 나쁘다고 얘기하는 것이 아닙니다. 자기를 사랑하지 않고, 자기가 가져야 할 직업에 대해 단 한 번도 '생각'하지 못하게 하는 우리의 교육 문화가 잘못된 거죠. 그렇다고 이기적으로 변하라는 말 역시 아닙니다. 인문학은 곧 인간다움을 추구한다는 것이거든요. 저는 그래서 많은 분들이 스스로 '생각'하는 그 순간이 바로 인문학을 하는 순간이라고 봐요. 결국 내 하루, 내 삶에 있어 스스로를 인간답게 대하는 것이 인문학의 첫 시작이자 마지막이라 생각해요."

이지성 작가는 『생각하는 인문학』을 통해 온 국민의 관심사라 할 수 있는 '돈'과 관련된 이야기도 가감 없이 드러냈다. 우리나라 10대들이 입시지옥으로 내몰리고, 20대들이 비정규직을 전전하고, 30대들이 출산을 기피하고, 40대들이 돌연사하고, 50대들이 퇴직금을 날리고, 60대 이상의 노인 자살률이 OECD 최고를 기록하는 이유가 모두 '돈' 때문이라면서 말이다. 그의 말대로 우리나라에는 빌 게이츠, 스티브 잡스, 마크 저커버그와 같은 천재적인 개인이 없다. 대신 삼성, 현대, LG와 같은 거대 노동집단이 있을 뿐이다. 아무리 물건을 열심히 만들고 팔아서 세계 1위의 실적을 올린다 할지라도 미국이나 유럽의 천재들에게 기술 저작권료 등으로 매년 수조 원대의 돈을 지불해야 한다.

대한민국의 평범한 직장인을 생각해보자. 그에게 시간은 늘 부족하다. 왜? 돈을 벌어야 하기 때문이다. 하지만 과연 그가 돈을 번 적이 한 번이라도 있을까? 냉정하게 말하면, 없다. 그는 단지 생존을 위해서 몸부림치고 있을 뿐이다. 그런데 왜 그는 자신이 돈을 벌고 있다고 착각하는 걸까? 사회에서 그렇게 세뇌당했기 때문이다. 쉽게 말해서 그는 사회의 거짓말에 속아서 인생을 낭비하고 있다. 그

가 이 부조리한 현실을 파괴하고 새로운 미래를 창조하려면, 무엇보다 이미 재
벌이거나 준재벌인 기업의 소유자에게 시간을 착취당하는 구조를 깨뜨리고 자
기 시간의 지배자가 되어야 한다. 그래야 자신의 몸과 교육, 미래와 영혼을 위해
시간을 쓸 수 있고, 이를 통해 경제적 자유와 영혼의 자유를 얻을 수 있다. (…)
그런데 이 구조를 깨뜨리는 일은 의외로 간단하다. 앞에서 말했듯이 인문학을
하면 된다.

_같은 책, 117쪽.

이지성 작가는 『생각하는 인문학』에서 인문학이라는 프리즘을 통
해 세계금융시장을 장악하고 있는 '퀀트^{quants}'에 대해서도 논하고 있
다. 작가가 귀띔하는 그들의 공통점은 어린 시절부터 인문학에 조
예가 깊었다는 것. 퀀트들은 치열한 인문·철학 고전 독서로 단련한
인문학적 지식과 두뇌로 투자시장의 본질을 꿰뚫는 능력을 갖게 됐
다는 것이다. 그러나 TV나 스마트폰, 술에 빠져 허우적대고 있는
우리는 그들과 맞서 싸울 인문학적 두뇌가 없다. 이지성 작가는 인
문학은 언제나 지배계급이 악용해왔다는 점을 들어 인문학을 통한
철학적 사고방식과 수학적·과학적 능력을 무기 삼아 노예의 삶에서
벗어나야 한다고 주장했다. 자신과 더불어 사랑하는 사람들을 지킬
수 있는 아주 작은 능력이라도 생기길 원한다면 수학, 과학을 비롯
한 인문학을 공부하라고 말이다. 그는 기본적인 수학, 과학 공부는

자본주의 사회를 살아가는 우리에게 필수적이라고 강조했다. 주식이나 채권, 펀드 등 대부분의 투자상품이 수학적인 모형에 근거하여 설계되고 수익률이 결정되기 때문이다.

> 월스트리트가 노리는 것은 지금 이 글을 읽고 있는 당신의 돈이다. 상식적으로 생각해보라. 한 사람이 직장에서 수십 년 동안 거의 매일 뼈 빠지게 일했다면 부자가 되어야 정상이다. 하지만 현실은 어떤가? 대부분 빚쟁이로 전락한다. 무슨 사치를 한 것도 아니고 도박을 한 것도 아니다. 그저 성실하게 살아왔을 뿐인데 정신을 차려보면 갚아야 할 원금과 이자가 산더미다. 이때쯤이면 누구나 깨닫게 된다. 그동안 자신이 자본주의 사회에서 금융 노예로 살아왔음을. 이 잘못된 구조를 바꿔야 한다.
>
> _같은 책, 73쪽.

진시황은 인문학 파괴 정책인 분서갱유를 단행했고, 결국 그의 제국은 고작 15년 만에 멸망했다. 그러나 진시황이 죽고 약 8년 뒤 중국 역사상 두 번째 통일국가인 한을 건국한 유방은 인문학을 해야 한다는 신하들의 조언에 따라 인문고전 독서를 시작했다. 한나라는 중국 역사상 최초의 황금기를 누리며 400년 넘게 존속했다. 특허사무소의 말단 직원으로 근무했던 아인슈타인은 집에 돌아와 인문고전 읽기에 열을 올리며 인문학에 자신의 모든 것을 걸었다. 제갈공명은 세상에 나오기 전 10년 가까이 산속에 은거하면서 목숨 걸고 인문고전을 읽었다. 그리스 로마 고전을 원어로 읽고 논문을 쓰는 것으로 유명한 미국의 사립 명문 고교 필립스 아카데미를 나온 마크 저커버그는 "기술개발의 영감을 인문학에서 얻는다"고 말한 바 있다. 이는 모두 인문학이 가진 위대한 힘을 증명하고 있다.

이지성 작가는 『생각하는 인문학』을 통해 인류 최고의 천재들과 정신적 교류를 시작한다면 우리의 삶은 완벽하게 달라질 것이라 단언했다. 인문학으로 인해 삶의 터닝포인트가 만들어지는 순간, 우리의 삶은 근본적으로 바뀔 것이라고 말이다. 작가의 말을 빌리자면 몸과 마음이 온통 평범한 것에 둘러싸여 있다면 평범한 존재밖에 될 수 없다. 그러나 반대로 늘 위대한 것과 만난다면 우리는 특별한 존재가 된다. 우리가 온 힘을 다해 인문고전의 위대한 천재들을 만나야 하는 이유다. 이지성 작가는 자신의 이러한 주장을 그 누구보다 몸소 증명했다.

저는 평생 가난하게 살면서 바보 취급을 받더라도 인간으로서 가장 행복한 삶을 누리고 싶었습니다. 사람들에게 저와 같은 삶을 권하고 싶어요. 저처럼 큰 도전이 아닐지라도 일상에서 사소하지만 스스로를 인간답게 만들어주는 시간을 가지라고요. 그게 바로 인문학이거든요. 현실에 안주하면서 적당히 살려고 하는 나 자신과 용감하게 투쟁하면서 인류 역사상 가장 위대한 천재들이 만든 인문학의 세계를 만나보세요. 일주일에 3일 정도는 저녁 시간에 TV를 보거나 친구를 만나 술을 마시는 대신 인문고전을 읽으면서 스스로 돌아보는 시간을 갖는 거예요. 그러한 휴식을 통해 새날을 살아갈 수 있는 힘을 얻을 수 있답니다. 이렇게 스스로를 인간적으로 대하다 보면 가정이든, 학교든, 직장이든 인간적인 공간으로 바뀌게 되죠. 그러한 변화의 순간이 찾아왔을 때, 그 순간의 삶은 이전과는 전혀 다르답니다. 새로운 삶이 시작되는 거예요.

윤효정 기자 | 인터파크 북DB 인터뷰(2015년 4월)

들어가며: 그들에게 무슨 일이 있었던 걸까?

1   아인슈타인은 수학과 과학 성적이 매우 높았기 때문에 본래 뛰어난 존재였다는 주장이 있다. 그러나 수학과 과학 성적이 좋다고 다 천재가 되는 것은 아니며 아인슈타인이 실제로 상당 기간 실패한 인생을 살았기에 여기서는 참고하지 않기로 한다.

2   아서 I. 밀러, 『아인슈타인, 피카소』, 정영목 옮김, 작가정신, 2002, 319쪽.
('맥주'를 '술'로, '칸트의『순수이성비판』'을 '철학고전'으로 의역했다.)

3   같은 책, 142~145쪽 참고.

4   알렉산드로 베초시, 『레오나르도 다 빈치』, 김교신 옮김, 시공사, 1999, 52쪽; 마이클 화이트, 『최초의 과학자, 레오나르도 다 빈치』, 안인희 옮김, 사이언스북스, 2003, 141~142쪽 참고.

5   다 빈치는 밀라노에서 1급 화가로 인정받기는 했지만 여전히 중간급 장인에 불과했다. 『최초의 과학자, 레오나르도 다 빈치』, 174쪽 참고.

6   같은 책, 225쪽.

7   마이클 J. 겔브, 『레오나르도 다 빈치처럼 생각하기』, 공경희 옮김, 대산출판사, 2005, 105쪽.

8   존 스튜어트 밀, 『존 스튜어트 밀 자서전』, 배영원 옮김, 범우사, 1998, 36쪽.

1장: 인문고전 독서의 힘

1   1947년에 당시 시카고 대학 총장 로버트 허친스와 법철학 교수 모티머 J. 애들러가 설립했다. 미국 전역에 100만 명이 넘는 학생 회원을 보유하고 있으며, 각지의 수백 개 성인 독서모임을 지원하고 있다.

2   예일 대학의 사례는 『동아일보』 2009년 9월 11일 자 기사를 인용했다.

3   신의항, 「미국 대학의 고전읽기 교육: 세인트존스 대학과 노트르담 대학 사례를 중심으로」, 서울대학교, 2009. 데이터는 2003년 기준이다.

4   도정일·최재천, 『대담』, 휴머니스트, 2005, 94쪽.

5   기형도, 『기형도 전집』, 문학과지성사, 1999.

6   이 발언은 인종주의적 관점에 기반하고 있다. 여기서 말하는 은행가는 단순한 직업인이 아니라 금융업으로 막대한 부를 일군 백인 부자 계급을 의미하고, 광부는 흑인, 남미인, 미국 원주민 등 미국의 최하층부를 구성하고 있는 유색인 노동자 계급을 의미하기 때문이다. 괄호 안의 내용은 이해도를 높이기 위해 필자가 삽입했다.

7   황용길, 『부자 교육 가난한 교육』, 조선일보사, 2001을 참고하라.

8   얼 쇼리스, 『희망의 인문학』, 고병헌·이병곤·임정아 옮김, 이매진, 2006, 198~199쪽.

9   국민 평균 독서량은 OECD 국가들 중 최하위다.

10   『부자 교육 가난한 교육』, 59쪽.

11   플라톤, 『프로타고라스』, 최현 옮김, 범우사, 92~94쪽 참고.

12   같은 책, 92쪽.

13   존 셰이드·로제르 아눈, 『로마인의 삶』, 손정훈 옮김, 시공사, 1997, 114쪽.

14   리처드 루빈스타인, 『아리스토텔레스의 아이들』, 유원기 옮김, 민음사, 2004, 5~43쪽 참고.

15   유럽 세력은 1492년이 되어서야 이슬람 세력을 이베리아 반도에서 완전히 몰아낼 수 있었다.

16   『최초의 과학자, 레오나르도 다 빈치』, 128~129쪽 참고.

17   같은 책, 70~73쪽 참고.

18   서경식·노마 필드·가토 슈이치, 『교양, 모든 것의 시작』, 이목 옮김, 노마드

북스, 2007, 38~39쪽.

19 『리더스 다이제스트』(한국어판) 2007년 2월호.

20 후쿠자와 유키치, 『후쿠자와 유키치 자서전』, 허호 옮김, 이산, 2006, 29~30
    쪽 참고. 고전은 유키치가 언급한 순서대로 나열했다.

21 "근대 이전까지 동양문화권의 변방에 있었던 일본이 오늘날 아시아 전체를
    대변하는 나라로 클 수 있었던 것은 일찍이 메이지 유신 때 중국 고전의 대
    대적 번역 작업을 정책적으로 시행해 동양학을 완전히 소화해냈기 때문이
    다."(이장우 영남대 교수, 『매일신문』 2004년 11월 1일 자 인터뷰 중에서)

22 김종면, '번역청 설립하라', 『서울신문』 2006년 11월 22일 자.

23 도쿄 대학 법학부 교수를 지낸 마루야마 마사오는 『번역과 일본의 근대』(임
    성모 옮김, 이산, 2000)에서, 야노 후미오가 내무성 도서국에 납본된 번역서를
    비롯해 수천 종의 번역서를 일일이 조사해서 책을 쓴 점을 들어 메이지 초
    기의 번역서가 몇만 종이 아니라 몇천 종이었다고 주장한다.

24 『번역과 일본의 근대』, 57~59쪽 참고.

25 오오누키 에미코, 『죽으라면 죽으리라』, 이향철 옮김, 우물이있는집, 2007,
    44~50쪽 참고.

26 다치바나 다카시, 『나는 이런 책을 읽어왔다』, 이언숙 옮김, 청어람미디어,
    2001, 135~136쪽 참고. 다치바나 다카시의 고전 독서에 대해 보다 자세히
    알고 싶은 사람은 『나는 이런 책을 읽어왔다』와 『피가 되고 살이 되는 500
    권, 피도 살도 안 되는 100권』(박성관 옮김, 청어람미디어, 2008)을 참고하라.

27 다치바나 다카시는 바보 도쿄대생이 양산된 이유로 인문과학, 사회과학, 자
    연과학에 대한 기본적인 교양의 부재를 지적하며 특히 인문고전을 읽지 않
    는 것이 가장 치명적인 요인이라고 밝히고 있다.

28 백제의 아직기가 일본으로 가 태자의 스승이 된 해가 284년이고, 왕인이 일
    본에 『논어』와 『천자문』을 전달하고 가르친 해가 285년이다.

29 2004년 한국철학사상연구회 학술대회에서 나온 지적에 따르면 근대 이후
    우리나라에서 번역된 서양 고대 철학서 179종 가운데 146종(81.5퍼센트)이
    중역본이었다(『한국경제신문』, 2005년 5월 31일 자).

30 '〈인터뷰〉 윤지관 신임 한국문학번역원장', 『연합뉴스』 2006년 5월 3일 자
    참고.

31 　'근대화 시기, 번역을 통한 일본의 자기발견', 『고대신문』 2001년 9월 3일
자 참고.

32 　대표적으로 벤자민 워필드Benjamin Breckinridge Warfield, 헤르만 바빙크Herman Bavinck 같은
신학자들이 조녀선 에드워즈의 삼위일체 신학 등에 많은 문제가 있음을 지
적했다.

33 　조지 M. 마스든, 『조나단 에드워즈 평전』, 한동수 옮김, 부흥과개혁사,
2006, 103~104쪽.

34 　조녀선 에드워즈는 미국 청교도신학의 완성자이자 신앙부흥운동의 중심에
서 있던 인물이다.

2장: 리더의 교육, 팔로어의 교육

1 　카를 비테 주니어, 『공부의 즐거움』, 남은숙 옮김, 베이직북스, 2008, 23~25
쪽 참고.

2 　같은 책, 29~30쪽 참고.

3 　같은 책, 58쪽; 기무라 큐이치, 『칼 비테 영재교육법』, 임주리 옮김, 푸른육
아, 2006, 57쪽 참고.

4 　『칼 비테 영재교육법』, 15~23쪽; 사치다 마코토, 『천재는 엄마가 만든다』,
황은주 옮김, 작은씨앗, 2004, 72~74쪽을 참고하라. 노버트 위너의 사례
는 하인리히 창클·카트야 베츠, 『신동』, 이수영 옮김, 프로네시스, 2008,
61~69쪽을, 윌리엄 제임스 사이디스의 사례는 같은 책, 71~79쪽을 함께
참고하라.

5 　로베르 클라르크, 『천재들의 뇌』, 이세진 옮김, 해나무, 2003. 소련의 교육
실험도 같은 책을 참고하라. '스즈키 교육법'의 창시자인 스즈키 신이치는
영재나 천재를 길러내기 위해서가 아니라 종합적인 전인교육의 일환으로
음악교육법을 창시했다는 주장도 있다. 그러나 여기서는 로베르 클라르크
의 주장을 따르기로 한다.

6 　박지원의 경우 어렸을 때부터 영특했다는 식의 이야기도 있다.

7 　윈스턴 처칠, 『처칠, 나의 청춘기』, 강우영 옮김, 청목사, 1991, 121~126쪽
참고.

8 　로즈 장학재단은 매년 미국, 캐나다, 독일, 영연방 국가의 대학생 여든다섯 명을 선발해 영국 옥스퍼드 대학교에서 수학할 기회를 제공하며 학비와 생활비 일체를 지원한다. 세계에서 가장 영예로운 장학금 중 하나로 꼽히며, 빌 클린턴 전 미국 대통령이 로즈 장학생 출신이다.

9 　더 자세한 내용은 이해명, 『이제는 아버지가 나서야 한다』, 동아일보사, 2007을 참고하라. 이해명 교수는 아들에게 인문고전 독서교육 외에도 다양한 교육을 실시했다. 여기서는 책의 주제에 맞게 인문고전 독서만 논하기로 한다.

10 　필자의 노하우를 기반으로 한 것이다. 6장에서 자세히 소개할 '세상을 지배하는 0.1퍼센트 천재들의 인문고전 독서법'과는 차이가 있다.

11 　『여자라면 힐러리처럼』(다산북스, 2007)에서도 밝힌 바 있듯이 고전이 아닌 책들을 읽고 토론하는 것은 적극적으로 권장한다. 내가 이 책을 쓸 당시에 우리나라에는 인문고전 독서 문화 자체가 없었다. 하여 이와 같은 이야기를 하게 되었다. 5년이 넘은 지금(2016년 4월)은 인문고전 독서 문화가 어느 정도 형성되었다. 나는 물론 기본적으로 인문고전 연구가와의 토론을 권장한다. 허나 이제는 인문고전 독서 초보자들의 토론도 찬성하는 입장이다. 인문고전 독서토론의 방법 등에 대해서는 2015년에 출간된 『생각하는 인문학』에 자세히 기술해놓았다. 관심 있는 사람은 참고하기 바란다.

12 　『신동』, 62~63쪽.

13 　같은 책, 74~76쪽.

3장: 리딩으로 경쟁하고 승리하라

1 　조지 소로스·마이클 T. 카우프만, 『소로스』, 김정주 옮김, 월간베스트인코리아, 2002, 76쪽.

2 　구로타니 가오루, 『조지 소로스』, 김정환 옮김, 스펙트럼북스, 2009, 172쪽.

3 　김성진, 『조지 소로스』, 살림, 2009, 31~32쪽.

4 　조지 소로스는 우리나라 IMF 사태의 주범으로 꼽히고 있다. 슬픈 사실은 당시 우리 정부가, 아니 정확하게 말하면 대통령 당선자가 그런 소로스로부터 경제 위기 극복을 위한 자문을 받아야 했다는 것이다. 앞으로 이런 일이

또 일어나서는 안 된다. 우리가 조지 소로스로 대표되는 세계 금융계의 정상에 있는 자들의 두뇌 단련법을 알아야 하는 이유다.

5   우에노 이타루 외, 『세계사를 지배한 경제학자 이야기』, 신현호 옮김, 국일 증권경제연구소, 2003, 317~318쪽.

6   앨런 그린스펀은 저서 『격동의 시대』(현대경제연구원 옮김, 북앳북스, 2007)에 서 친구이자 뉴욕 대학교 경제학과 명예교수인 로버트 카베시의 말을 인용 해 이렇게 썼다.

7   '美·유럽 대학의 인문학 교육 실태는', 『동아일보』 2006년 9월 27일 자.

8   에드윈 퍼킨스, 『찰스 메릴과 주식투자의 대중화』, 최성범 옮김, 굿모닝북 스, 2008, 책날개 인물 소개 및 86~92쪽 참고.

9   제시 리버모어, 『주식 매매하는 법』, 박성환 옮김, 이레미디어, 2007, 24, 65쪽.

10   존 로스차일드, 『전설의 투자가문 데이비스』, 김명철 옮김, 김영사, 2009, 141쪽.

11   같은 책, 315쪽.

12   짐 로저스는 퀀텀 펀드를 떠난 뒤 오토바이 한 대로 전 세계를 여행하고 『월 가의 전설 세계를 가다』(박정태 옮김, 굿모닝북스, 2004)라는 책을 썼다. 이후 다시 월스트리트로 돌아갔다.

13   마크 파버는 비관적인 사태를 예측하는 능력이 탁월하다고 하여 '닥터 둠 Doctor Doom'이라는 별명이 붙었다. 여기서는 편의상 자세한 설명은 생략하고 '구루'라 칭하기로 한다.

14   앤드루 킬패트릭, 『워렌 버핏 평전 1』, 안진환·김기준 옮김, 월북, 2008, 298~299쪽.

15   존 템플턴은 세상을 떠났지만, 그가 설립한 자선재단은 기부활동을 계속하 고 있다.

16   왕안석은 당시 손꼽히는 인문고전 독서가였으므로, 그가 말한 '독서'가 인 문고전 독서임은 어렵지 않게 짐작할 수 있다.

4장: 인생경영, 인문고전으로 승부하라

1   이병철, 『호암자전』, 중앙일보사, 1986.

2 정주영, 『이땅에 태어나서』, 솔, 1998, 24쪽.

3 정주영, 『시련은 있어도 실패는 없다』, 제삼기획, 1991, 22쪽.

4 필리포스 2세는 둘째 형인 페르디카스 3세의 자리를 이어받은 조카 아민타스 4세가 너무 어려 국정을 수행할 능력이 없다는 이유로 쿠데타를 일으켜 왕이 되었다. 아민타스 4세는 필리포스 2세의 권유로 그의 딸과 결혼하는 등 매우 후한 대접을 받았으나, 필리포스 2세가 암살당한 뒤 즉위한 알렉산드로스 3세의 명령에 의해 처형당했다.

5 『세종실록』, 세종 20년 3월 19일 자를 참고하라.

6 정조, 『일득록』, 남현희 옮김, 문자향, 2008, 59쪽과 79쪽을 참고하라.

7 오긍, 『정관정요』, 김원중 옮김, 글항아리, 2010, 20쪽.

8 같은 책, 15쪽.

9 파사 보스, 『전략의 기술』, 박승범 옮김, 매일경제신문사, 2003, 44~45쪽 참고.

10 같은 책, 48~51쪽 참고.

11 두산백과사전 '엔싸이버' 참고.

12 찰스 핸디는 영국 최초의 경영대학원인 런던 대학교 경영대학원의 설립을 도운 인물이기도 하다.

13 찰스 핸디, 『찰스 핸디의 포트폴리오 인생』, 강혜정 옮김, 에이지21, 2008, 49~52쪽 참고.

14 탈레스 외, 『소크라테스 이전 철학자들의 단편 선집』, 김인곤 외 옮김, 아카넷, 2005를 참고하라.

15 보다 자세한 이야기는 이계안의 강의를 담은 CD 〈학교가 알려주지 않는 세상의 진실〉(북리슨, 2009)을 참고하라.

16 박종현 편저, 『플라톤』(서울대학교 인문학연구소 대학고전총서 2), 서울대학교 출판부, 1993, 32쪽.

17 짐 콜린스, 『좋은 기업을 넘어 위대한 기업으로』, 이무열 옮김, 김영사, 2002, 120~121쪽.

18 『찰스 핸디의 포트폴리오 인생』, 55~56쪽.

19 이지성, 『스물일곱 이건희처럼』, 다산라이프, 2009에서 인용했다.

20 여기서는 이건희의 신경영에 대해서만 논하기로 한다. 다른 부분은 김용철,

『삼성을 생각한다』, 사회평론, 2010 등을 참고하라.

21 마쥔, 『손자병법 교양강의』, 임홍빈 옮김, 돌베개, 2009, 22쪽. 선진先秦(진시황제 이전) 시대부터 청대까지 간행된 병법서의 대략적인 숫자다.

22 사마천, 『사기열전』, 김원중 옮김, 민음사, 2007, 109쪽.

23 야경유·장휘, 『마오쩌둥, 손자에게 길을 묻다』, 정병욱 옮김, 홍익출판사, 9쪽.

24 김기동, 『중국 병법의 지혜』, 서광사, 1993의 순서를 따랐다.

25 사마천의 『사기』에 따르면 『삼략』의 지은이는 태공망(강태공)이며, 황석공은 『삼략』을 후일 한나라의 개국공신이 되는 장양에게 전해준 인물이다.

26 춘추시대 말기인 제나라 위왕 때 사마양저가 주나라 때부터 전해 내려오던 병법서들을 편집·정리한 책이다.

27 위차우후, 『손자병법과 전략경영』, 박헌준 옮김, 석정, 1994, 6쪽.

28 오늘날의 법무부 장관이다. 공자는 대사구에 임명되기 전에 오늘날 내무부 장관 격인 사공司空으로 일했다.

29 민경조, 『논어 경영학』, 청림출판, 2009 참고.

30 홍인표, '중국 리포트: 베이징 현대차 거침없는 질주', 『위클리경향』 817호 참고.

31 『악경』은 현재 전하지 않는다.

32 『춘추』는 공자의 유일한 저서로 알려져 있다.

33 작자 미상이라는 주장도 있지만 주자의 견해를 따르기로 한다.

34 작자 미상이라는 주장도 있다.

35 『퇴계와 고봉, 편지를 쓰다』, 김영두 옮김, 소나무, 2003을 추천한다.

36 2010년 현재 정약용의 사서四書 주석서는 『논어고금주』(이지형 옮김, 사암, 2010)를 제외하고는 정보조차 찾을 수 없었다.

5장: 인문고전 세계를 여행하는 초보자를 위한 안내서

1 책에서는 '엘레아에서 온 손님'의 주장으로 나오지만, 많은 학자가 그 손님은 다름 아닌 플라톤 자신일 것이라고 추정한다.

2 프리드리히 니체, 『니체 전집 1』, 김기선 옮김, 책세상, 2003.

3   우도 타이츠, 『헤겔』, 노선정 옮김, 생각의나무, 2009, 13~14쪽 참고.
4   서광선·정대현 편저, 『비트겐슈타인』, 이화여자대학교출판부, 1997, 32~33
     쪽.
5   비트겐슈타인은 재벌 아버지로부터 물려받은 유산을 형제들에게 나누어주
     었고, 일부는 기부했다.
6   정성구, 『요한 칼빈』, 하늘기획, 2009, 37~39쪽 참고.
7   의역했다.

6장: 세상을 지배하는 0.1퍼센트 천재들의 인문고전 독서법

1   세종의 독서에 대해 언급한 자료들을 보면 "100번 읽고 100번 베껴 썼다"
     와 "100번 읽었다" 두 가지 경우로 말이 나뉜다. 여기서는 전자를 따르기로
     한다.
2   세종은 세자가 되기 이전부터 백독백습을 실천했다.
3   알베르토 망구엘, 『독서의 역사』, 정명진 옮김, 세종서적, 2000, 65~66쪽.
4   허마이오니 리, 『버지니아 울프』, 정명희 옮김, 책세상, 2001, 268~275,
     446~447쪽 참고.
5   홍기빈, 『아리스토텔레스, 경제를 말하다』, 책세상, 2001, 185쪽 참고.
6   리처드 웨스트폴, 『프린키피아의 천재』, 최상돈 옮김, 사이언스북스, 2001,
     87쪽.
7   벤담은 『도덕과 입법의 원리서설』에서 공리주의를 말했다. 아마도 간디는
     이 책을 읽었을 것이다. 하지만 자서전에서 『공리주의』라고 하였기에 그대
     로 따르기로 한다.
8   여명협, 『제갈량 평전』, 신원봉 옮김, 지훈, 2007, 78쪽을 참고하라.
9   인문고전 독서는 원전 독서가 원칙이나 일반인에게는 거의 불가능하므로
     번역서 독서를 권장한다. '사랑'과 '간절함'으로 파고든다면, 번역서로도 얼
     마든지 사고의 변화를 일으킬 수 있다고 믿기 때문이다. 단 레오나르도 다
     빈치 같은 천재 중의 천재가 되고 싶다면, 반드시 원전을 읽어야 할 것이다.
     그들은 모두 원전 독서가였기 때문이다.
10   이광주, 『교양의 탄생』, 한길사, 2009, 73쪽을 참고하라.

11 『프린키피아의 천재』, 77~78쪽 참고.

12 G. 비더만, 『헤겔』, 강대석 옮김, 서광사, 1999, 20쪽 참고.

13 『독서의 역사』, 97~98쪽.

14 한(漢)의 재상을 지낸 신불해의 저작이다. 현재는 전하지 않는다.

15 『제갈량 평전』, 54쪽 참고.

16 신사임당과 케네디의 어머니 로즈 여사는 책 전체를 필사하지는 않고 중요한 내용을 필사해서 아이에게 읽힌 것으로 보인다.

17 이 글을 쓸 당시만 해도 나는 서당 훈장에 대해 부정적인 인식을 가지고 있었다. 하지만 『생각하는 인문학』을 쓰기 위해 자료조사를 하던 중 그 인식이 잘못된 것임을 알게 되었다. 하여 『생각하는 인문학』에 서당 훈장에 대해 다시 썼다. 여기에 대해 관심 있는 사람은 『생각하는 인문학』 46~47쪽을 읽어보기 바란다.

18 글의 흐름을 위해 서애의 말의 순서를 바꾸었다.

19 이것은 우리나라와 중국의 모든 천재들이 인문고전 독서의 제일 목적으로 삼은 것이다.

20 화담의 제자 박민헌(1516~1586)의 진술이다. (『연려실기술』에는 화담이 병을 치료하기 위해 약 1년 동안 삼남 지방의 명산을 두루 돌아다녔고, 그 결과 병이 나았다는 이야기도 있다.)

21 노먼 맬컴, 『비트겐슈타인의 추억』, 이윤 옮김, 필로소픽, 2013, 49-51쪽.

22 『교양의 탄생』, 242~247쪽 참고.

23 유종필, 『세계 도서관 기행』, 웅진지식하우스, 2010, 142~143쪽.

24 크리스토프 볼프, 『요한 세바스찬 바흐 2』, 이경분 옮김, 한양대학교출판부, 2007, 171~175쪽 참고.

25 도스토옙스키는 그의 사색이 담긴 독서 기록을 형에게 편지로 보내곤 했다.

26 정약용, 『유배지에서 보낸 편지』, 박석무 편역, 창비, 2009, 97~98쪽을 참고하라.

27 마르틴 루터는 특히 아우구스티누스의 책들을 반복해서 읽고 필사하고 사색한 끝에 깨달음을 얻고 인생의 대전환을 이끌어냈다.

28 하이데거는 후설의 『논리학 연구』를 읽고 이렇게 고백했다.

29 괴테는 칸트의 책을 읽고 이런 말을 했다.

30 바그너는 쇼펜하우어의 책을 접하고 이렇게 표현했다.

31 괴테를 비롯한 책들을 읽고 이렇게 말했다.

32 역사고전을 읽으면서 이렇게 고백했다.

33 톨스토이를 읽고 이렇게 말했다.

34 셰익스피어를 읽고 이렇게 말했다.

35 다산은 『주역』을 학문으로 보고 공부했지 점을 치는 데 사용하지 않았다. 오히려 그는 『주역』을 이용해 점을 치는 일을 국가에서 금해야 한다고 생각했다.

36 진짜 천재들과 비교해볼 때 그렇다는 의미다. 이들의 인문고전 독서는 일반인의 상상을 초월하는 수준이다. 나도 이들에 비하면 어린아이 수준이다.

37 수전 밴필드, 『샤를 드골』, 김기연 옮김, 대현출판사, 1993, 20~21쪽.

38 중국 송대의 학자.

39 『유배지에서 보낸 편지』를 참고하라.

40 다산 정약용도 같은 말을 했다.

41 당시 조정은 율곡의 주장을 받아들이지 않았고 그로부터 약 9년 뒤에 율곡의 예언이 임진왜란으로 현실화되었다는 사실은 익히 알려진 바이다.

부록

1 www.accsedu.org

2 www.classicalhomeschooling.org

3 2004년도 자료다. 미국에서는 고전학교가 해마다 10~20곳씩 신설되고 있다니, 지금은 더 많이 가입했을 것이다. 랜들 D. 하트, 『흔들리지 않는 고전교육의 뿌리를 찾아서』, 황병규 옮김, 꿈을이루는사람들, 2007, 148쪽과 크리스토퍼 A. 페린, 『고전적 교육 입문』, 황병규 옮김, 꿈을이루는사람들, 2007, 69쪽을 참고하라.

4 『고전적 교육 입문』, 67~68쪽.

5 동아일보사 출판국, 『세계를 움직인 100권의 책』, 제3공간, 2000.

6 앤서니 T. 크론먼, 『교육의 종말』, 한창호 옮김, 모티브북, 2009.

7 왕벽강, 『중국의 지성 5인이 뽑은 고전 200』, 최종세 옮김, 예문서원, 2000.

8 『최초의 과학자, 레오나르도 다 빈치』, 70~71쪽.

9 반칠환, 『책, 세상을 훔치다』, 평단문화사, 2006, 83~84쪽.

10 전문 학자들조차 어려워하는 책들은 논외로 한다.

11 '최고의 비보이[B-boy] 갬블러의 삶과 성공', 『신동아』 2008년 6월호.

12 스무 살까지는 마음껏 놀았지만 그 후로는 여러 학문을 접하기도 했다는 이야기도 있다. 그러나 대부분의 자료에서 마흔 이후에 본격적으로 인문고전 독서를 시작했다고 전하고 있다.

13 양력으로는 3월 14일.

14 마이클 화이트, 『평전 마키아벨리』, 김우열 옮김, 이룸, 2006, 28~34쪽.

15 빌 브라이슨, 『빌 브라이슨의 셰익스피어 순례』, 황의방 옮김, 까치, 2009, 47쪽.

16 이태주, 『이웃 사람 셰익스피어』, 범우사, 2007, 56쪽.

17 올리비에 토드, 『카뮈』, 김진식 옮김, 책세상, 2000 참고.

18 마이클 화이트, 『갈릴레오』, 김명남 옮김, 사이언스북스, 2009 참고.

19 마르틴 아우어, 『파브르 평전』, 인성기 옮김, 청년사, 2003, 102~103쪽.

20 바실 메이헌, 『모든 것을 바꾼 사람』, 김요한 옮김, 지식의숲, 2008, 17~62쪽 참고.

21 데이비드 린들리, 『볼츠만의 원자』, 이덕환 옮김, 승산, 2003 참고.

22 사라 드라이·자비네 자이페르트, 『마리 퀴리』, 최세민 옮김, 시아출판사, 2005 참고.

23 카이 버드·마틴 셔윈, 『아메리칸 프로메테우스』, 최형섭 옮김, 사이언스북스, 2010 참고.

24 앨프리드 화이트헤드·루시언 프라이스, 『화이트헤드와의 대화』, 오영환 옮김, 궁리, 2006 참고.

25 콘스탄스 리드, 『현대 수학의 아버지 힐베르트』, 이일해 옮김, 사이언스북스, 2005 참고.

26 폴 뒤 부셰, 『바흐: 천상의 선율』, 권재우 옮김, 시공사, 1996, 18~24쪽.

27 같은 책, 120~121쪽.

28 발터 리츨러, 『베토벤』, 나주리·신인선 옮김, 음악세계, 2007, 65~126쪽 참고.

29 정준호, 『스트라빈스키』, 을유문화사, 2008 참고.

30 의역했다.

31 엘렌 피네, 『로댕: 신의 손을 지닌 인간』, 이희재 옮김, 시공사, 1999, 16, 108쪽 참고.

32 마리 로르 베르나다크·폴 뒤 부셰, 『피카소: 성스러운 어릿광대』, 최경란 옮김, 시공사, 1999, 47쪽.

33 클레오파트라가 미인이 아니었고 차라리 못생긴 편에 속했다는 것은 모든 역사학자들의 공통된 의견이다.

34 김삼웅, 『단재 신채호 평전』, 시대의창, 2005, 69~84쪽 참고.

35 헬렌 켈러, 『사흘만 볼 수 있다면』, 박에스더·이창식 옮김, 산해, 2008, 155~252쪽 참고.

36 패트리샤 보스위스, 『세계를 매혹시킨 반항아 말론 브랜도』, 정영목·고명섭 옮김, 푸른숲, 2003, 335쪽.

37 이소룡, 『이소룡 자신감으로 뚫어라』, 존 리틀 엮음, 김영수 옮김, 인간희극, 2005, 6~21쪽 참고.

리딩으로 리드하라

세상을 지배하는 0.1퍼센트의 인문고전 독서법

초판 1쇄 발행 2016년 4월 5일
초판 13쇄 발행 2024년 2월 23일

지은이 | 이지성

발행인 | 박재호
주간 | 김선경
편집팀 | 강혜진, 허지희
마케팅팀 | 김용범
총무팀 | 김명숙

종이 | 세종페이퍼
인쇄·제본 | 한영문화사

발행처 | 생각정원
출판신고 | 제25100-2011-000320호
주소 | 서울시 마포구 양화로156(동교동) LG팰리스 814호
전화 | 02-334-7932 · **팩스** | 02-334-7933
전자우편 | 3347932@gmail.com

ⓒ 이지성 2016

ISBN 979-11-85035-44-4 03320

이 도서의 국립중앙도서관 출판시도서목록(CIP)은 서지정보유통지원시스템 홈페이지
(http://seoji.nl.go.kr)와 국가자료공동목록시스템(http://www.nl.go.kr/kolisnet)에서 이용하
실 수 있습니다.(CIP제어번호: 2016007766)